本书编委会

【权威解读】

中华人民共和国
无障碍环境建设法
释义

主编

张勇　程凯

副主编

石宏　周建

中国法制出版社

CHINA LEGAL PUBLISHING HOUSE

编写说明

2023年6月28日，十四届全国人大常委会第三次会议通过了新制定的《中华人民共和国无障碍环境建设法》（以下简称《无障碍环境建设法》），自2023年9月1日起施行。这部法律包括总则、无障碍设施建设、无障碍信息交流、无障碍社会服务、保障措施、监督管理、法律责任、附则，共8章、72条。无障碍环境建设是残疾人、老年人等群体权益保障的重要内容，对于促进社会融合和人的全面发展具有重要价值。制定《无障碍环境建设法》，是坚持以人为本、尊重和保障人权的重要体现，是实施积极应对人口老龄化国家战略的必然要求，是切实提高无障碍环境建设质量的有力保障。《无障碍环境建设法》坚持以习近平新时代中国特色社会主义思想为指导，全面贯彻落实党的二十大精神，坚持以人民为中心的发展思想，立足国情实际，推动解决残疾人、老年人急难愁盼问题，促进社会全体成员共享发展成果，必将为促进无障碍环境建设发展、提高人民生活品质提供坚实法治保障。

法律的生命力在于实施，法律的权威也在于实施。为了更好地学习宣传和贯彻实施《无障碍环境建设法》，帮助社会各方面深入了解立法背景，准确把握本法的重要意义和主要内容，全国人大常委会法制工作委员会与中国残联参与法律草案研究起草工作的同志编写了这本《中华人民共和国无障碍环境建设法释义》供大家学习参考。本书力求准确、详尽、通俗地阐述《无障碍环境建设法》的立法原意和相关内容，但由于时间和水平有限，不妥和疏漏之处在所难免，敬请广大读者批评指正。

编　者

2023年8月

导　读

无障碍环境建设是保障残疾人、老年人等群体平等、充分、便捷地参与和融入社会生活，促进社会全体人员共享经济社会发展成果的一项重要工作，对于促进社会融合和人的全面发展具有重要意义，党和国家一直高度重视这项工作。全国人大常委会以习近平新时代中国特色社会主义思想为指导，全面贯彻落实党的二十大精神，坚持以人民为中心，践行全过程人民民主，积极推进无障碍环境建设立法，为加强无障碍环境建设、增进民生福祉、提高人民生活品质提供坚实法治保障。经过三次审议修改，2023 年 6 月 28 日，十四届全国人大常委会第三次会议高票通过《无障碍环境建设法》。

一、制定《无障碍环境建设法》的重大意义

（一）制定《无障碍环境建设法》是贯彻落实习近平总书记指示批示精神和党中央决策部署的重要举措

党的十八大以来，以习近平同志为核心的党中央高度重视无障碍环境建设，作出一系列重大决策部署。2020 年 9 月，习近平总书记在湖南考察并主持召开基层代表座谈会时明确指出，“无障碍设施建设问题，是一个国家和社会文明的标志，我们要高度重视”；2021 年、2022 年在考察冬奥会和冬残奥会筹办工作时，又对做好无障碍环境建设提出明确要求。党的十九届五中全会提出，“人民平等参与、平等发展权利得到充分保障……健全老年人、残疾人关爱服务体系和设施”。党的二十大报告进一步提出“增进民生福祉，提高人民生活品质”，要求完善残疾人社会保障制度和关爱服务体系，实施积极应对人口老龄化国家战略。《“十四五”残疾人保障和发展规划》《“十四五”国家老龄事业发展和养老服务体系规划》等一系列政策文件也对加强无障碍环境建设作出了部署安排。步入新时代，无障碍环境建设工作具有更高目标，面临更高要求，承担更多任务，需要及时将党中央的决策部署转化为法律制度。

（二）制定《无障碍环境建设法》是保障残疾人与老年人权益、推动我国人权事业发展进步的内在要求

党的十八大以来，以习近平同志为核心的党中央坚持把尊重和保障人权作为治国理政的一项重要工作，推动我国人权事业取得历史性成就。无障碍环境建设是残疾人、老年人等群体权益保障的重要内容。目前，我国现有残疾人 8500 多万，截至 2022 年年底，60 岁及以上的老年人已有 2.8 亿，而且老年人口数量还将继续增长。加强无障碍环境建设，消除公共设施、交通出行、信息交流、社会服务等各领域有形或者无形的障碍，保障残疾人、老年人能够平等、充分地参与社会生产生活，维护其生活尊严，提升其生活品质，是保障残疾人、老年人权益，促进我国人权事业发展的内在要求和重要体现。法治是人权最有效的保障，无障碍环境建设立法是人权法治保障的重要内容。及时制定《无障碍环境建设法》，进一步健全残疾人、老年人权益保障的制度机制，充分体现国家和社会对残疾人、老年人等群体的关心关爱，深入贯彻以人民为中心的发展思想，将有力推动新时代我国人权事业不断取得新发展。

（三）制定《无障碍环境建设法》是提升无障碍环境建设质量、提高人民生活品质的有力保障

无障碍环境建设与人民群众日常生产生活密切相关，直接影响人民群众的安全感、幸福感、获得感。我国无障碍环境建设起步于 20 世纪 80 年代，经过近四十年的实践发展，特别是经过新时代十年的伟大变革，我国无障碍环境建设取得了明显发展和巨大成就，也积累了大量经验做法。进入新发展阶段，人民群众对无障碍环境的需求日益迫切，涉及的领域日益广泛。与人民群众对美好生活的向往相比较，无障碍环境仍然存在覆盖不够全面、建设不够系统、衔接不够连贯等问题，地区和城乡之间发展不平衡、不充分的特点较为明显。随着经济社会快速发展和新技术广泛运用，残疾人、老年人在一定程度上面临“数字鸿沟”“服务赤字”。这些都对无障碍环境建设提出更高、更多要求，不仅要解决“有没有”的问题，还要解决“好不好”“管不管用”的问题。除了《残疾人保障法》《老年人权益保障法》等法律对无障碍环境建设作出规定外，2012 年国务院还制定了《无障碍环境建设条例》。相关法律法规在推动无障碍环境建设方面发挥了

重要作用，但仍较为零散、较为原则、位阶较低，不能完全适应新阶段发展需要，迫切需要加快无障碍环境建设立法，加强顶层设计、提炼实践经验、解决突出问题、提高建设质量，更好满足人民群众需求。

二、《无障碍环境建设法》的主要内容

《无障碍环境建设法》共8章、72条，具体分为：总则、无障碍设施建设、无障碍信息交流、无障碍社会服务、保障措施、监督管理、法律责任和附则。主要内容包括：

（一）明确无障碍环境建设的定位、原则和管理体制

一是妥善处理保障重点与惠及全体的关系，明确无障碍环境建设在重点保障残疾人、老年人基础上，积极推动建设成果惠及全体社会成员，包括：在立法目的中明确，“保障残疾人、老年人平等、充分、便捷地参与和融入社会生活，促进社会全体人员共享经济社会发展成果”；在适用范围中规定，“残疾人、老年人之外的其他人有无障碍需求的，可以享受无障碍环境便利”。二是明确无障碍环境建设应当与适老化改造相结合，遵循安全便利、实用易行、广泛受益的原则。三是明确坚持党的领导，突出政府主导，对无障碍环境建设的管理体制作出规定。县级以上人民政府应当统筹协调和督促指导有关部门做好无障碍环境建设工作；住房和城乡建设、民政、工业和信息化、交通运输等主管部门应当在各自职责范围内，开展无障碍环境建设工作；乡镇人民政府、街道办事处应当协助做好无障碍环境建设工作。

（二）系统规定无障碍设施规划、设计、建设、改造、维护和管理相关制度

一是严格确保无障碍设施建设质量，包括：明确新建、改建、扩建的居住建筑、居住区、公共建筑、公共场所、交通运输设施、城乡道路等应当符合无障碍设施工程建设标准；规定无障碍设施应当与主体工程同步规划、同步设计、同步施工、同步验收、同步交付使用，并与周边的无障碍设施有效衔接、实现贯通；对建设单位、设计单位、施工单位、监理单位等在无障碍设施建设中的职责作出明确规定。二是强调重点单位、区域、场所等配套建设无障碍设施的义务。比如明确要求残疾人集中就业单位、居住区公共服务设施、部分地区的人行道路系统、停车场等应当配套建设

相应的无障碍设施。三是对无障碍设施改造作出系统性规定。包括：要求政府制定有针对性的改造计划并组织实施；明确无障碍设施改造责任人；对不具备改造条件的，规定责任人应当采取必要的替代性措施；对家庭无障碍设施改造、老旧小区既有多层住宅加装电梯等重要问题作出专门规定。四是针对“重建设轻维护”突出问题，对无障碍设施的维护和管理作出明确规定。包括：明确维护和管理责任人，对其所承担的维护和管理职责作了列举；对非法占用、损坏无障碍设施等行为作出禁止性规定，并明确了相应法律责任。五是明确通过意见征询、体验试用等方式，保障残疾人、老年人参与无障碍设施建设。

（三）丰富无障碍信息交流内容

一是明确政府及其有关部门应当为残疾人、老年人获取公共信息提供便利，采取无障碍信息交流方式发布突发事件信息；要求药品生产经营者提供无障碍格式版本的标签、说明书。二是对利用财政资金设立的电视台、网站、移动应用程序以及图书馆、博物馆、电信业务经营者等提供无障碍信息的义务作出规定。三是明确要求硬件终端产品、自助公共服务终端设备、便民热线、紧急呼叫系统等应当具备或者逐步具备相应的无障碍功能。四是完善鼓励支持措施，包括：鼓励图书、报刊配备无障碍格式版本；鼓励编写、出版盲文版、低视力版教学用书；鼓励地图导航定位产品完善无障碍设施标识和无障碍出行路线导航功能；鼓励药品以外其他商品的经营者提供无障碍格式版本的标签、说明书。五是对国家通用手语、国家通用盲文的推广、采用作出要求。

（四）扩展无障碍社会服务范围

一是规定公共服务场所提供无障碍服务的要求，对涉及医疗健康、社会保障等服务事项的，明确要求保留现场指导、人工办理等传统服务方式。二是对与社会生活密切相关的公共服务、司法诉讼仲裁、公共交通、教育考试、医疗卫生、文旅体育等方面的无障碍服务分别作出有针对性的规定。三是新增应急避难场所提供无障碍服务的义务性规定。四是完善残疾人使用服务犬的相关规定。

（五）健全无障碍环境建设保障机制

一是明确县级以上人民政府应当将无障碍环境建设经费列入本级预算，

建立稳定的经费保障机制。二是加强无障碍环境理念的宣传教育，提升全社会的无障碍环境意识。三是积极构建无障碍环境标准体系，建立健全无障碍环境认证和信息评测制度。四是采取措施促进新科技成果运用，支持无障碍设施、信息和服务的融合发展。五是将无障碍环境建设情况作为文明城市、文明村镇等创建活动的重要内容。

（六）完善无障碍环境建设监督制度

一是对政府及其有关部门的监督检查、考核评价、委托第三方评估、信息公示、投诉举报处理答复等相关工作机制作出明确规定。二是明确任何组织和个人有权提出加强和改进无障碍环境建设的意见和建议，对违反本法规定的行为进行投诉、举报。三是规定残联、老龄协会等组织可以聘请相关人员对无障碍环境建设情况进行监督。

三、本法的亮点

本法是关于无障碍环境建设的专门立法。这部法律虽然属于“小切口”立法，但意义大、适用宽、影响广。本法在现有法律法规的基础上，积极适应新时代、新任务、新要求，从设施建设、信息交流、社会服务等方面，全面系统地对无障碍环境建设主要制度机制作出规定，亮点众多。总的来看，主要体现在以下三个方面：

一是基本定位明确、保障重点突出。法的基本定位直接影响其调整范围，也影响具体制度设计。在认真总结我国无障碍环境建设长期发展经验的基础上，本法围绕残疾人、老龄事业发展需要，适应人口老龄化的趋势，明确无障碍环境建设重点保障残疾人、老年人平等、充分、便捷地参与和融入社会生活，在制度设计、标准确立、建设要求等方面，紧扣残疾人、老年人的需求和期盼，体现这部法律的特色性、现实性，增强具体规定的针对性和有效性。与此同时，强化无障碍环境建设的基础性、通用性、普惠性，明确残疾人、老年人之外的其他人有无障碍需求的，可以享受无障碍环境便利，让无障碍环境建设成果惠及全体社会成员，充分体现以人民为中心的发展思想，推动改革发展成果更多更好地惠及全体人民。

二是系统观念鲜明、制度设计全面。无障碍环境建设是一项综合性的系统工程，涉及多领域、多部门、多主体，既有传统的设施建设领域，也有新型的信息交流领域；既有有形的硬件设施设备，也有无形的软件服务理念。只有各方面齐抓共管、全社会共同参与、各环节有序贯通、各要素系统连接，才能建设设施齐备、功能完善、信息通畅、体验舒适的无障碍环境。本法在原有法律法规基础上，总结吸收实践经验，对无障碍环境建设的全要素、全链条、全场景作出系统规定，覆盖规划、设计、施工、验收、使用、维护、管理、监督等全过程，并区分未来新建和以往既有，统筹考虑地区城乡差异，推动社会各方面共同发力，促进无障碍环境建设高质量发展。

三是坚持问题导向、聚焦难点问题。问题是时代的声音、群众的呼唤。无障碍环境建设立法过程中，始终坚持鲜明的问题导向，聚焦人民群众“急难愁盼”问题，不断完善解决问题的理念、思路和举措。积极落实党中央大兴调研相关要求，深入基层社区、街道和相关单位开展立法调研，通过多种形式系统梳理实践中的突出问题，有针对性地提出对策。比如，无障碍设施“重建设轻维护”“重建设轻管理”等现象较普遍，无障碍建设保障措施不充分、监督管理力度不足等问题较突出。针对这些问题，本法进一步明确所有权人、管理人的维护管理职责，并设“保障措施”“监督管理”两个专章。又如，城镇老旧小区改造中，社会广泛关注加装电梯等无障碍设施的问题，本法从国家鼓励、政府支持、居民配合三个方面作出规定，进一步明确加装范围，规定发挥各方面作用以及充分考虑兼顾居民不同利益诉求，不断增强制度规定的针对性、可操作性、有效性。再如，药品的标签、说明书字体小，阅读不方便，各方面反映比较突出。药品直接涉及人民群众生命健康，为此，本法明确规定有关部门应完善管理规范，要求药品生产经营者提供无障碍格式版本的标签、说明书。

四、做好学习宣传和贯彻实施

2023年是贯彻落实党的二十大精神的开局之年，也是十四届全国人大常委会履职第一年。在此背景下，制定《无障碍环境建设法》，贯彻落实习近平总书记有关重要指示批示精神和党中央决策部署，积极回应社会关切，系统完善无障碍环境建设制度体系，推动无障碍环境建设实现高质量发展，具有重要的现实意义。

无障碍环境建设涉及社会方方面面，需要全社会共同关注、共同参与、共同发力。本法通过后，各有关方面要紧密结合学习贯彻习近平新时代中国特色社会主义思想，从贯彻落实党的二十大精神，推动新时代残疾人事业、老龄事业发展的高度，认真做好学习宣传和贯彻实施工作。要积极宣传党领导下我国残疾人事业、老龄事业的重大成就，宣传我国无障碍环境建设以及相关立法取得的巨大进步；要认真学习、准确宣传和正确实施本法，准确阐明本法的重大意义、基本制度和主要内容，为法律实施营造良好的社会环境和舆论氛围；要根据立法精神，做好配套法规、规章、政策、标准的制定和修改工作，共同推动新时代无障碍环境建设工作取得更大发展。

目　录

中华人民共和国无障碍环境建设法

第一章　总　　则

第一条　为了加强无障碍环境建设，保障残疾人、老年人平等、充分、便捷地参与和融入社会生活，促进社会全体人员共享经济社会发展成果，弘扬社会主义核心价值观，根据宪法和有关法律，制定本法。

◆ **释义**

本条是关于立法目的及制定依据的规定。

一、本法制定的主要经过

无障碍环境建设是保障残疾人、老年人等群体平等、充分、便捷地参与和融入社会生活的一项重要工作，是国家和社会文明的标志。为了提升无障碍环境建设工作水平，加强残疾人、老年人等群体权益保障，增进民生福祉，提高人民生活品质，全国人大常委会将制定《无障碍环境建设法》列入 2022 年度立法工作计划。全国人大社会建设委员会在中国残联提供的建议稿基础上，结合近年来办理代表议案建议和相关调研掌握的情况，广泛听取吸纳各方面意见，研究形成了《无障碍环境建设法（草案）》。2022 年 10 月，十三届全国人大常委会第三十七次会议对草案进行了初次审议。

初次审议后，全国人大常委会法制工作委员会将草案印发有关部门、地方和单位征求意见；在中国人大网公布草案全文，征求社会公众意见；

先后赴重庆、广东、天津、上海、山东、福建、河北开展调研，广泛听取有关部门、残联、高校、基层立法联系点以及全国人大代表、残疾人代表的意见建议。在深入研究常委会审议意见以及各方面意见的基础上，全国人大宪法和法律委员会、全国人大常委会法制工作委员会对草案进行了认真研究修改。2023 年 4 月，十四届全国人大常委会第二次会议对草案进行了二次审议；2023 年 6 月，十四届全国人大常委会第三次会议审议通过《无障碍环境建设法》。

二、立法目的

一是加强无障碍环境建设。我国的无障碍环境建设从 20 世纪 80 年代起步，三十多年来，特别是国务院 2012 年制定的《无障碍环境建设条例》实施近十年来，在党和国家的高度重视下，在政府部门、残联组织的大力推进和社会各界大力支持下，我国无障碍环境建设法规政策和标准体系不断完善，无障碍设施、无障碍信息、无障碍服务建设水平不断提高，为包括残疾人、老年人在内的全体社会成员更好地参与和融入社会生活、共享改革发展成果发挥了重要作用，展示了我国经济社会发展和人权保障的巨大成就。据国务院新闻办公室 2021 年 8 月发布的《全面建成小康社会：中国人权事业发展的光辉篇章》白皮书反映，截至 2020 年，1753 个市、县开展无障碍建设，全国累计创建 469 个无障碍市县村镇。全国村（社区）综合服务设施中有 81. 05%的出入口、56. 58%的服务柜台、38. 66%的厕所进行了无障碍建设和改造。2016 年至 2020 年，全国共有 65 万贫困重度残疾人家庭得到了无障碍改造。截至 2019 年，全国已建成各级残疾人综合服务设施 2341 个，康复设施 1006 个，托养服务设施 887 个；共有省级残疾人专题广播节目 25 个、电视手语栏目 32 个；设立盲文及盲文有声读物阅览室 1174 个。全面推进信息无障碍建设，增强信息无障碍终端产品供给，推进无障碍产品和服务技术推广应用，拓宽残疾人参与信息社会的渠道，推动信息化与无障碍环境的深度融合，消除“数字鸿沟”，助力社会包容性发展。在取得巨大进步的同时，我国无障碍环境建设也存在一些困难或者问题，主要有：全社会无障碍意识不强；法律法规政策标准体系不完善；无障碍设施质量不高，部分无障碍设施设计不合理、建设不规范、管护不到位；信息交流无障碍比较薄弱；残疾人家庭无障碍改造任务艰巨、改造水平有待提升；无障碍环境建设不平衡不充分不系统特征明显，与人民群众日益增长的无障碍环境需求仍有差距等。在这种背景下，迫切需要通过无障碍环境建设立法，加强顶层设计、提炼实践经验、解决突出问题，推动无障碍环境建设工作，提升建设质量水平，更好满足人民群众需求。

二是保障残疾人、老年人平等、充分、便捷地参与和融入社会生活。无障碍环境建设是残疾人、老年人参与和融入社会生活、共享改革发展成果的重要前提。从国内外实践发展历程看，无障碍环境建设与残疾人权益保障紧密相关。残疾人是指在心理、生理、人体结构上，某种组织、功能丧失或者不正常，全部或者部分丧失以正常方式从事某种活动能力的人。残疾人包括视力残疾、听力残疾、言语残疾、肢体残疾、智力残疾、精神残疾、多重残疾和其他残疾的人。相对正常人，残疾人面临更多障碍，可能阻碍残疾人在与他人平等的基础上，充分、便捷地参与社会生活。无障碍环境建设最初的目标，就是消除设施、空间、物品或服务等各方面阻碍残疾人平等参与社会生活的各种障碍，从而保障残疾人能够真正享受和充分实现包括生存权、发展权在内的各项权利。随着经济社会发展和人口老龄化进程的加剧，老年人人口规模日益增长，残疾老龄化和老龄残疾化现象日益明显，对无障碍环境有较强需求的群体逐渐增多，老年人成为无障碍环境建设保障的重点对象。目前，我国现有残疾人 8500 多万，截至 2022 年年底，60 岁及以上的老年人已有 2.8 亿。无障碍环境建设事关残疾人、老年人权益保障，无障碍环境建设立法是人权法治保障的重要内容。通过及时制定《无障碍环境建设法》，进一步消除公共设施、交通出行、信息交流、社会服务等各领域有形或者无形的障碍，有利于保障残疾人、老年人平等、充分、便捷地参与社会生产生活，维护其生活尊严，提升其生活品质，这也是强化人权法治保障、促进我国人权事业发展的内在要求。

三是促进社会全体人员共享经济社会发展成果。无障碍环境建设重点保障残疾人、老年人，但从社会发展全局和长远来看，它也是促进社会全体人员共享经济社会发展成果的重要基础。在社会生活中遇到某些“障碍”，是每个人都可能经历的过程和体验，这种体验以及对无障碍环境的需求，不是有和无的问题，而是多和少、早和晚的问题。可以说，每个人都需要无障碍环境，每个人都是无障碍环境的受益者。我国无障碍环境建设取得的巨大发展和成就，是我国改革发展取得的重要成果。习近平总书记多次强调，要顺应人民群众对美好生活的向往，坚持以人民为中心的发展思想，以保障和改善民生为重点，发展各项社会事业，使改革发展成果更多更公平惠及全体人民。因此，本法在坚持重点保障残疾人、老年人这一基本定位的同时，通过完善制度措施，推动无障碍环境建设成果惠及社会全体人员。

四是弘扬社会主义核心价值观。社会主义核心价值观是当代中国精神的集中体现，是全体人民共同的价值追求，决定发展方向、引领社会思潮、凝聚社会共识。党的十八大以来，以习近平同志为核心的党中央高度重视社会主义核心价值观建设，2012 年，党的十八大报告强调指出，“社会主义核心价值体系是兴国之魂”，并用“富强、民主、文明、和谐，自由、平等、公正、法治，爱国、敬业、诚信、友善”这 12 个概念对社会主义核心价值观的主要内容作出了简明扼要的凝练。2017 年，党的十九大报告进一步强调，“坚持社会主义核心价值体系”，“培育和践行社会主义核心价值观……把社会主义核心价值观融入社会发展各方面，转化为人们的情感认同和行为习惯”。2022 年，党的二十大报告对广泛践行社会主义核心价值观作出全面部署。把社会主义核心价值观融入法治建设全过程、各领域、各方面，是社会主义核心价值体系建设的必然要求，也是中国特色社会主义法治体系建设的内在需要。近年来党中央印发多个文件，要求将社会主义核心价值观融入法治建设，把社会主义核心价值观的要求体现到宪法、法律、行政法规、部门规章和公共政策中，推动社会主义核心价值观全面融入中国特色社会主义法律体系。为落实党中央决策部署，2018 年《宪法》修改时将“国家倡导社会主义核心价值观”写入《宪法》总纲，为促进社会主义核心价值观全面融入法治体系提供了宪法依据。大量新制定、修改的法律法规也将“社会主义核心价值观”或者其核心概念写入法律文本。为贯彻落实社会主义核心价值观入法入规相关要求，发挥社会主义核心价值观在无障碍环境建设中的引领作用，本法将“弘扬社会主义核心价值观”作为立法目的之一，并在相关制度规定中加以具体贯彻和体现。

三、立法依据

一是宪法依据。宪法是国家的根本法，是治国安邦的总章程，是党和人民意志的集中体现，具有最高的法律地位、法律权威、法律效力，具有根本性、全局性、稳定性、长期性。宪法是国家各种制度和法律法规的总依据，在中国特色社会主义法律体系中，宪法居于核心地位，所有的法律都是依据宪法制定的，都是对宪法精神、原则和制度的具体化。《立法法》第五条规定："立法应当符合宪法的规定、原则和精神，依照法定的权限和程序，从国家整体利益出发，维护社会主义法制的统一、尊严、权威。"宪法虽然没有直接对无障碍环境建设作出规定，但也有一些规定为本法的制定提供了宪法上的间接依据。例如，《宪法》第十四条第三款规定："国家合理安排积累和消费，兼顾国家、集体和个人的利益，在发展生产的基础上，逐步改善人民的物质生活和文化生活。"该条规定明确了国家进行社会主义经济建设、逐步改善人民物质生活和文化生活的责任。无障碍环境建设是残疾人、老年人权益保障的重要内容，对于促进社会融合和人的全面发展具有重要价值。加强无障碍环境建设，符合《宪法》第十四条有关改善人民物质文化生活的精神。再如，宪法涉及残疾人、老年人权益的规定，也对《无障碍环境建设法》具有重要的统领作用，《无障碍环境建设法》的每条规定都应符合宪法规定的精神。

二是有关法律。除了《宪法》有关规定外，我国在法律层面形成了以《残疾人保障法》《老年人权益保障法》为基础依据，以《公共文化服务保障法》《公共图书馆法》《建筑法》《防震减灾法》《道路交通安全法》等为补充的立法格局，为无障碍环境建设立法提供支撑和依据。一方面，在《无障碍环境建设法》制定过程中，根据实践发展需要，将其他法律中的原则性规定细化补充后规定到新法当中；另一方面，不断修改完善《无障碍环境建设法（草案）》的规定，保持与其他法律有效衔接、协调一致。1990 年，全国人大常委会制定《残疾人保障法》，明确规定"国家和社会逐步实行方便残疾人的城市道路和建筑物设计规范，采取无障碍措施"，首次在法律层面确定了无障碍建设的内容。2008 年，我国加入联合国《残疾人权利公约》，修订《残疾人保障法》，在第七章专章规定了"无障碍环境”的内容，对国家、社会及各级人民政府的责任，无障碍设施建造和改造的要求，残疾人信息交流、公共服务、政治参与权、辅助设备与无障碍交通工具等内容进行了规定。1996 年，我国制定《老年人权益保障法》，规定新建或改造城镇公共设施、居民区和住宅时，应当考虑老年人的特殊需要。经过多次修改，现行《老年人权益保障法》明确规定，新建、改建和扩建道路、公共交通设施、建筑物、居住区等，应当符合国家无障碍设施工程建设标准，并要求各级人民政府和有关部门按照国家标准优先推进与老年人日常生活密切相关的公共服务设施的改造。同时该法还规定，无障碍设施的所有人和管理人应当保证无障碍设施的正常使用，否则可能承担民事责任，甚至承担行政、刑事责任。此外，我国《公共文化服务保障法》规定，在设计和建设公共文化设施时，应当配置符合国家规定的标准的无障碍设施设备。《公共图书馆法》规定，政府设立的图书馆应当提供适合老年人和残疾人等群体需求的文献信息、无障碍设施设备和服务等。这些法律规定都是本法制定过程中的重要依据。

第二条　国家采取措施推进无障碍环境建设，为残疾人、老年人自主安全地通行道路、出入建筑物以及使用其附属设施、搭乘公共交通运输工具，获取、使用和交流信息，获得社会服务等提供便利。

残疾人、老年人之外的其他人有无障碍需求的，可以享受无障碍环境便利。

◆ 释义

本条是关于无障碍环境建设的内涵及受益对象的规定。

一、无障碍环境建设的内涵

从世界范围看，随着经济社会发展，对无障碍环境的理解不断深化，无障碍环境建设的内涵也随之不断拓展。1993 年，联合国通过《残疾人机会均等标准规则》，将无障碍环境分为无障碍物质环境和无障碍信息交流。

2008 年，十一届全国人大常委会第三次会议正式批准我国加入联合国《残疾人权利公约》。该公约将“无障碍”作为一项基本原则，确认无障碍的物质、社会、经济和文化环境、医疗卫生和教育以及信息和交流，对残疾人能够充分享有一切人权和基本自由至关重要。公约第九条“无障碍”规定，为了使残疾人能够独立生活和充分参与生活的各个方面，缔约国应当采取适当措施，确保残疾人在与其他人平等的基础上，无障碍地进出物质环境，使用交通工具，利用信息和通信，包括信息和通信技术和系统，以及享用在城市和农村地区向公众开放或提供的其他设施和服务。这些措施应当包括查明和消除阻碍实现无障碍环境的因素，并除其他外，应当适用于：（1）建筑、道路、交通和其他室内外设施，包括学校、住房、医疗设施和工作场所；（2）信息、通信和其他服务，包括电子服务和应急服务。

从我国立法及实践看，无障碍环境建设的内涵也呈现逐渐深入、逐步扩展的发展态势。1989 年 4 月 1 日，建设部、民政部、中国残疾人福利基金会颁布实施《方便残疾人使用的城市道路和建筑物设计规范（试行）》，这是我国第一部无障碍建设设计标准，标志着我国无障碍设施建设工作拉开序幕。其后，建设部等部门和单位根据经济和社会发展、无障碍环境建设工作需要，两次修改有关设计规范，增加了城市绿地、历史文物保护建筑改造、信息交流无障碍的内容，扩展了建筑类型以及无障碍设施的类型，并将名称变更为《无障碍设计规范》（GB 50763—2012），上升为国家标准，于 2012 年 9 月 1 日起实施。各部门也相继发布了无障碍环境建设有关标准。例如，2005 年，铁道部发布实施了《铁路旅客车站无障碍设计规范》。2021 年 9 月，住房和城乡建设部正式批准发布《建筑与市政工程无障碍通用规范》，该规范分为总则、无障碍通行设施、无障碍服务设施、无障碍信息交流设施、无障碍设施施工验收和维护五个部分。从标准规范的内容看，无障碍环境建设从最初的设施建设逐步扩展到信息交流、社会服务。

在法律制度层面，无障碍环境建设的内涵也逐步扩展。1990 年 12 月制定的《残疾人保障法》，1996 年 8 月制定的《老年人权益保障法》，均明确规定要建设无障碍设施。2008 年修订《残疾人保障法》，明确规定国家和社会应当采取措施，逐步完善无障碍设施，推进信息交流无障碍，为残疾人平等参与社会生活创造无障碍环境。2012 年国务院制定的《无障碍环境建设条例》第二条规定:“本条例所称无障碍环境建设,是指为便于残疾人等社会成员自主安全地通行道路、出入相关建筑物、搭乘公共交通工具、交流信息、获得社区服务所进行的建设活动。”同时,该条例还设“无障碍设施建设”“无障碍信息交流”“无障碍社区服务”三个专章,对无障碍环境建设作出具体规定。借鉴联合国《残疾人权利公约》关于无障碍环境的界定以及国内外无障碍环境建设实践,参考国内最近两年出台的无障碍环境建设地方立法,本法第二条将无障碍环境建设的内容界定为:为残疾人、老年人自主安全地通行道路、出入建筑物以及使用其附属设施、搭乘公共交通运输工具,获取、使用和交流信息,获得社会服务等提供便利。

根据本法规定,无障碍环境建设主要涉及三个方面:一是无障碍设施建设。无障碍设施是指为了保障残疾人、老年人在居住、出行、工作、休闲娱乐或者参加其他社会活动时,能够自主、安全、方便地通行和使用所建设的物质环境和配套服务的设施,包括无障碍通道(路)、电(楼)梯、平台、房间、洗手间(厕所)、席位、盲文标识、音响提示等设施,涉及居住建筑、居住区、公共建筑、公共场所、交通运输设施、城乡道路等。无障碍设施建设涉及的工程建设包括新建、改建、扩建以及改造项目。无障碍设施建设的具体要求主要体现在本法第二章“无障碍设施建设”。

二是无障碍信息交流。无障碍信息交流,主要是指通过信息化手段弥补因身体机能、所处环境等因素导致的差异,使任何人(无论是健全人还是残疾人,无论是年轻人还是老年人)都能平等、方便、安全地获取、交互、使用信息。按照信息交流理论,信息交流离不开信源、信道、信宿和信息,主要包括信息形式和内容、信息传播媒介和信息交流场景。本法第三章“无障碍信息交流”根据信息交流理论,对无障碍信息交流相关要求作出具体规定。

三是无障碍社会服务。无障碍社会服务主要是指公共服务场所、公共服务机构、司法机关和法律服务机构、交通运输运营单位、教育机构、医疗卫生机构、各类经营机构等为有需求的社会成员提供的合理便利和必要协助。我国在推进无障碍环境建设的过程中,在多部法律、标准规范中对无障碍社会服务的内容进行了规定。依据《残疾人保障法》的规定,公共服务机构和公共场所应当创造条件，为残疾人提供语音和文字提示、手语、盲文等信息交流服务，并提供优先服务和辅助性服务。《无障碍环境建设条例》规定了“无障碍社区服务”，包括：完善社区公共服务设施无障碍服务功能；完善紧急呼叫系统；对贫困家庭进行无障碍设施改造给予补助；为残疾人参加选举提供便利。在《无障碍环境建设条例》基础上，本法第四章“无障碍社会服务”根据不同场景作出了具体规定。

二、无障碍环境建设的受益对象范围

合理确定无障碍环境建设的受益对象范围，关系无障碍环境建设规模和具体要求，也影响本法的具体制度设计。本法制定初期，遵循将无障碍环境建设的受益人群从残疾人、老年人扩大为全体社会成员的理念，因此草案一审稿除在第一条立法目的中明确规定“促进全体社会成员平等、充分、便捷地参与和融入社会生活，共享经济社会发展成果”外，还创设了有无障碍需求的社会成员的概念，在附则中单设一条作出解释。在全国人大常委会审议和征求意见过程中，有些专委会组成人员、单位和专家学者提出，无障碍环境建设要突出对残疾人、老年人等群体的保障。无论是从无障碍环境建设发展历程看，还是从当前我国经济社会发展实际和各群体对无障碍环境的现实需求看，现阶段我国无障碍环境建设工作的重点都还是要保障残疾人、老年人对无障碍环境的需求，相关中央文件也是以残疾人、老年人权益保障为出发点对无障碍环境建设作出决策部署、提出明确要求。在认真总结我国无障碍环境建设长期发展经验的基础上，本法围绕残疾人事业发展需要，适应人口老龄化的趋势，明确无障碍环境建设重点保障残疾人、老年人，在制度设计、标准确立、建设要求等方面，紧扣残疾人、老年人的需求和期盼，体现这部法律的特色性、现实性，增强具体规定的针对性和有效性。

与此同时，也要认识到强化无障碍环境建设具有基础性、通用性、普惠性，残疾人、老年人之外的其他人有无障碍需求的，也可以享受无障碍环境便利，这样才能让无障碍环境建设成果惠及全体社会成员，充分体现以人民为中心的发展思想，推动改革发展成果更多更好惠及全体人民。为了妥善处理保障重点与惠及全体之间的关系，本法将“保障残疾人、老年人平等、充分、便捷地参与和融入社会生活，促进社会全体人员共享经济社会发展成果”纳入立法目的；将“广泛受益”规定为无障碍环境建设的基本原则之一。本条第二款还明确规定：“残疾人、老年人之外的其他人有无障碍需求的，可以享受无障碍环境便利。”无障碍需求取决于具体情况，一般来说有无障碍需求的人大致分为三种类型：一是永久性的，如身体受到永久损伤的残疾人；二是暂时性的，如暂时受伤者、白内障手术者、孕妇；三是情境性的，如推婴儿车的父母、提重物者、重口音者。因此，残疾人、老年人之外的其他有无障碍需求的人，大致包括因年幼、生育、疾病、意外伤害、负重等原因，致使身体功能短暂丧失或者缺乏，面临行动、感知或者表达障碍的人员及其同行的陪护人员。

第三条 无障碍环境建设应当坚持中国共产党的领导，发挥政府主导作用，调动市场主体积极性，引导社会组织和公众广泛参与，推动全社会共建共治共享。

◆ 释义

本条是关于无障碍环境建设工作体制的规定。

一、坚持党的领导

中国共产党领导是中国特色社会主义最本质的特征，是中国特色社会主义制度的最大优势。党的百年奋斗历程和现实都雄辩地证明，只有中国共产党才能领导中国，中国共产党领导是全党全国各族人民共同意志和根本利益的体现，是实现中华民族伟大复兴的根本保证。党的领导必须是全面的、系统的、整体的，要充分发挥党总揽全局、协调各方的作用，把党的全面领导贯穿无障碍环境建设工作各领域各方面各环节。只有充分发挥党的全面领导的政治优势，才能实现无障碍环境建设高质量发展，拓展无障碍环境发展新局面。党的十八大以来，以习近平同志为核心的党中央高度重视无障碍环境建设，从推动我国人权事业发展、加强残疾人和老年人权益保障的高度，就推进无障碍环境建设作出一系列决策部署。无障碍环境建设工作坚持党的领导，关键是坚持以习近平新时代中国特色社会主义思想为指导，深刻认识“两个确立”的重大意义，增强“四个意识”、坚定“四个自信”、做到“两个维护”，坚决将党的决策部署贯彻落实到无障碍环境建设工作当中。

二、发挥政府主导作用

无障碍环境建设相当程度上属于为社会提供基本公共服务和产品，政府担负着重要的主体责任，需要发挥主导作用。政府主导作用体现在多个方面：一是政府负有统筹协调和兜底保障的职责，体现为将无障碍环境建设纳入有关规划计划，将所需经费纳入财政预算，通过经费支持、政府采购、税收优惠等方式支持推动无障碍环境建设。二是深化政府机构改革，加强政府部门之间的协同共治，完善无障碍环境建设工作的体制机制，使政府各部门在制定、实施政策措施上保持一致性、一贯性，有效形成工作合力。三是加强政府监督职能，对不依法履行无障碍环境建设相关职责义务的行为进行严格监管，督促指导其他有关主体开展无障碍环境建设。

三、调动市场主体积极性

市场竞争可以高效配置资源和精准满足需求，实现无障碍服务和产品成本更低、收益更高。市场也是最重要的创新主体，在供需双方互动中孕育新产品、新服务、新业态，在无障碍环境建设中起重要的促进作用。在无障碍环境建设中，要充分激发市场主体参与的积极性，可以由市场提供的，尽量鼓励支持市场提供；可以通过市场方式解决的，尽量通过市场调节；在充分发挥市场积极作用的同时，也要注意防范和避免“市场失灵”，通过监督指导方式，帮助市场主体更好地参与到无障碍环境建设中。

四、引导社会组织和公众广泛参与

无障碍环境建设工作与广大人民群众生产生活密切相关，要积极引导社会组织和公众广泛参与。以社会组织为代表的社会治理协商和共同参与的模式，有助于构建多元主体发挥不同作用、形成合力的工作格局。在政府不适合直接管理，市场又嫌利润低、缺乏介入积极性的领域，激发社会组织活力，推动社会组织参与建设、提供服务，是搞好无障碍环境建设工作的关键。本法在无障碍环境法律法规政策以及标准制定、无障碍设施体验试用、无障碍知识传播和技能培训，以及加强社会监督等诸多方面，都注重积极引导社会组织有序参与，不断畅通参与渠道。社会公众不仅是无障碍环境建设的受益者，也是重要的参与者、监督者，要积极搭建平台，通过捐款捐物、志愿服务、民主监督、纠纷调解等多种方式，引导社会公众参与无障碍环境建设工作。要将健全公众参与机制，与加强基层党组织建设、居民自治机制建设、社区服务体系建设有机结合，提高公众参与建设、参与管理、参与监督的积极性。

五、推动全社会共建共治共享

无障碍环境建设是社会建设的一个重要方面，涉及社会方方面面，需要妥善处理好各方面的权利义务关系，也需要充分调动各方面的积极性。建立一个健全的工作体制，对于推动无障碍环境建设尤为重要。习近平总书记指出："要善于把党的领导和我国社会主义制度优势转化为社会治理效能，完善党委领导、政府负责、社会协同、公众参与、法治保障的社会治理体制，打造共建共治共享的社会治理格局。"习近平总书记关于以共建共治共享拓展社会发展新局面的一系列重要论述，不仅系统回答了在新时代如何掌握历史主动，推动"中国之治"迈向更高境界的重大理论和实践课题，也为建立健全无障碍环境建设工作体制指明了方向。贯彻落实习近平总书记重要讲话精神，无障碍环境建设要努力构建共建共治共享的社会治理制度，实现政府治理同社会调节、居民自治良性互动，形成人人有责、人人尽责、人人享有的良好局面。

第四条 无障碍环境建设应当与适老化改造相结合，遵循安全便利、实用易行、广泛受益的原则。

◆ **释义**

本条是关于无障碍环境建设基本原则的规定。

一、无障碍环境建设应当与适老化改造相结合

人口老龄化是社会发展的重要趋势，也是我国今后较长一个时期的基本国情。据2022年8月国务院向全国人大常委会提请审议的《关于加强和推进老龄工作进展情况的报告》，1999年，我国60岁及以上老年人口占比超过10%，进入老龄化社会。截至2021年年底，全国60岁及以上老年人口达2.67亿，占总人口的18.9%；65岁及以上老年人口达2亿以上，占总人口的14.2%。预计"十四五"时期，60岁及以上老年人口总量将突破3亿，占比将超过20%。2035年，60岁及以上老年人口将增加到4.2亿左右，占比将超过30%。我国人口老龄化形势严峻，人口老龄化程度不断加深，老年人口持续增加，给社会保障制度可持续发展、公共服务供给带来挑战。

积极应对人口老龄化，事关国家发展和民生福祉，是实现经济高质量发展、维护国家安全和社会稳定的重要举措，党和国家高度重视老龄工作，习近平总书记对老龄工作作出了一系列重要指示批示，强调各级党委和政府要高度重视并切实做好老龄工作，贯彻落实积极应对人口老龄化国家战略，把积极老龄观、健康老龄化理念融入经济社会发展全过程，让老年人共享改革发展成果、安享幸福晚年。中共中央、国务院先后印发《国家积极应对人口老龄化中长期规划》《关于加强新时代老龄工作的意见》，对积极应对人口老龄化作出系统部署，明确了新时代老龄工作的发展目标和重点任务。全国老龄委充分发挥统筹协调作用，组织协调32个成员单位认真履职，细化系列政策举措和标准规范，共同推进老龄事业和产业发展。

老年人由于年龄增长导致身体机能衰退，在生活中常遇到的各类障碍问题与残疾人相似，特别是随着信息技术的快速发展和广泛运用，老年人面临的"数字鸿沟"问题较为突出。积极开展无障碍环境建设，满足老年人的无障碍需求，是老龄工作和老龄事业发展的重要方面，也是我国应对人口老龄化的必然要求。近年来，党和国家以老年宜居环境建设为中心，加强无障碍环境建设和适老化改造，取得了较大成就。2019年至2021年，全国开工改造城镇老旧小区11.5万个，惠及居民2000多万户，加装电梯5.1万部。"十三五"期间完成16.4万户特殊困难老年人家庭适老化改造，"十四五"期间，将对200万户特殊困难老年人家庭实施基础项目改造和老年用品

配置。2016 年至 2020 年，为近 20 万名贫困重度残疾老年人进行家庭无障碍改造。2020 年 11 月，国务院办公厅印发《关于切实解决老年人运用智能技术困难的实施方案》，围绕与老年人密切相关的高频事项和服务场景提出具体工作措施，努力解决老年人运用智能技术困难问题。相关部门出台一系列便利老年人出行、就医、缴费、办事等方面的文件，为老年人提供更加便利高效的办事服务。

党的二十大报告提出，"实施积极应对人口老龄化国家战略，发展养老事业和养老产业"。为深入贯彻落实党的二十大精神，在总结近年无障碍环境建设取得的成就经验的基础上，本条明确规定"无障碍环境建设应当与适老化改造相结合"这一原则，强调无障碍环境建设重点保障残疾人、老年人，要求无障碍环境建设工作应当充分考虑老年人的特点和需求，在无障碍设施建设、信息交流、社会服务等方面，努力满足老年人的无障碍需求，不断提高老年人的获得感、幸福感、安全感和成就感。

目前，老年人无障碍环境建设已列入《国家基本公共服务标准》，特殊困难老年人家庭适老化改造已纳入《国家基本养老服务清单》。相关方面要按照无障碍环境建设法律法规、标准规范以及国家政策要求，将无障碍环境建设和适老化改造纳入城市更新、城镇老旧小区改造、农村危房改造、农村人居环境整治提升统筹推进，让老年人参与社会活动更加安全方便。鼓励有条件的地方对经济困难的失能、残疾、高龄等老年人家庭，实施无障碍和适老化改造、配备生活辅助器具、安装紧急救援设施、开展定期探访。各地要结合实际出台家庭适老化改造标准，鼓励更多家庭开展适老化改造。在鼓励推广新技术、新方式的同时，保留老年人熟悉的传统服务方式，加快推进老年人常用的互联网应用和移动终端、应用程序（APP）适老化改造，加强数字技能教育和培训，提升老年人数字素养。

二、遵循安全便利、实用易行、广泛受益的原则

无障碍环境建设除了应当与适老化改造相结合之外，还要遵循下列原则：

一是安全便利。安全性是无障碍环境的重要特征，也是无障碍环境建设必须坚持的重要原则。安全因素对于老年人、残疾人和其他行动不便者来说特别重要，他们由于年龄、疾病、生理及特殊状态等原因，对环境的

感知力较差，反应灵活性也较差，有时难以克服某些物质和交流环境的阻碍，容易发生阻滞、伤害和危险。合格完善的无障碍设施，如坡道、电梯、厕所、走道、标志、扶手等，能大大减少使用者的不安全因素。在保障安全的前提下，还要考虑无障碍设施设备和产品等的方便性，两者要兼顾好。

二是实用易行。"实用易行"要求无障碍环境建设不能搞形式，不能做不能用、不好用的面子工程。首先，无障碍环境建设无论是哪方面，都应当聚焦人民群众最真实、最迫切的需求，解决最关切的问题。其次，作为公共物品的无障碍环境，必须能够让使用者方便地感知、到达、进入以及使用无障碍设施设备或者产品。最后，无障碍环境的设计和建设，要充分考虑有无障碍需求的人群特点，考虑多数人的可接受程度和可操作性，不宜脱离现实、过于复杂化。

三是广泛受益。无障碍环境建设坚持共建共治共享，在重点保障残疾人、老年人的基础上，积极推动建设成果惠及全体社会成员，可以说人人都可以享受无障碍环境建设带来的各种便利。"广泛受益"要求无障碍环境建设应当坚持通用设计的理念。根据《残疾人权利公约》第二条的规定，通用设计是指尽最大可能让所有人可以使用，无需作出调整或特别设计的产品、环境、方案和服务设计。"通用设计"不排除在必要时为某些残疾人群体提供辅助用具。

第五条 无障碍环境建设应当与经济社会发展水平相适应，统筹城镇和农村发展，逐步缩小城乡无障碍环境建设的差距。

◆ **释义**

本条是关于与经济社会发展水平相适应，统筹推进城乡无障碍环境建设的规定。

一、无障碍环境建设应当与经济社会发展水平相适应

无障碍环境建设需要大量资金、技术的投入和运用，其发展水平直接受经济社会发展状况制约，同时无障碍环境建设的发展也会促进经济社会进一步发展。因此，无障碍环境建设必须与经济社会发展水平相适应，这是无障碍环境建设推得动、可持续的客观要求。本条参考《无障碍环境建设条例》的规定，对这一要求予以明确，在具体把握上应当注意两个方面：一是无障碍环境建设不能长期滞后于经济社会发展，应加快推进无障碍环境建设，努力使其与国家经济社会发展水平相适应。随着我国改革开放不断深入和经济社会快速发展，经过长期不懈努力，我国的无障碍环境建设得到了巨大发展，无障碍环境建设质量水平逐步提高。但总的来说，目前无障碍环境建设还不能完全适应广大残疾人、老年人等特殊群体的需求，与中国式现代化的要求还存在差距，要抓紧国家经济社会发展的机遇，大力推进我国城乡无障碍环境建设。二是要充分考虑我国国情和实际，把建设目标建立在财力可持续和社会可承受的基础之上，坚持尽力而为、量力而行，稳步推进无障碍环境建设。要正视我国经济社会发展水平仍相对较低的实际，正视我国无障碍环境建设起步较晚的实际，在无障碍实现程度上，合理安排无障碍环境建设达标时序，对新建与改造、不同领域和场所等，作出适度区别的规定，不搞过高标准、齐步走、一刀切。在法律要求上，妥善处理强制性和鼓励性的关系，例如强调新建设施应严格执行无障碍标准，无障碍设施改造逐步进行，在无障碍改造及无障碍信息交流、无障碍社会服务等方面，既作硬性规定，也提倡导性要求。在制度设计上，在立足现实前提下适度前瞻，坚持因地制宜，高度重视技术标准，也为实践探索创新留出空间，充分考虑科技赋能因素，对于未来可能通过科技实现无障碍的领域不作过细的规范。

二、统筹城镇和农村发展，逐步缩小城乡无障碍环境建设的差距

从当前实际看，城镇地区的无障碍环境建设是工作重心，特别是城镇道路和建筑的无障碍设计和改造。农村地区的无障碍环境建设工作起步较晚，主要集中于农村贫困、重度残疾人家庭的无障碍改造，尚未系统推进农村地区的出行无障碍、信息无障碍、社区服务无障碍等。量大面广的乡村无障碍环境建设尚未系统开展，还不能满足残疾人、老年人的需求。做好乡村无障碍环境建设，不仅关系农村地区残疾人、老年人平等、充分、便捷地参与和融入社会生活，也关系乡村振兴发展，因此本条对统筹城镇

和农村发展，逐步缩小城乡无障碍环境建设的差距作出规定。

在具体把握上，应当注意以下三个方面：一是统筹规划、分步推进。将无障碍环境建设的要求纳入村镇规划及相关专项规划，分步推进；把无障碍环境建设与新型城镇化和农村基础设施建设有机结合起来。二是因地制宜、注重实效。结合当地经济、文化、地理、风俗习惯等实际情况和特点，按照改善村镇无障碍环境的总体要求，根据农村残疾人、老年人的实际需求，科学确定不同地区的具体目标和任务，提高无障碍环境建设实效。三是突出重点、量力而行。立足现有条件和财力，突出重点、先易后难，以推进与残疾人、老年人生活关系密切的村镇道路、基本公共服务设施、基本公共活动场所、残疾人家庭和老年人家庭无障碍设施建设与改造为重点，有序推进村镇无障碍环境建设。在推进农村无障碍环境建设过程中，要尊重群众意愿、广泛动员群众参与。

在措施上主要包括：一是科学规划。各地在编制镇规划、乡规划、村庄规划时，要根据无障碍环境建设需要，有针对性地开展用地竖向规划，优化道路交通组织，合理布局各类公共服务设施。在开展新农村建设、村庄整治等相关详细规划设计时，要注重深化、细化相关内容，按照《无障碍设计规范》的要求，及时指导无障碍工程设计和建设。二是加强监管。对需进行施工图审查的村镇公共设施建设项目，要将无障碍设施建设作为一项重要内容进行审查，对不符合工程建设强制性标准的，施工图审查不予通过，依法不予核发建设工程施工许可证。各地对已建成的村镇无障碍设施要加强管理和维护，确保无障碍设施发挥作用。三是推进改造。残疾人组织、老年人组织要及时向当地政府反映残疾人、老年人的无障碍需求，与住房和城乡建设、民政等部门积极协调相关主管部门制定实施无障碍设施改造计划，积极推动村镇公共活动场所、公共设施和残疾人家庭、老年人家庭的无障碍改造。各地要结合村庄整治、新农村建设、小城镇建设、农村危房改造等专项工作，整合资源，同步实施无障碍环境建设与改造。四是广泛宣传。要通过公益广告、宣传标语、张贴挂图、印发资料、编写板报等多种形式在村镇开展无障碍环境建设宣传，发挥残疾人、老年人等社会群体和新闻媒体的监督作用，提高无障碍环境建设意识，形成关心、参与无障碍环境建设的社会氛围。

第六条 县级以上人民政府应当将无障碍环境建设纳入国民经济和社会发展规划，将所需经费纳入本级预算，建立稳定的经费保障机制。

◆ **释义**

本条是关于将无障碍环境建设纳入发展规划和经费保障的规定。

一、县级以上人民政府应当将无障碍环境建设纳入国民经济和社会发展规划

国民经济和社会发展规划是全国或者某一地区经济社会发展的总体纲要，是具有战略意义的指导性文件，用以统筹安排和指导全国或某一地区的社会、经济、文化建设等各方面工作。国民经济和社会发展规划是国家加强和改善宏观调控的重要手段，也是政府履行经济调节、市场监管、社会管理和公共服务职责的重要依据，对实现政府制定的战略目标、弥补市场缺陷、有效配置资源、促进共同富裕和经济社会协调发展具有十分重要的意义。按照本条规定，县级以上人民政府应当将无障碍环境建设工作纳入国民经济和社会发展规划，责任主体是县级以上人民政府，不包括乡镇一级人民政府。将无障碍环境建设工作纳入国民经济和社会发展规划，充分体现党和国家高度重视无障碍环境建设工作，有利于促进县级以上人民政府及其有关部门树立全局意识、大局意识、责任意识，从总体上和宏观上对无障碍环境建设工作进行统筹考虑、安排部署。

近年来，国家将无障碍环境建设持续纳入国民经济和社会发展的五年规划之中，2018 年至 2022 年连续五年的政府工作报告中都强调了无障碍环境建设。《中华人民共和国国民经济和社会发展第十四个五年规划和 2035 年远景目标纲要》明确提出：加强残疾人服务设施和综合服务能力建设，完善无障碍环境建设和维护政策体系，支持困难残疾人家庭无障碍设施改造。从地方的实践看，各地也将无障碍环境建设纳入当地国民经济和社会发展规划，将无障碍环境建设融入经济社会发展大局。此外，国家和相关部门也将无障碍环境建设作为新时代促进高质量发展的一项重要内容纳入有关规划和政策文件中。例如，《中共中央、国务院关于加强新时代老龄工作的意见》《“十四五”残疾人保障和发展规划》《全民健身计划（2021—2025年）》《“十四五”数字经济发展规划》《中国妇女发展纲要（2021—2030年）》《中国儿童发展纲要（2021—2030年）》《国务院办公厅关于全面推进城镇老旧小区改造工作的指导意见》《国务院办公厅关于切实解决老年人运用智能技术困难的实施方案》《“十四五”公共服务规划》等，涉及养老托育、数字化、教育、就业、公共服务、乡村振兴、国民健康、交通、老旧小区改造等领域。从“十五”时期开始，中国残联会同住房和城乡建设部等相关部门共同制定了五个无障碍建设五年实施方案，这些都对推动无障碍环境建设发挥了重要作用。

二、将所需经费纳入本级预算，建立稳定的经费保障机制

经费保障是做好无障碍环境建设工作的一个关键问题，对于促进无障碍环境建设工作发展，提升无障碍环境建设质量水平，具有重要意义。一定程度上，经费保障水平也是衡量政府是否切实履行无障碍环境建设责任的重要指标。改革开放以来，我国经济社会快速发展，综合国力、经济实力不断增强。与之相适应，国家投入越来越多的资金用于无障碍环境建设，有力支持无障碍环境建设工作发展，有力保障残疾人、老年人合法权益，让建设成果惠及更多的人民群众。当前，人民群众对无障碍环境建设工作在质和量各方面都有更高需求，与日益增长的无障碍需求相比，经费保障水平仍然偏低。在立法调研过程中，经费不足是各方面意见较为集中的一个问题，尤其是经济欠发达地区，经费较多依靠中央、省级转移支付资金，本级财政资金较少；有的地方以财力有限为由，长期不增加无障碍环境建设工作资金投入，工作长远发展提升乏力。

针对经费保障不足的突出问题，本条结合实际专门规定，县级以上人民政府应当将无障碍环境建设经费纳入本级预算，同时明确要求建立稳定的经费保障机制。所谓稳定的经费保障机制，强调的是经费保障水平应当根据经济社会发展和财力增长状况，结合工作实际需要合理确定，保障所需资金来源的稳定性和持续性，只有这样，无障碍环境建设工作才能实现长期、可持续、均衡发展。一方面，经费并不是盲目的“多多益善”

或者“只增不减”，不能脱离实际搞“大水漫灌”；另一方面，也不能经济增长的同时建设经费却长期不增加，甚至是减少，需要增加的应当及时增加。

需要注意的是，除了加大财政经费投入外，还应当鼓励社会对无障碍环境建设提供捐助，拓宽建设资金来源渠道。同时，要强化相关预算约束，加强预算管理和监督。根据《预算法》第二条的规定：“预算、决算的编制、审查、批准、监督，以及预算的执行和调整，依照本法规定执行。”县级以上人民政府将无障碍环境建设所需经费列入本级预算，同样应受《预算法》的规范调整和监督管理，确保相关经费高效使用。

第七条 县级以上人民政府应当统筹协调和督促指导有关部门在各自职责范围内做好无障碍环境建设工作。

县级以上人民政府住房和城乡建设、民政、工业和信息化、交通运输、自然资源、文化和旅游、教育、卫生健康等部门应当在各自职责范围内，开展无障碍环境建设工作。

乡镇人民政府、街道办事处应当协助有关部门做好无障碍环境建设工作。

◆ 释义

本条是关于政府及有关部门职责的规定。

一、县级以上人民政府的统筹协调和督促指导职责

无障碍建设工作涉及多领域、多部门，需要住房和城乡建设、民政、工业和信息化、交通运输、自然资源、文化和旅游、教育、卫生健康等部门以及残联、老龄协会、妇联等单位共同参与。作为一项各职能部门分工协作，齐抓共管的系统工程，无障碍环境建设工作需要各级人民政府进行统筹规划和协调，加强监督和指导，切实组织、协调、领导本地无障碍环境建设工作的开展，这是无障碍环境建设工作取得发展的关键和重要组织保障，也是多年来我国无障碍环境建设工作实践总结的重要经验。根据实

践经验，有关法律法规对人民政府在无障碍环境建设中的职责作出规定。《残疾人保障法》第五十二条第二款规定，各级人民政府应当对无障碍环境建设进行统筹规划，综合协调，加强监督管理。《无障碍环境建设条例》第四条第一款规定，县级以上人民政府负责组织编制无障碍环境建设发展规划并组织实施。一些地方在地方性法规或者规章中，也对政府职责作出规定。例如，《北京市无障碍环境建设条例》第四条第一款规定，市、区人民政府应当加强无障碍环境建设与管理，征求残疾人联合会、老年人组织、妇女联合会等有关组织的意见，制定无障碍环境建设发展规划，纳入国民经济和社会发展规划和相应的国土空间规划；建立部门间工作协调机制，统筹解决无障碍环境建设与管理中的重大问题，督促落实各项工作任务。

在现有法律、法规以及规章的基础上，本条第一款进一步总结实践经验，明确规定县级以上人民政府应当统筹协调和督促指导有关部门在各自职责范围内做好无障碍环境建设工作。所谓统筹协调，主要是指人民政府将无障碍环境建设纳入国民经济和社会发展规划，制定有关规划计划，明确无障碍环境建设各项任务及分工，落实经费保障，协调各部门之间的工作等。在立法调研过程中，一些意见提出，实践中无障碍环境建设工作涉及部门多，职责分工存在不明确、交叉等问题，容易出现相互推诿、责任落实不到位等现象，建议在立法中明确规定政府建立部门间工作协调机制。本法草案一审稿也曾就协调机制作出规定。但考虑到党中央对于设立议事协调机制有明确要求，本法没有具体规定应建立协调机制，而是原则规定为“统筹协调”，“统筹协调”的具体内容和方式由各地根据本地实际来掌握。所谓督促指导，是指在推进无障碍环境建设的进程中，政府要通过完善制度规范和建设标准等，指导相关部门认真履行职责，并通过有关监督机制督促相关部门开展工作。例如，本法第五十九条规定，国家实施无障碍环境建设目标责任制和考核评价制度。县级以上地方人民政府根据本地区实际，制定具体考核办法。

二、相关部门在各自职责范围内开展无障碍环境建设工作

根据本条第二款的规定，县级以上人民政府住房和城乡建设、民政、

工业和信息化、交通运输、自然资源、文化和旅游、教育、卫生健康等部门应当在各自职责范围内，开展无障碍环境建设工作。此前，《残疾人保障法》只是原则性规定：各级人民政府和有关部门应当按照国家无障碍设施工程建设规定，逐步推进已建成设施的改造，优先推进与残疾人日常工作、生活密切相关的公共服务设施的改造。各级人民政府和有关部门应当采取措施，为残疾人获取公共信息提供便利。《无障碍环境建设条例》进一步列明有关部门。鉴于当时无障碍环境建设的重点是设施建设，条例还着重对住房和城乡建设部门的职责作出规定。在本法制定过程中，一些方面提出，应当在条例基础上，进一步对各部门的职责作出明确规定，一些地方立法中已有类似规定。经过认真研究，对于各部门的具体职责，本条只作了原则性规定，主要的考虑是：一是无障碍环境建设工作涉及的部门多，对一个或者多个部门作出具体规定，仍然有可能遗漏其他有关部门及其职责。二是相关政府部门职责，应当根据无障碍环境建设工作发展以及政府机构改革精神，及时明确或者调整，法律作出的具体规定可能不符合实际工作的发展变化。从实际工作以及有关地方立法来看，相关部门在无障碍环境建设工作中的职责大致明确。目前，在无障碍环境建设工作中，无障碍设施建设仍然是重点，无障碍信息交流快速发展，无障碍社会服务不断拓展，涉及的部门以及各部门的职责也在不断扩展。其中，住房和城乡建设、工业和信息化等部门承担的职责较多。

《无障碍环境建设条例》第五条第一款规定，国务院住房和城乡建设主管部门负责全国无障碍设施工程建设活动的监督管理工作，会同国务院有关部门制定无障碍设施工程建设标准，并对无障碍设施工程建设的情况进行监督检查。近年来，住房和城乡建设部会同有关部门和单位，积极推动各地加快无障碍环境建设，承担的职责具体包括：一是加强顶层设计，将无障碍环境建设纳入国家相关规划，制定具体实施方案，结合城市更新行动、城镇老旧小区改造等重点工作统筹推进、一体落实。二是完善并推动落实相关建设标准和规范，制订、修订《无障碍设计规范》《无障碍设施施工验收及维护规范》等国家标准、行业标准，在《住宅设计规范》《公园设计规范》等相关国家和行业工程建设标准中，明确不同类型建筑的无障碍设施建设要求。完善标准规范体系的同时，督导有关主体依法依规落实责任，确保新建建筑、公共设施符合无障碍建设的要求，既有建筑、公共设施的改造因地制宜，落实相关建设标准和规范。三是积极推动无障碍环境建设，结合城镇老旧小区改造、城市居住社区补短板行动、人行道净化专项行动、自行车专用道建设等工作，积极推进无障碍环境建设；结合新型农房建设、农村危房改造等工作，积极推进贫困残疾人家庭无障碍环境建设改造。四是开展无障碍环境市县村镇创建工作，从无障碍建筑、无障碍社区、无障碍道路等层面，分类分级细化建设标准和要求，引导各地持续提升无障碍环境建设水平。

工业和信息化部门通常负责信息无障碍建设的指导、推进和监督管理工作，推动无障碍信息传播与交流。具体包括：一是开展信息无障碍法规制度建设，统筹推进信息无障碍规范与标准体系建设，强化信息无障碍规范与标准落地实施。二是加快推广便利普惠的电信服务，完善网络及信息基础设施建设，推动5G在无障碍领域的应用，推动电信服务无障碍，提升电信运营商网上营业厅、移动端服务渠道的无障碍化水平，推进电信经营场所无障碍设施建设与改造。三是扩大信息无障碍终端产品供给，鼓励信息无障碍终端设备研发与无障碍化改造，提升信息辅助器具智能化水平，推进公共服务终端设备的无障碍改进，支持新技术在信息无障碍领域的发展与应用。四是加快推动互联网无障碍化普及，推进互联网网站无障碍建设，推动移动互联网应用无障碍优化与研发。五是提升信息技术无障碍服务水平，深入开展“互联网+科技助残”行动，加快推动智慧养老产业发展，推进公共服务信息无障碍优化。

此外，民政部门通常负责养老服务机构、儿童福利机构、残疾人养护机构等无障碍环境建设的指导、推进和监督管理工作，组织推动老年人家庭适老化改造。交通运输部门负责道路、交通运输无障碍设施工程建设活动和使用状况的监督管理工作。卫生健康部门负责医疗卫生机构等无障碍环境建设的指导、推进和监督管理工作。教育部门负责学校无障碍环境建设的指导、推进和监督管理工作。自然资源、文化和旅游等部门也都在各自职责范围内，负责无障碍环境建设的相关工作。

三、乡镇人民政府、街道办事处协助有关部门做好无障碍环境建设工作

乡镇人民政府是最基层的政府，街道办事处是市辖区、不设区的市人民政府的派出机关，它们与人民群众联系紧密，是基层治理的重要依托，在无障碍环境建设中发挥重要作用。乡镇人民政府、街道办事处都担负重要职责。以北京市为例，2020 年、2022 年，中共北京市委办公厅、北京市人民政府办公厅先后印发《北京市街道党工委和办事处职责规定》《北京市乡镇职责规定》，对街道办事处、乡镇人民政府的职责都作出明确规定。乡镇人民政府的主要职责是：（1）执行本级人民代表大会的决议和上级国家行政机关的决定和命令，发布决定和命令。（2）执行本行政区域内的经济和社会发展计划、预算，管理本行政区域内的经济、教育、科学、文化、卫生、体育事业和财政、民政、公安、司法行政、计划生育等行政工作。（3）保护社会主义的全民所有的财产和劳动群众集体所有的财产，保护公民私人所有的合法财产，维护社会秩序，保障公民的人身权利、民主权利和其他权利。（4）保护各种经济组织的合法权益。（5）保障少数民族的权利和尊重少数民族的风俗习惯。（6）保障宪法和法律赋予妇女的男女平等、同工同酬和婚姻自由等各项权利。（7）办理上级人民政府交办的其他事项。街道办事处的主要职责是：（1）组织实施辖区与居民生活密切相关的公共服务工作，落实卫生健康、养老助残、社会救助、住房保障、就业创业、文化教育、体育事业和法律服务等领域的相关法律法规和政策。（2）组织实施辖区环境保护、秩序治理、街区更新、物业管理监督、应急管理等城市管理工作，营造辖区良好发展环境。（3）组织实施辖区平安建设工作，预防、排查、化解矛盾纠纷，维护社会和谐稳定。（4）组织动员辖区单位和各类社会组织参与基层治理工作，统筹辖区资源，实现共建共治共享。（5）推进社区发展建设，指导居民委员会工作，支持和促进居民依法自治，完善社区服务功能，提升社区治理水平。（6）做好国防教育和兵役等工作。（7）法律、法规、规章及市、区人民政府作出的决定、命令规定的其他职责。

在乡镇人民政府、街道办事处的职责中，包括协助有关部门做好无障

碍环境建设工作。例如，协助住房和城乡建设等部门开展老旧小区改造工作，组织业主委员会或者物业管理委员会、物业服务企业等协助实施主体做好入户调查、民意调查、宣传动员等工作，受理改造申请并报区政府审核。组织居民统一物业管理区域，逐步引入市场化物业管理服务。按职责做好辖区内的无障碍环境建设相关工作，依法查处违法行为等。

第八条 残疾人联合会、老龄协会等组织依照法律、法规以及各自章程，协助各级人民政府及其有关部门做好无障碍环境建设工作。

◆ 释义

本条是关于残疾人联合会、老龄协会等组织职责的规定。

加强无障碍环境建设，提高公众意识和文明素养，逐步消除公共设施、交通出行、信息交流、社会服务等领域的障碍，使残疾人、老年人等社会成员平等参与社会生活，方便其生产生活，是落实宪法法律要求和党中央有关决策部署、推动我国人权事业进步的内在要求，体现了国家的责任和社会的文明进步。残疾人联合会、老龄协会等组织作为党联系人民群众的桥梁和纽带，是政府工作的有效补充和重要助手，充分发挥这些组织在无障碍环境建设中的作用，让残疾人、老年人充分参与到与自身权益密切相关的社会公共事务管理中，有利于汇聚、调动各方力量共同推动无障碍环境建设，更好地保障残疾人、老年人融入社会的权益，有利于推动全社会共建共治共享无障碍环境。

一、残疾人联合会、老龄协会等组织的职责

中国残疾人联合会是国家法律确认、国务院批准的由残疾人及其亲友和残疾人工作者组成的人民团体，是全国各类残疾人的统一组织。《残疾人保障法》第六条第三款规定："残疾人和残疾人组织有权向各级国家机关提出残疾人权益保障、残疾人事业发展等方面的意见和建议。"第八条规定："中国残疾人联合会及其地方组织，代表残疾人的共同利益，维护残疾人的

合法权益，团结教育残疾人，为残疾人服务。中国残疾人联合会及其地方组织依照法律、法规、章程或者接受政府委托，开展残疾人工作，动员社会力量，发展残疾人事业。”《中国残疾人联合会章程》第七条规定：“协助政府制定实施残疾人事业发展纲要，促进残疾人康复、教育、劳动就业、扶贫、托养、维权、文化体育、社会保障、无障碍环境建设、科技信息化应用、残疾人服务标准化建设和残疾预防等工作，改善残疾人参与社会生活的环境和条件。”2008 年 3 月，《中共中央、国务院关于促进残疾人事业发展的意见》就加快无障碍建设和改造提出了明确具体的要求。2009 年以来，我国先后制定并实施四期国家人权行动计划，均对无障碍环境建设作出了明确要求。《国家人权行动计划（2009—2010 年）》提出“推动无障碍建设”；《国家人权行动计划（2012—2015 年）》提出“加快无障碍建设与改造”；《国家人权行动计划（2016—2020 年）》提出“全面推进无障碍环境建设”；《国家人权行动计划（2021—2025 年）》在第三期的基础上，又进一步提出“加强和改善信息无障碍服务环境，为老年人、残疾人等网上获取政务信息、办理服务事项、享有公共服务提供便利”“运用智能技术，对社区和居家养老服务设施、医疗康复设施和机构进行无障碍化、便捷化、智能化改造”。

中国老龄协会的主要职责是受国务院和其他部门委托，研究、制定老龄事业发展战略及重大政策，协调和推动有关部门实施老龄事业发展规划，协调和推动有关部门做好维护老年人权益的保障工作。《老年人权益保障法》设置“宜居环境”专章，第六十一条规定：“国家采取措施，推进宜居环境建设，为老年人提供安全、便利和舒适的环境。”第六十四条第二款、第三款规定：“各级人民政府和有关部门应当按照国家无障碍设施工程建设标准，优先推进与老年人日常生活密切相关的公共服务设施的改造。无障碍设施的所有人和管理人应当保障无障碍设施正常使用。”党的十八大以来，以习近平同志为核心的党中央站位全局、着眼长远，坚持应对人口老龄化和促进经济社会发展相结合，坚持满足老年人需求和解决人口老龄化问题相结合，全面部署、协调推进老龄工作改革创新。2019 年，国务院办公厅印发《关于推进养老服务发展的意见》，其中第二十六项内容明确提出实施老年人居家适老化改造工程，有效满足老年人多样化、多层次养老服务需求。2020年，民政部、国家发展改革委、财政部、住房和城乡建设部、国家卫生健康委、银保监会、国务院扶贫办、中国残联、全国老龄办联合印发《关于加快实施老年人居家适老化改造工程的指导意见》。党的十九届五中全会明确把积极应对人口老龄化列入国家战略。《中华人民共和国国民经济和社会发展第十四个五年规划和2035年远景目标纲要》设专章对“实施积极应对人口老龄化国家战略”作出部署。2021年，《国务院关于印发“十四五”国家老龄事业发展和养老服务体系规划的通知》提出营造老年友好型社会环境，明确推进公共环境无障碍和适老化改造、提升社区和家庭适老化水平、建设兼顾老年人需求的智慧社会等工作目标。中国残联、住房和城乡建设部、中央网信办、教育部、工业和信息化部、公安部、民政部等部门联合印发《无障碍环境建设“十四五”实施方案》。

二、协助政府及其有关部门做好无障碍环境建设工作

残疾人联合会、老龄协会通过政策倡导、宣传教育、意见建议、技术支持和参与合作等方式，协助各级人民政府及其有关部门做好无障碍环境建设工作，积极为无障碍环境建设工作做出贡献，推动保障残疾人和老年人的权益和福利。

具体而言，残疾人联合会、老龄协会等在推进无障碍建设中的主要职责是：(1) 反映诉求。代表残疾人、老年人的利益，反映残疾人、老年人的无障碍需求。(2) 倡导和推动法律、法规、规章、政策、标准制定。就残疾人和老年人的无障碍需求和权益保障问题，向政府、政府职能部门提供推进无障碍建设专业建议和意见，促使相关法律、法规、规章、政策、标准的制定和改进。(3) 组织宣传教育。通过多种方式，做好《无障碍环境建设法》宣贯工作，传播无障碍理念，提高公众的意识和关注度。(4) 开展监督和评估。组织残疾人、老年人对无障碍环境建设进行体验监督，及时发现问题和不足，提出建议和改进措施。(5) 提供技术支持和咨询。向政府和相关部门提供专业的技术支持和咨询服务，包括无障碍设施的设计、施工和维护等方面的指导。(6) 推动残疾人家庭无障碍改造、老年人家庭适老化改造任务保质保量完成。

近年来，各级残联主动把反映残疾人需求、增进残疾人福祉融入无障

碍环境建设的全过程，积极协调配合住房和城乡建设等政府职能部门全面推进无障碍环境建设与管理工作，取得了积极的成效。具体包括：开展残疾人无障碍需求调查；配合全国人大加快无障碍环境建设立法进程；推进将无障碍环境建设纳入国民经济和社会发展规划及相关专项规划；配合住房和城乡建设部颁布实施《建筑与市政工程无障碍通用规范》，开展无障碍环境市县村镇创建工作；配合最高人民检察院开展无障碍环境公益诉讼；配合国家市场监管总局探索开展无障碍环境认证工作；配合工业和信息化部制定实施《关于推进信息无障碍的指导意见》，对多家网站和手机应用程序（APP）进行无障碍和适老化改造；配合交通运输部等部门出台《关于进一步加强和改善老年人残疾人出行服务的实施意见》，加强交通设施、工具无障碍建设和改造；积极开展困难重度残疾人家庭无障碍改造；充分发挥残疾人在推进无障碍环境建设中的作用，举办省级残疾人无障碍督导员培训班；加强无障碍领域的国际交流合作，为国际社会提供中国无障碍智慧和方案。

第九条 制定或者修改涉及无障碍环境建设的法律、法规、规章、规划和其他规范性文件，应当征求残疾人、老年人代表以及残疾人联合会、老龄协会等组织的意见。

◆ **释义**

本条是关于制定或者修改涉及无障碍环境建设的法律和公共政策等，应当征求残疾人、老年人代表及残疾人联合会、老龄协会等组织的意见的规定。

一、关于应当征求残疾人、老年人代表以及残疾人联合会、老龄协会等组织的意见

无障碍环境是保障残疾人、老年人等全体社会成员平等参与、平等发展权利的重要基础和条件。残疾人、老年人对无障碍环境感同身受，对无障碍环境有着最直接、最现实、最迫切的需求，在制定或者修改涉及无障碍环境建设的法律、法规、规章、规划和其他规范性文件过程中，征求残疾人、老年人代表的意见，可以使无障碍环境规划和政策以及无障碍环境建设的制度设计更为完善合理。作为残疾人、老年人的代表服务组织，残疾人联合会、老龄协会等组织，既要积极主动地配合有关部门做好无障碍环境建设工作，更要积极主动反映残疾人、老年人群体的利益诉求，特别是在相关部门制定或者修改涉及无障碍环境建设的法律、法规、规章、规划和其他规范性文件的过程中，反映相关群体的意见和建议。这既是残疾人联合会、老龄协会等组织的权利，也是他们的责任。《残疾人保障法》第六条第三款规定，残疾人和残疾人组织有权向各级国家机关提出残疾人权益保障、残疾人事业发展等方面的意见和建议。第八条规定，中国残疾人联合会及其地方组织，代表残疾人的共同利益，维护残疾人的合法权益，团结教育残疾人，为残疾人服务。中国残疾人联合会及其地方组织依照法律、法规、章程或者接受政府委托，开展残疾人工作，动员社会力量，发展残疾人事业。《中国残疾人联合会章程》第三条规定，中国残联具有代表、服务、管理三种职能：代表残疾人共同利益，维护残疾人合法权益；团结帮助残疾人，为残疾人服务；履行法律赋予的职责，承担政府委托的任务，管理和发展残疾人事业。依照相关规定，中国老龄协会承担三项主要职责任务：对我国老龄事业发展的方针、政策、规划等重大问题和老龄工作中的问题，进行调查研究，提出建议；开展信息交流、咨询服务等与老龄问题有关的社会活动，参与有关国际活动；承办国务院交办的其他事项和有关部门委托的工作。《老年人权益保障法》第七条第三款规定，基层群众性自治组织和依法设立的老年人组织应当反映老年人的要求，维护老年人合法权益，为老年人服务。

对于国家机关和相关部门来讲，在制定或者修改涉及无障碍环境建设的法律、法规、规章、规划和其他规范性文件的过程中，主动听取残疾人、老年人代表和残联、老龄协会等组织的意见，是实现立法和决策过程的科学性和民主性的重要途径。听取意见可以采取座谈会、论证会、听证会等多种形式。《残疾人保障法》第六条第二款规定，制定法律、法规、规章和公共政策，对涉及残疾人权益和残疾人事业的重大问题，应当听取残疾人和残疾人组织的意见。联合国《残疾人权利公约》规定，残疾人应有机会积极参与政策和方案的决策过程，包括与残疾人直接有关的政策和方案的决策过程。《联合国老年人原则》规定，老年人应始终融合于社会，积极参与制定和执行直接影响其福祉的政策，并将其知识和技能传给子孙后辈。

二、有关实践做法

本次《无障碍环境建设法》的制定，就充分体现了残疾人、老年人和残联、老龄协会等组织的积极参与。例如，长期以来，作为残疾人的代表服务组织，各级残联积极把反映残疾人需求、增进残疾人福祉融入无障碍环境建设的全过程，积极协调和配合相关政府职能部门全面推进无障碍环境建设与管理工作。从 2019 年开始，中国残联积极贯彻落实习近平总书记关于无障碍环境建设方面的重要指示批示精神，高度重视残疾人无障碍环境建设的立法需求，开始着手推动无障碍环境建设立法工作。残疾人、残疾人工作者、残疾人亲友、全国人大代表、全国政协委员及时提出无障碍环境建设立法的相关建议、提案和议案。在法律制定和两次公开征求意见过程中，各级残联和基层残疾人代表都积极参与，提出意见和建议，特别是受全国人大常委会委托，中国残联征求了 5 万余名基层残疾人、老年人代表的意见和建议，充分体现了全国人大常委会科学立法、民主立法、开门立法，践行全过程人民民主的精神，为推进无障碍环境建设立法发挥了重要作用。近年来，各行政主管部门在制定无障碍环境建设规划和政策时，也注意征求残疾人联合会、老龄协会等组织的意见，实践证明，效果很好。

第十条 国家鼓励和支持企业事业单位、社会组织、个人等社会力量，通过捐赠、志愿服务等方式参与无障碍环境建设。

国家支持开展无障碍环境建设工作的国际交流与合作。

◆ 释义

本条是关于国家鼓励和支持社会力量参与无障碍环境建设和支持开展无障碍环境建设工作国际交流合作的规定。

一、国家鼓励和支持社会力量参与无障碍环境建设

本法第三条规定，无障碍环境建设应当坚持中国共产党的领导，发挥政府主导作用，调动市场主体积极性，引导社会组织和公众广泛参与，推动全社会共建共治共享。无障碍环境建设是一项社会系统工程，需要发挥政府主导作用，同时调动市场主体积极性，引导社会组织和公众广泛参与，才能实现全社会共建共治共享。政府财政投入是无障碍环境建设经费的主要来源，但仅仅依靠这个是不够的，还要调动企业事业单位、社会组织和个人的积极性，鼓励企业事业单位、社会组织和个人为无障碍环境建设提供捐赠和志愿服务。

我国《公益事业捐赠法》规定，国家鼓励自然人、法人或者其他组织对公益事业进行捐赠。公益事业是指非营利的下列事项：（1）救助灾害、救济贫困、扶助残疾人等困难的社会群体和个人的活动；（2）教育、科学、文化、卫生、体育事业；（3）环境保护、社会公共设施建设；（4）促进社会发展和进步的其他社会公共和福利事业。自然人、法人或者其他组织可以选择符合其捐赠意愿的公益性社会团体和公益性非营利的事业单位进行捐赠。捐赠的财产应当是其有权处分的合法财产。捐赠人可以与受赠人就捐赠财产的种类、质量、数量和用途等内容订立捐赠协议。捐赠人有权决定捐赠的数量、用途和方式。捐赠人应当依法履行捐赠协议，按照捐赠协议约定的期限和方式将捐赠财产转移给受赠人。毫无疑问，无障碍环境建设属于公益事业的重要组成部分。公司和其他企业捐赠财产用于无障碍环境建设，依照法律、行政法规的规定享受企业所得税方面的优惠。自然人和个体工商户捐赠财产用于无障碍环境建设，依照法律、行政法规的规定享受个人所得税方面的优惠。

《志愿服务条例》规定，县级以上人民政府应当将志愿服务事业纳入国民经济和社会发展规划，合理安排志愿服务所需资金，促进广覆盖、多层次、宽领域开展志愿服务。志愿服务是指志愿者、志愿服务组织和其他组织自愿、无偿向社会或者他人提供的公益服务。无障碍环境建设的深入开展离不开企业事业单位、社会组织、个人等社会力量通过志愿服务方式的参与。企业事业单位、社会组织、个人等社会力量为无障碍环境建设提供

志愿服务主要包括：参与开展无障碍环境建设状况的调查；对无障碍设计、建设、使用、信息交流提出意见和建议；参与维护无障碍设施，制止、纠正侵占、破坏无障碍设施的非法行为；参与无障碍环境建设的宣传；为残疾人、老年人提供无障碍社会服务；等等。

二、国家支持开展无障碍环境建设工作的国际交流合作

国际上无障碍环境建设起源于20世纪二三十年代，当时在北欧一些国家就建有供残疾人使用的设施。1961年，美国制定了世界上第一部无障碍建设标准。随着各国经济社会发展、保障残疾人等弱势群体制度的完善和人们认识的深化，无障碍环境建设逐步发展为保障残疾人权益的制度和实践安排。世界上大部分国家和地区采取立法举措保障无障碍环境建设。有的是综合立法，如《欧洲无障碍法》《无障碍加拿大法》；有的是分散式立法，如日本的《交通无障碍法》《无障碍阅读法》，美国的《建筑无障碍法》等；有的是嵌入式立法，把无障碍条款嵌入相关领域的法律中，如美国的《电信法》。与国际上发达国家和地区的无障碍环境建设历史相比，我国的无障碍环境建设历史相对较晚。我国无障碍环境建设发端于20世纪80年代，1985年，北京、深圳等一些大城市开始试点对城市道路、建筑物进行无障碍改造，1989年，建设部等颁布实施《方便残疾人使用的城市道路和建筑物设计规范（试行）》。在推进我国无障碍环境建设过程中，我国十分注重加强与国际社会、相关国际组织和相关国家及地区的无障碍交流合作。如近年来我国举办“一带一路”无障碍环境建设论坛，加强与相关国家和地区、联合国人居署、国际电联等国际组织无障碍交流合作，注意吸收借鉴域外无障碍环境建设好的理念、法规政策、实践做法，充分介绍我国无障碍环境建设的情况，我国在无障碍环境建设领域的成就，作为国家经济社会发展、人权保障成就的重要组成部分，得到联合国残疾人权利委员会、联合国亚洲及太平洋经济社会委员会、国际残奥委会等组织和相关国家、地区的高度评价。特别是目前我国制定的《无障碍环境建设法》，住房和城乡建设部颁布实施的《建筑与市政工程无障碍通用规范》等，理念先进、内容完善，为国际社会提供了中国无障碍智慧和方案。今后需进一步加强无障碍环境建设领域国际交流合作。

第十一条 对在无障碍环境建设工作中做出显著成绩的单位和个人，按照国家有关规定给予表彰和奖励。

◆ 释义

本条是关于无障碍环境建设工作中表彰、奖励的规定。

一、关于表彰、奖励的形式

对在无障碍环境建设工作中做出突出贡献的单位和个人进行表彰和奖励，并使之制度化、法律化，是维护残疾人、老年人权益，大力推进无障碍环境建设事业的一项重要的工作内容。在我国当前国情下，无障碍环境建设一方面需要依法推进，另一方面也需要大力宣传、倡导、激励，只有这样，才能最大限度地调动各个单位和社会各界的积极性，使他们更好地履行职责，或提供志愿服务，共同推进无障碍环境建设向前发展。

国家奖励，是指各级人民政府和有关部门为了表彰先进、激励后进、充分调动人们的积极性和创造性，依照法定条件和程序，对国家和社会做出突出贡献的或遵纪守法的模范单位、个人给予物质的或者精神的奖励的一种行政行为。国家奖励包括表彰和奖励，主要采取以下三种形式：(1) 赋予精神方面的权益，即通常所说的表彰，是指给予受奖人某种荣誉，如授予称号，通报表扬，通令嘉奖，记功，发给奖状、荣誉证书、奖章等。(2) 赋予物质方面的权益，即发给奖金或各种奖品。(3) 赋予职权方面的权益，即对受奖人给予晋级或晋职。国家在表彰和奖励中需要注意以下工作原则：(1) 依法奖励、实事求是的原则；(2) 奖励与受奖行为相当的原则；(3) 精神奖励和物质奖励相结合的原则；(4) 公正、合理、民主、平等的原则；(5) 及时性原则。

“十五”时期以来，住房和城乡建设部、中国残联等部门累计表彰了469个无障碍环境建设市（县）。2022年，住房和城乡建设部、中国残联印发了《创建全国无障碍建设示范城市（县）管理办法》，依据全国评比达标表彰工作协调小组要求，进一步规范了“全国无障碍建设示范城市（县）”创建示范项目。

二、关于表彰、奖励的主体和对象

实施表彰、奖励的主体是国家行政机关或者法律法规授权的组织。国家行政机关是国家奖励的当然主体，各级人民政府、各级行政主管部门，在实施国家行政管理的过程中，有权对符合条件的对象给予国家奖励；法律、法规授权的组织，在授权范围内有权对符合条件的对象给予表彰和奖励。

依照本条规定，应当进行表彰和奖励的对象，是在无障碍环境建设工作中做出显著成绩的单位和个人。所谓显著成绩，是指长期地推进无障碍环境建设，为残疾人、老年人解决难题、维护权益，社会反响较高等。可以接受表彰和奖励的人员范围相当广泛，国家机关及其工作人员、社会团体及其工作人员、企业事业单位、普通公民等，都可以成为被表彰和奖励的对象。外国组织或者个人对无障碍环境建设做出突出贡献的，同样可以成为国家奖励的对象。

第二章　无障碍设施建设

第十二条　新建、改建、扩建的居住建筑、居住区、公共建筑、公共场所、交通运输设施、城乡道路等，应当符合无障碍设施工程建设标准。

无障碍设施应当与主体工程同步规划、同步设计、同步施工、同步验收、同步交付使用，并与周边的无障碍设施有效衔接、实现贯通。

无障碍设施应当设置符合标准的无障碍标识，并纳入周边环境或者建筑物内部的引导标识系统。

◆ 释义

本条是关于新建、改建、扩建建筑、设施和道路无障碍设施工程建设以及无障碍设施标识设置的规定。

本条是在《无障碍环境建设条例》基础上作的规定。《无障碍环境建设条例》第九条规定："城镇新建、改建、扩建道路、公共建筑、公共交通设施、居住建筑、居住区，应当符合无障碍设施工程建设标准。乡、村庄的建设和发展，应当逐步达到无障碍设施工程建设标准。"第十条规定："无障碍设施工程应当与主体工程同步设计、同步施工、同步验收投入使用。新建的无障碍设施应当与周边的无障碍设施相衔接。"《无障碍环境建设法》在此基础上作了进一步规定：一是将"道路、公共建筑、公共交通设施、居住建筑、居住区"进一步明确为"居住建筑、居住区、公共建筑、公共场所、交通运输设施、城乡道路等"。二是将"同步设计、同步施工、同步验收投入使用"进一步完善为"同步规划、同步设计、同步施工、同步验收、同步交付使用"。三是将"衔接"进一步明确为"有效衔接、实现贯通”。四是增加关于无障碍标识设置相关规定。

一、新建、改建、扩建建筑、设施和道路应当符合无障碍设施工程建设标准

新建工程项目是从基础开始建造的建设项目，按照国家规定也包括原有基础很小，经扩大建设规模后，其新增固定资产价值超过原有固定资产价值一定倍数，并需要重新进行总体设计的建设项目。改建工程项目是指不增加建筑物或建设项目体量，在原有基础上为改善建筑物使用功能等对原有工程进行改造的建设项目。扩建工程项目是在原有基础上加以扩充的建设项目。

根据《标准化法》的规定，标准是指农业、工业、服务业以及社会事业等领域需要统一的技术要求。标准包括国家标准、行业标准、地方标准和团体标准、企业标准。国家标准分为强制性标准、推荐性标准，行业标准、地方标准是推荐性标准。强制性标准必须执行。国家鼓励采用推荐性标准。根据《建筑法》的规定，建筑活动应当确保建筑工程质量和安全，符合国家的建筑工程安全标准。建筑工程勘察、设计、施工的质量必须符合国家有关建筑工程安全标准的要求。

无障碍设施工程建设标准是无障碍设施工程建设遵循的技术准则，也是无障碍设施工程建设高质量进行的重要保障。20 世纪 60 年代，美国制定了世界上第一个《无障碍标准》，目前，意大利、加拿大、德国、西班牙、日本等国家都制定了无障碍设施工程建设和管理要求。我国无障碍设施工程建设起步于 20 世纪 80 年代。1985 年 3 月，中国残疾人福利基金会、北京市残疾人协会、北京市建筑设计院联合在北京召开了“残疾人与社会环境研讨会”，发出了“为残疾人创造便利的生活环境”的倡议。同年，部分人大代表和政协委员提出“在建筑设计规范和市政设计规范中考虑残疾人需要的特殊设置”的建议和提案。1989 年，建设部、民政部、中国残疾人福利基金会共同颁布了我国第一部无障碍建设设计标准《方便残疾人使用的城市道路和建筑物设计规范（试行）》。2001 年，建设部、民政部、中国残联发布了《城市道路和建筑物无障碍设计规范》。2012 年，住房和城乡建设部发布实施《无障碍设计规范》。2021 年，住房和城乡建设部发布

《既有建筑维护与改造通用规范》和《建筑与市政工程无障碍通用规范》，《建筑与市政工程无障碍通用规范》废止了《无障碍设计规范》中的部分标准。此外，我国还有大量其他关于无障碍设施建设的标准。

本法根据实际情况，对新建、改建、扩建的设施和既有设施进行区分规定。对于新建、改建、扩建的居住建筑、居住区、公共建筑、公共场所、交通运输设施、城乡道路等，考虑到在新建、改建、扩建时已经存在相关标准，因此要求其应当符合无障碍设施工程建设标准。首先是必须符合强制性标准；确定采用推荐性标准的，要依法严格按照确定的标准执行。居住建筑、居住区、公共建筑、公共场所、交通运输设施、城乡道路之间存在交叉重叠，但为了避免遗漏，本条进行了较为全面的列举。

二、无障碍设施应当与主体工程同步规划、同步设计、同步施工、同步验收、同步交付使用

对有关设施与主体工程同时设计、同时施工、同时投产使用的“三同时”制度，是生态环境保护、安全生产等许多领域的重要经验。在生态环境保护领域，《环境保护法》《噪声污染防治法》《水污染防治法》《固体废物污染环境防治法》和《海洋环境保护法》均规定了污染防治设施应当与主体工程同时设计、同时施工、同时投产使用。在安全生产领域，《安全生产法》《矿山安全法》和《职业病防治法》均规定了相关安全设施与主体工程同时设计、同时施工、同时投入生产和使用。

《电力法》规定了“四同时”，该法第十五条规定，输变电工程、调度通信自动化工程等电网配套工程和环境保护工程，应当与发电工程项目同时设计、同时建设、同时验收、同时投入使用。《航道法》规定了“五同步”，该法第二十五条规定，通航建筑物应当与主体工程同步规划、同步设计、同步建设、同步验收、同步投入使用。“四同时”“五同步”是对“三同时”的细化，它们与“三同时”的精神是一致的。

本条规定无障碍设施与主体工程同步规划、同步设计、同步施工、同步验收、同步交付使用，可以从源头加强推进无障碍设施建设，推进无障碍设施与项目建设的一体化，既能确保无障碍设施的质量，也能避免后续改造导致的浪费。需要注意的是，要确保“五同步”的落实，一方面规划、

设计、施工、验收、交付使用各程序内部要确保按照法律规定执行，另一方面各环节之间也要加强协同，例如，施工环节发现设计环节未同步配套设计无障碍环境设施的，施工方应当及时依法向有关方面提出该问题，不能按照违法的设计图纸进行施工。

三、无障碍设施应当与周边的无障碍设施有效衔接、实现贯通

残疾人、老年人等群体生活的环境是一个整体，只有住宅、社区、道路等设施之间连贯起来，才能确保残疾人、老年人等群体生活的便捷。无障碍设施相互之间不衔接、不贯通，是无障碍设施建设中存在的突出问题，直接影响了无障碍环境的质量和无障碍设施总体功能的发挥。

本条规定无障碍设施应当与周边的无障碍设施有效衔接、实现贯通，强调在工程建设阶段即考虑无障碍设施的衔接，可以实现效益的最大化。

实践中，无障碍设施之间的衔接和贯通面临的问题比较复杂，要做到与周边无障碍设施有效衔接、实现贯通，需要注意以下几个方面：一是在无障碍设施的规划、设计、施工等环节需要考虑周边既有无障碍环境设施情况。二是考虑周边无障碍环境设施的未来规划和建设情况。三是加强和周边无障碍设施所有人、管理人的沟通和配合，共同做好无障碍设施的衔接和贯通工作。

四、无障碍标识的设置

第一，无障碍设施应当设置符合标准的无障碍标识。无障碍标识具有导向性和说明性，发挥传递信息和吸引注意力的功能，无障碍标识的设置是无障碍环境建设的重要元素。无障碍设施所有人、管理人应当根据标准设置无障碍标识，便于有无障碍需求的人员发现和使用无障碍设施。

第二，无障碍标识纳入周边环境或者建筑物内部的引导标识系统。无障碍标识不仅只是设置在无障碍设施上或者旁边，而是应当纳入周边环境或者建筑物内容的引导标识系统。例如，根据《无障碍设计规范》的规定，无障碍标志牌应沿行人通行路径布置，构成标识引导系统。无障碍标志牌的布置应与其他交通标志牌相协调。主要出入口、无障碍通道、停车位、建筑出入口、公共厕所等无障碍设施的位置应设置无障碍标志，并应形成

完整的无障碍标识系统，清楚地指明无障碍设施的走向及位置。应设置系统的指路牌、定位导览图、景区景点和园中园说明牌。出入口应设置无障碍设施位置图、无障碍游览图。

第十三条　国家鼓励工程建设、设计、施工等单位采用先进的理念和技术，建设人性化、系统化、智能化并与周边环境相协调的无障碍设施。

◆ **释义**

本条是关于无障碍设施建设的人性化、系统化、智能化的规定。

本法第十二条规定有关建筑、场所、设施、道路应当符合无障碍设施工程建设标准，属于强制性义务。本法第十三条是鼓励性条款，鼓励工程建设、设计、施工等单位在履行强制性义务的基础上，以更高的标准建设无障碍设施。

一、建设人性化的无障碍设施

建设人性化的无障碍设施，是指要从残疾人、老年人等有无障碍需求群体的需要出发，尽可能配套建设无障碍设施，且无障碍设施应当安全、便捷、舒适。

一方面，在工程建设中尽可能配套建设无障碍设施。目前我国无障碍设施标准还不完善，许多标准不具有强制性，关于各种建筑中无障碍设施的配备标准比较欠缺，在这种情况下，工程建设、设计、施工等单位可以主动探索建设无障碍设施。

另一方面，无障碍设施要安全、便捷、舒适，方便使用。例如，《无障碍设计规范》提出，在人行天桥及地道处无法满足弱势群体通行需求的情况下，可考虑通过地面交通实现弱势群体安全通行的需求，体现无障碍设计的多样化及人性化。在我国，视觉障碍者的出行，如上班、上学、购物、探亲、访友、办事等主要靠公共交通，为了给视觉障碍者提供更好的公交站牌信息，在城市主要道路和居住区的公交车站，应安装盲文站牌或有声服务设施，盲文站牌的设置，既要方便视觉障碍者的使用，又要保证安全，防止倒塌，且不易被人破坏。

二、建设系统化的无障碍设施

一般而言，无障碍设施的系统化包括社会整体无障碍设施的系统化建设，以及特定建设项目中无障碍设施的系统化建设。

《无障碍环境建设“十四五”实施方案》提出，推进综合客运枢纽、铁路客运站、汽车客运站、城市轨道交通车站、港口客运站、民用运输机场航站区、高速公路服务区等公共交通设施和民用航空器、客运列车、客运船舶、公共汽电车、城市轨道交通车辆等公共交通工具无障碍建设和改造，提高无障碍设施规范化、系统化水平。

特定建筑、场所、设施内部各部分无障碍设施的建设也要系统化，例如，要根据各个区域的功能以及老年人、残疾人在各个区域活动的需要，对建筑、场所、设施进行系统化的设计、建设，使之成为一个有机衔接的整体。对于具体工程建设、设计、施工等单位而言，无障碍设施的系统化主要指此种情形的系统化。

三、建设智能化的无障碍设施

《无障碍环境建设法（草案）》第十六条规定：“国家鼓励工程建设、设计、施工等单位采用先进的理念和技术，建设人性化、系统化、与周边环境相协调的无障碍设施。”立法过程中根据有关方面的意见，增加了“智能化”的规定。

智能化的无障碍设施可以提高老年人、残疾人等有无障碍需求的人员生活、出行的自主性，同时也更高效、便捷和安全。2014 年，国家发展和改革委员会、工业和信息化部等印发的《关于促进智慧城市健康发展的指导意见》提出，推动城市公用设施、建筑等智能化改造。鼓励市政公用企业事业单位对市政设施进行智能化改造。《“十四五”数字经济发展规划》提出，推动新型城市基础设施建设，提升市政公用设施和建筑智能化水平。在基础设施智能升级过程中，充分满足老年人等群体的特殊需求。

四、无障碍设施与周边环境相协调

无障碍设施应当与周边其他无障碍设施有效衔接、实现贯通。本法第十二条对此作了规定。《无障碍设计规范》规定，道路周边场所、建筑等出入口设置的盲道应与道路盲道相衔接。当人行道中有行进盲道时，应将其与人行天桥及人行地道出入口处的提示盲道合理衔接，满足视觉障碍者的连续通行需求。

无障碍设施与其他设施、环境相协调。无障碍设施的建设，特别是对既有建筑、设施改造时，需要考虑与其他设施、环境的协调。例如，《北京市无障碍系统化设计导则》提出，街巷、胡同公共空间无障碍设施的形式、色彩和材料等应与街巷、胡同的建筑风貌和历史文化街区传统风貌相协调。建设无障碍设施，不得对有保护价值的建筑本体或构筑物造成任何破坏或形成永久性覆盖。

第十四条　工程建设单位应当将无障碍设施建设经费纳入工程建设项目概预算。

工程建设单位不得明示或者暗示设计、施工单位违反无障碍设施工程建设标准；不得擅自将未经验收或者验收不合格的无障碍设施交付使用。

◆ **释义**

本条是关于工程建设单位的无障碍环境建设义务的规定。

工程建设单位是指投资建设工程的单位，对建筑工程质量负首要责任。根据《建筑法》的规定，建设单位主要负有以下义务：一是依法向工程所在地县级以上人民政府建设行政主管部门申请领取施工许可证。二是依法组织实施建筑工程招标的开标、评标、定标。三是对实行监理的建筑工程，委托具有相应资质条件的工程监理单位监理。四是向建筑施工企业提供与施工现场相关的地下管线资料。五是存在需要临时占用规划批准范围以外场地等情形时，办理申请批准手续。六是不得要求有关主体或者与有关主体串通违法降低工程质量。

本条对建设单位的义务作了概括性的规定，本条第二款中的主要内容最初规定在《无障碍环境建设法（草案）》的“法律责任”一章中，草案第六十条规定：“工程建设单位有下列行为之一的，由住房和城乡建设、交通运输等相关主管部门责令限期改正；逾期未改正的，依照相关法律法规的规定进行处罚；造成损失的，依法承担赔偿责任；构成犯罪的，依法追究刑事责任：（一）明示或者暗示设计或者施工单位违反无障碍设施工程建设强制性标准，降低无障碍设施工程质量的；（二）无障碍设施未经验收或者验收不合格，擅自交付使用的。”在审议过程中，有的提出规定责任的前提是设定相关义务，应当在第二章中先明确工程建设单位的义务。根据该建议对草案作了修改。

一、将无障碍设施建设经费纳入工程建设项目概预算

建设经费是工程建设项目顺利进行的重要保障。为了确保有关工程项目的建设能够在主体工程建设中得到有效实施，法律对项目的费用保障作出规定。例如，《安全生产法》第三十一条中规定，安全设施投资应当纳入建设项目概算。《固体废物污染环境防治法》第八十八条中规定，重点危险废物集中处置设施、场所退役前，运营单位应当按照国家有关规定对设施、场所采取污染防治措施。退役的费用应当预提，列入投资概算或者生产成本，专门用于重点危险废物集中处置设施、场所的退役。《核安全法》第四十八条中规定，核设施营运单位应当预提核设施退役费用、放射性废物处置费用，列入投资概算、生产成本，专门用于核设施退役、放射性废物处置。

工程建设单位应当将无障碍设施建设经费纳入工程建设项目概预算。一方面，工程建设单位应当根据无障碍设施建设的实际需要，科学评估无障碍设施建设所需经费。另一方面，依法将无障碍设施建设经费纳入工程建设项目概预算。此外，还要在工程建设过程中依法确保无障碍设施建设所需经费落实到位。

二、工程建设单位不得明示或者暗示设计、施工单位违反无障碍设施工程建设标准

此处所指无障碍设施工程建设标准，首先是不得违反强制性标准；如果根据工程建设需要，已经明确了采用高于强制性标准的其他标准的，也不得违法降低标准。

建设工程的设计、施工直接关系到建筑工程的质量。根据《建筑法》的规定，建筑工程设计应当符合按照国家规定制定的建筑安全规程和技术规范，保证工程的安全性能。建筑施工企业对工程的施工质量负责。建筑施工企业必须按照工程设计图纸和施工技术标准施工，不得偷工减料。建筑施工企业必须按照工程设计要求、施工技术标准和合同的约定，对建筑材料、建筑构配件和设备进行检验，不合格的不得使用。建筑工程勘察、设计、施工的质量必须符合国家有关建筑工程安全标准的要求。

工程建设单位是建设工程的投资者，其负责组织实施建筑工程招标的开标、评标、定标以及委托监理等，对设计、施工单位有较大影响力，设计、施工单位可能会受建设单位的暗示或明示做出违法行为，降低工程质量。因此，《建筑法》第五十四条专门强调，建设单位不得以任何理由，要求建筑设计单位或者建筑施工企业在工程设计或者施工作业中，违反法律、行政法规和建筑工程质量、安全标准，降低工程质量。建筑设计单位和建筑施工企业对建设单位违反前款规定提出的降低工程质量的要求，应当予以拒绝。

三、不得擅自将未经验收或者验收不合格的无障碍设施交付使用

建设工程竣工验收，是指建筑工程按设计方案完成全部施工任务后，由建设单位或者有关主管部门依法对该建设工程是否符合设计要求和相关建设工程质量标准等进行检查、考核。竣工验收是项目建设的最后一个重要环节。

交付竣工验收的建筑工程，必须具备以下条件：一是符合规定的建筑工程质量标准，包括强制性标准，建设工程承包合同约定的特殊质量要求、建设工程设计文件中的要求等。二是有完整的工程技术经济资料和经签署

的工程保修书。工程技术经济资料主要包括建设工程承包合同、建设工程有关批准文件、设计图纸等设计文件、工程材料等合格证明以及有关技术档案等。三是具备国家规定的其他竣工条件。国家对特定的建设工程有具体规定的，还要符合这些规定。根据《建设工程质量管理条例》的规定，建设单位收到建设工程竣工报告后，应当组织设计、施工、工程监理等有关单位进行竣工验收。建设工程竣工验收应当具备下列条件：完成建设工程设计和合同约定的各项内容；有完整的技术档案和施工管理资料；有工程使用的主要建筑材料、建筑构配件和设备的进场试验报告；有勘察、设计、施工、工程监理等单位分别签署的质量合格文件；有施工单位签署的工程保修书。

建筑工程竣工经验收合格后，方可交付使用；未经验收或者验收不合格的，不得交付使用。无障碍设施应当与主体工程同步规划、同步设计、同步施工、同步验收、同步交付使用。无障碍设施的验收是建设工程验收的重要组成部分，不得擅自将未经验收或者验收不合格的无障碍设施交付使用。

第十五条 工程设计单位应当按照无障碍设施工程建设标准进行设计。

依法需要进行施工图设计文件审查的，施工图审查机构应当按照法律、法规和无障碍设施工程建设标准，对无障碍设施设计内容进行审查；不符合有关规定的，不予审查通过。

◆ 释义

本条是关于无障碍设施工程设计的规定。

《无障碍环境建设法（草案）》第十八条规定：“工程设计单位应当按照无障碍设施工程建设强制性标准进行设计。进行施工设计图审查的，工程施工单位应当按照审查合格的施工图设计文件和相关技术标准进行无障碍设施施工。委托监理的，工程监理单位应当根据相关合同，按照审查合格的施工图设计文件和相关技术标准对无障碍设施施工进行监理。”立法过程中根据各方面意见对草案该规定进行了修改完善。一是将“进行施工设计图审查的”修改为“依法需要进行施工图设计文件审查的”。二是将第二款的重点放在对施工设计图审查的审查程序上，而非施工环节上，施工环节放在其他条款规定。三是本条内容集中于工程设计，将草案第三款关于委托监理的内容放在其他条款。

一、工程设计单位的义务

建设工程设计是建设工程的基础性工作，是建设工程施工的重要依据。《建设工程质量管理条例》明确规定，从事建设工程活动必须坚持先勘察、后设计、再施工的原则。《建筑法》规定，涉及建筑主体和承重结构变动的装修工程，建设单位应当在施工前委托原设计单位或者具有相应资质条件的设计单位提出设计方案；没有设计方案的，不得施工。

建设工程设计方案是否科学合理、是否符合法律法规和相关技术标准要求，直接关系到建设工程的质量安全。《建筑法》规定，建筑工程设计应当符合按照国家规定制定的建筑安全规程和技术规范，保证工程的安全性能。《建设工程质量管理条例》规定，设计单位必须按照工程建设强制性标准进行设计，并对其设计的质量负责。设计文件应当符合国家规定的设计深度要求，注明工程合理使用年限。设计单位在设计文件中选用的建筑材料、建筑构配件和设备，应当注明规格、型号、性能等技术指标，其质量要求必须符合国家规定的标准。《建设工程勘察设计管理条例》规定，编制建设工程勘察、设计文件，应当以项目批准文件、城乡规划、工程建设强制性标准以及国家规定的建设工程勘察、设计深度要求为依据。铁路、交通、水利等专业建设工程，还应当以专业规划的要求为依据。

二、施工图设计文件审查

施工图审查是指施工图审查机构按照有关法律、法规，对施工图涉及公共利益、公众安全和工程建设强制性标准的内容进行的审查。《建设工程质量管理条例》规定，施工图设计文件审查的具体办法，由国务院建设行政主管部门、国务院其他有关部门制定。施工图设计文件未经审查批准的，不得使用。

2004年，建设部颁布了《房屋建筑和市政基础设施工程施工图设计文件审查管理办法》，2013 年，住房和城乡建设部颁布《房屋建筑和市政基础设施工程施工图设计文件审查管理办法》，废止了 2004 年的管理办法。住房和城乡建设部分别于 2015 年和 2019 年对管理办法作了修改。根据该管理办法，审查机构对施工图审查的内容包括：是否符合工程建设强制性标准；地基基础和主体结构的安全性；消防安全性；人防工程（不含人防指挥工程）防护安全性；是否符合民用建筑节能强制性标准，对执行绿色建筑标准的项目，还应当审查是否符合绿色建筑标准；勘察设计企业和注册执业人员以及相关人员是否按规定在施工图上加盖相应的图章和签字；法律、法规、规章规定必须审查的其他内容。审查合格的，审查机构应当向建设单位出具审查合格书，并报工程所在地县级以上地方人民政府住房城乡建设主管部门备案。审查不合格的，审查机构应当将施工图退建设单位并出具审查意见告知书。同时，应当将审查意见告知书及审查中发现的相关问题，报工程所在地县级以上地方人民政府住房城乡建设主管部门。此外，国家铁路局于 2020 年制定了《铁路建设工程施工图设计文件审查管理办法》。中国民用航空局于 2022 年制定了《民航专业工程施工图设计文件审查及备案管理办法》。

对于无障碍设施建设工程，依法需要进行施工图设计文件审查的，施工图审查机构应当按照法律、法规和无障碍设施工程建设标准进行审查，不符合有关规定的，不予审查通过。需要强调的是，2019 年《国务院办公厅关于全面开展工程建设项目审批制度改革的实施意见》就全面开展工程建设项目审批制度改革提出相关意见，涉及施工图审查的内容主要有：第一，试点地区要进一步精简审批环节，在加快探索取消施工图审查（或缩小审查范围）、实行告知承诺制和设计人员终身负责制等方面，尽快形成可复制可推广的经验。第二，制定施工图设计文件联合审查管理办法，将消防、人防、技防等技术审查并入施工图设计文件审查，相关部门不再进行技术审查。

第十六条　工程施工、监理单位应当按照施工图设计文件以及相关标准进行无障碍设施施工和监理。

住房和城乡建设等主管部门对未按照法律、法规和无障碍设施工程建设标准开展无障碍设施验收或者验收不合格的，不予办理竣工验收备案手续。

◆ **释义**

本条是关于无障碍设施施工、监理以及竣工验收备案的规定。

一、无障碍设施建设的施工

施工单位负责建筑工程的具体建设施工，施工单位的施工质量对建筑工程质量有直接影响，施工单位应当对建筑工程的施工质量负责。施工单位应当按照施工图设计文件以及相关标准进行无障碍设施施工。

根据《建筑法》和《建设工程质量管理条例》的规定，建筑施工企业的义务包括：第一，按照工程设计图纸和施工技术标准施工，不得擅自修改工程设计，不得偷工减料。在施工过程中发现设计文件和图纸有差错的，应当及时提出意见和建议。第二，按照工程设计要求、施工技术标准和合同的约定，对建筑材料、建筑构配件和设备进行检验，未经检验或者检验不合格的，不得使用。第三，做好隐蔽工程的质量检查和记录，隐蔽工程在隐蔽前，施工单位应当通知建设单位和建设工程质量监督机构。第四，对施工中出现质量问题的建设工程或者竣工验收不合格的建设工程，应当负责返修。第五，建设单位要求施工单位违反法律、行政法规和建筑工程质量、安全标准降低工程质量的，施工单位应当予以拒绝。

二、无障碍设施建设的监理

建筑工程监理是由具有法定资质的工程监理单位，根据建设单位委托，依照法律、行政法规及有关的技术标准、设计文件和建筑工程承包合同，对承包单位在施工质量、建设工期和建设资金使用等方面，代表建设单位实施监督。

根据《建筑法》和《建设工程质量管理条例》的规定，国家重点建设工程，大中型公用事业工程，成片开发建设的住宅小区工程，利用外国政府或者国际组织贷款、援助资金的工程等建设工程必须实行监理。

实行监理的建筑工程，由建设单位委托具有相应资质条件的工程监理单位监理，也可以委托具有工程监理相应资质等级并与被监理工程的施工承包单位没有隶属关系或者其他利害关系的该工程的设计单位进行监理。

建设工程监理单位和监理人员的职责主要包括：第一，工程监理单位应当客观、公正地执行监理任务。第二，工程监理人员发现工程设计不符合建筑工程质量标准或者合同约定的质量要求的，应当报告建设单位要求设计单位改正。第三，工程监理人员认为工程施工不符合工程设计要求、施工技术标准和合同约定的，有权要求建筑施工企业改正。第四，未经监理工程师签字，建筑材料、建筑构配件和设备不得在工程上使用或者安装，施工单位不得进行下一道工序的施工。第五，未经总监理工程师签字，建设单位不拨付工程款，不进行竣工验收。第六，工程监理单位不按照委托监理合同的约定履行监理义务，对应当监督检查的项目不检查或者不按照规定检查，给建设单位造成损失的，应当承担相应的赔偿责任。工程监理单位与承包单位串通，为承包单位谋取非法利益，给建设单位造成损失的，应当与承包单位承担连带赔偿责任。

三、无障碍设施竣工验收备案

《无障碍环境建设法（草案）》规定，住房和城乡建设等主管部门按照法律、法规和无障碍设施工程建设标准对未开展无障碍设施专项验收或者验收不合格的，不予办理竣工验收备案手续。有的意见提出，要求对无障碍设施进行“专项验收”与建筑工程竣工验收的实际做法不符合，且会加重验收成本。根据上述意见将草案中的“专项验收”修改为“验收”。需要强调的是，虽然不要求对无障碍设施进行专项竣工验收，但在竣工验收环节和办理竣工验收备案过程中，都要重视无障碍设施的建设情况。

根据《建设工程质量管理条例》的规定，建设单位应当在建设工程竣工验收后，及时向建设行政主管部门或者其他有关部门移交建设项目档案。住房和城乡建设等主管部门对未按照法律、法规和无障碍设施工程建设标准开展无障碍设施验收或者验收不合格的，不予办理竣工验收备案手续。

《房屋建筑和市政基础设施工程竣工验收备案管理办法》对新建、扩建、改建各类房屋建筑和市政基础设施工程竣工验收备案作了规定，建设单位应当自工程竣工验收合格之日起十五日内办理竣工验收备案。备案机关收到建设单位报送的竣工验收备案文件，验证文件齐全后，应当在工程竣工验收备案表上签署文件收讫。备案机关发现建设单位在竣工验收过程中有违反国家有关建设工程质量管理规定行为的，应当在收讫竣工验收备案文件十五日内，责令停止使用，重新组织竣工验收。

第十七条　国家鼓励工程建设单位在新建、改建、扩建建设项目的规划、设计和竣工验收等环节，邀请残疾人、老年人代表以及残疾人联合会、老龄协会等组织，参加意见征询和体验试用等活动。

◆ **释义**

本条是关于邀请残疾人、老年人代表及残疾人联合会、老龄协会参加意见征询和体验试用的规定。

无障碍环境建设存在的突出问题之一是无障碍设施“不好用”。在很多无障碍设施建设过程中，缺少残疾人、老年人等群体的亲身体验和参与，工程建设方不了解他们的无障碍需求，导致无障碍设施建设细节不到位、人性化不足、便利化不够，无障碍设施在投入使用后仍然是“障碍重重”。实践中，有的地方邀请老年人、残疾人以及老年人组织、残疾人组织等参加无障碍设施建设的意见征询和体验试用等活动，取得了较好的效果。北京、上海、重庆、江苏等地的地方性立法中也作了相关规定。总结地方有关立法和实践经验，本条对鼓励邀请残疾人、老年人代表以及残疾人联合会、老龄协会等组织参加意见征询和体验试用等活动作出规定。

本条规定在立法中经历了不断修改完善的过程。相关内容最早体现在《无障碍环境建设法（草案）》第五章“监督保障”中，第五十六条规定：“国家鼓励工程建设单位在新建、改建、扩建建设项目竣工验收时，根据工程设施用途，邀请残疾人联合会、依法设立的老年人组织等组织以及有无障碍需求的社会成员代表，对无障碍设施进行体验试用，听取意见和建议。”有的意见提出：第一，该规定属于无障碍设施建设的内容，建议放在第二章。第二，该规定将相关活动局限于“建设项目竣工验收时”，此时建设项目已经基本完工，不利于尽早发现和解决设计、施工中存在的问题。第三，“依法设立的老年人组织”“有无障碍需求的社会成员代表”等表述范围较宽，建议聚焦重点组织和人群。第四，体验试用、听取意见和建议不是必须同时进行的。根据上述意见，对草案作了修改完善。

对该条的理解，需要把握以下几点：第一，鼓励对象为工程建设单位。工程建设单位作为投资建设工程的单位，在工程建设项目规划、设计和竣工验收等环节都发挥着关键作用，由其开展意见征询和体验试用活动，便于操作和执行。第二，开展意见征询和体验试用等活动的环节为新建、改建、扩建建设项目的规划、设计和竣工验收等，根据不同环节特点可以采取一种或者数种活动形式。例如，在规划、设计环节主要是意见征询；在竣工验收环节，可以开展体验试用等活动。第三，参加意见征询和体验试用等活动的主体包括残疾人、老年人代表以及残疾人联合会、老龄协会等组织。确定邀请对象范围要考虑无障碍设施建设项目的特点以及邀请对象的代表性，以确保得到真实有效的意见反馈。第四，活动方式包括意见征询和体验试用等。意见征询主要是通过举办座谈会、上门访谈等方式，听取有关组织和个人的意见建议，是一种较为常见的活动形式。体验试用是在真实场景下对已建成的无障碍设施进行试用，结合自身体验提出意见建议。除了意见征询、体验试用外，根据本条规定的精神，也鼓励工程建设单位采取更多更好的活动形式，更好地保证无障碍设施的安全性、有效性、便利性。

第十八条 对既有的不符合无障碍设施工程建设标准的居住建筑、居住区、公共建筑、公共场所、交通运输设施、城乡道路等，县级以上人民政府应当根据实际情况，制定有针对性的无障碍设施改造计划并组织实施。

无障碍设施改造由所有权人或者管理人负责。所有权人、管理人和使用人之间约定改造责任的，由约定的责任人负责。

不具备无障碍设施改造条件的，责任人应当采取必要的替代性措施。

◆ **释义**

本条是关于对既有建筑进行无障碍改造的规定。

关于对既有建筑进行无障碍改造，《无障碍环境建设条例》第十一条规定："对城镇已建成的不符合无障碍设施工程建设标准的道路、公共建筑、公共交通设施、居住建筑、居住区，县级以上人民政府应当制定无障碍设施改造计划并组织实施。无障碍设施改造由所有权人或者管理人负责。"《无障碍环境建设法》在《无障碍环境建设条例》的基础上作了进一步完善。一是将改造范围由"城镇已建成的不符合无障碍设施工程建设标准的道路、公共建筑、公共交通设施、居住建筑、居住区"修改为"既有的不符合无障碍设施工程建设标准的居住建筑、居住区、公共建筑、公共场所、交通运输设施、城乡道路等"。二是进一步强调县级以上人民政府制定无障碍设施改造计划应当"根据实际情况"且"有针对性"。三是规定不具备无障碍设施改造条件的，责任人应当采取必要的替代性措施。

一、关于"既有的不符合无障碍设施工程建设标准"的建筑、设施、道路

本条规定的改造对象是"既有的不符合无障碍设施工程建设标准"的建筑、设施、道路等。无障碍设施的建设分两种情形，一是在建设有关建筑、设施、道路时根据法律、法规或标准等要求，应当建设无障碍设施但没有按照强制性规定建设无障碍设施，对于此种情形，要强制其整改。二是在建设有关建筑、设施、道路时没有关于无障碍设施的标准，建设单位未配套建设相关无障碍设施，对于此种情形，主要是根据后来的新标准或实际需要进行改造。本条主要是针对第二种情形作的规定。

二、县级以上人民政府制定改造计划并组织实施

无障碍环境建设关系社会公众的利益，是政府的一项重要工作，本法

第三条规定无障碍环境建设应当发挥政府主导作用。对既有设施的无障碍改造，需要政府主导推动，本条明确了县级以上人民政府的责任，即制定有针对性的无障碍设施改造计划并组织实施。

实践中，主要结合城市更新、老旧小区改造、养老服务等工作计划，有针对性地融入无障碍设施改造。2021年，《中共中央、国务院关于加强新时代老龄工作的意见》提出，各地要落实无障碍环境建设法规、标准和规范，将无障碍环境建设和适老化改造纳入城市更新、城镇老旧小区改造、农村危房改造、农村人居环境整治提升统筹推进，让老年人参与社会活动更加安全方便。《国务院办公厅关于印发"十四五"城乡社区服务体系建设规划的通知》提出，推动社区卫生服务中心与社区养老服务机构毗邻建设，推进社区设施适老化、适儿化改造和无障碍建设。《中国残疾人联合会、住房和城乡建设部、中央网信办等关于印发无障碍环境建设"十四五"实施方案的通知》提出，推动制定鼓励无障碍改造、既有设施无障碍改造豁免、无障碍设计设施认证、无障碍环境建设公益诉讼等政策。在城镇老旧小区改造、乡村振兴、农村人居环境整治、养老服务设施建设等工作中统筹开展城乡无障碍设施建设和改造。2022年，《住房和城乡建设部、中国残联关于印发创建全国无障碍建设示范城市（县）管理办法的通知》规定申报创建全国无障碍建设示范城市（县）的地方应编制无障碍环境建设发展规划，制定无障碍设施建设和改造计划，在创建周期内能够达到相应要求。

三、无障碍设施改造的责任主体

所有权人作为建筑等设施的所有者，应当承担无障碍设施改造的责任。《民法典》第二百八十四条第一款规定："业主可以自行管理建筑物及其附属设施，也可以委托物业服务企业或者其他管理人管理。"管理人也应当依法承担无障碍设施改造的责任。所有权人或者管理人要依法积极配合政府组织实施的改造计划。

实践中，有关设施主要由使用人控制，所有权人、管理人也可以和使用人约定改造责任，作出具体约定的，由约定的责任人负责，但是这种约定不能对抗第三人，所有权人、管理人不能以约定了使用人承担无障碍改造责任为由推脱责任。

所有权人、管理人作为责任主体，需要承担无障碍设施改造的有关费用。政府在组织实施无障碍设施改造时如果有相关的支持政策，符合条件的主体可以享受这些支持政策。2014 年，《住房和城乡建设部等部门关于加强老年人家庭及居住区公共设施无障碍改造工作的通知》提出，居住区公共设施无障碍改造资金应列入地方政府财政预算，由民政主管部门会同财政主管部门确定资金补助标准，并明确资金监管要求，财政主管部门要对补助资金使用进行审核和监管。2020 年，《国务院办公厅关于全面推进城镇老旧小区改造工作的指导意见》提出，对城镇老旧小区改造，建立改造资金政府与居民、社会力量合理共担机制。一是合理落实居民出资责任。按照谁受益、谁出资原则，积极推动居民出资参与改造，可通过直接出资、使用（补建、续筹）住宅专项维修资金、让渡小区公共收益等方式落实。二是加大政府支持力度。将城镇老旧小区改造纳入保障性安居工程，中央给予资金补助，按照“保基本”的原则，重点支持基础类改造内容。省级人民政府要相应做好资金支持。市县人民政府对城镇老旧小区改造给予资金支持，可以纳入国有住房出售收入存量资金使用范围；要统筹涉及住宅小区的各类资金用于城镇老旧小区改造，提高资金使用效率。支持各地通过发行地方政府专项债券筹措改造资金。三是持续提升金融服务力度和质效。支持城镇老旧小区改造规模化实施运营主体采取市场化方式，运用公司信用类债券、项目收益票据等进行债券融资，但不得承担政府融资职能，杜绝新增地方政府隐性债务。四是推动社会力量参与。鼓励原产权单位对已移交地方的原职工住宅小区改造给予资金等支持。公房产权单位应出资参与改造。五是落实税费减免政策。专业经营单位参与政府统一组织的城镇老旧小区改造，对其取得所有权的设施设备等配套资产改造所发生的费用，可以作为该设施设备的计税基础，按规定计提折旧并在企业所得税前扣除；所发生的维护管理费用，可按规定计入企业当期费用税前扣除。在城镇老旧小区改造中，为社区提供养老、托育、家政等服务的机构，提供养老、托育、家政服务取得的收入免征增值税，并减按 90% 计入所得税应纳税所得额；用于提供社区养老、托育、家政服务的房产、土地，可按现行规定免征契税、房产税、城镇土地使用税和城市基础设施配套费、不动产登记费等。

四、不具备改造条件的，应当采取替代性措施

受建筑、设施本身客观条件的制约，一些建筑、场所不具备无障碍设施改造条件，如对一些老旧小区的多层住宅加装电梯会占用街道公共道路、堵占消防通道等，在客观上无法进行改造。

为了方便老年人、残疾人等群体，对于确实不具备无障碍改造条件的建筑、场所，应当采取一些替代性措施。例如，《北京市无障碍环境建设条例》规定，城市轨道交通的车站应当设置无障碍检票通道、无障碍厕所、无障碍电梯，未设置的应当进行改造；确实不具备加装无障碍电梯条件的，应当设置公共区站台到站厅、站厅到地面的无障碍设施、设备。实践中，一些地方的小区多层住宅在无法安装电梯的情况下，对楼梯台阶、楼道扶手等进行适当改造，使其更适宜老年人、残疾人使用。

第十九条 县级以上人民政府应当支持、指导家庭无障碍设施改造。对符合条件的残疾人、老年人家庭应当给予适当补贴。

居民委员会、村民委员会、居住区管理服务单位以及业主委员会应当支持并配合家庭无障碍设施改造。

◆ 释义

本条是关于家庭无障碍设施改造的规定。

通常情况下，家庭住宅内部在建造时没有专门的无障碍设施，为帮助残疾人、老年人消除家居障碍、实现生活自理，需要进行出入口改造、卫生间改造、厨房改造、卧室改造等，包括防滑改造、高差改造、扶手改造、房门拓宽、配置护理床、浴缸改造、水龙头改造、安装安全报警装置等。近年来国家出台了一系列关于家庭无障碍设施改造的文件，实践中也开展了相关工作。同时，家庭无障碍设施改造也是《无障碍环境建设法》立法过程中各方高度关注的问题。《无障碍环境建设法》贯彻落实中央精神，回应社会关切，总结实践经验，对家庭无障碍设施改造专门作了规定。

《无障碍环境建设条例》规定，对需要进行无障碍设施改造的贫困家

庭，县级以上地方人民政府可以给予适当补助。《无障碍环境建设法》进一步对条例作了修改完善，一是明确了政府的支持和指导职责；二是将“贫困家庭”修改为“残疾人、老年人家庭”；三是将“可以”修改为“应当”；四是增加规定了有关组织的支持和配合义务。

一、政府支持、指导家庭无障碍设施改造，对符合条件的家庭给予补贴

家庭无障碍设施改造是国家公共服务的内容，也是政府的一项重要工作。《老年人权益保障法》明确规定，国家推动老年宜居社区建设，推动和扶持老年人家庭无障碍设施的改造，为老年人创造无障碍居住环境。《国家基本公共服务标准（2021 年版）》明确将“残疾人和老年人无障碍环境建设”列为国家基本公共服务，要求逐步为贫困重度残疾人、老年人家庭提供无障碍改造服务。

县级以上人民政府支持、指导家庭无障碍设施改造，主要体现在以下几方面：

一是制定家庭无障碍设施改造规划、计划、政策，包括将家庭无障碍设施改造工作纳入政府工作职责，明确有关部门和单位的职责分工，设定一个时期家庭无障碍设施改造的目标等。《中华人民共和国国民经济和社会发展第十四个五年规划和 2035 年远景目标纲要》《中共中央、国务院关于加强新时代老龄工作的意见》等均强调了家庭无障碍设施改造。

二是提供财政补贴。一般情况下，家庭无障碍环境改造所需费用通常由进行改造的家庭承担。对于贫困家庭等特殊家庭，政府根据规定给予补贴，支持其进行家庭改造。需要说明的是，根据本法规定以及实践中的做法，残疾人、老年人家庭享受无障碍设施改造补贴，需要符合一定的条件。《中华人民共和国国民经济和社会发展第十四个五年规划和 2035 年远景目标纲要》提出，补贴 110 万户困难重度残疾人家庭无障碍设施改造，支持 200 万户特殊困难高龄、失能、残疾老年人家庭实施适老化改造，配备辅助器具和防走失装置等设施。《“十四五”国家老龄事业发展和养老服务体系规划》提出，鼓励有条件的地方对经济困难的失能、残疾、高龄等老年人家庭实施无障碍和适老化改造。民政部、财政部、住房和城乡建设部与中国残联联合印发的《关于推进“十四五”特殊困难老年人家庭适老化改造

工作的通知》提出，对纳入分散供养特困人员范围的高龄、失能、残疾老年人家庭实施居家适老化改造，有条件的地方可以将改造对象范围逐步扩大到城乡低保对象中的高龄、失能、留守、空巢、残疾老年人家庭和计划生育特殊家庭等。

三是组织开展家庭无障碍设施改造工作。对于政府推动实施的改造项目，制定家庭无障碍设施改造项目清单和改造方案，对参与政府改造项目的家庭进行评估，确定改造施工机构，办理改造手续，组织竣工验收，做好相关费用结算和资金拨付等工作。

四是指导、引导残疾人、老年人家庭进行无障碍设施改造。除对符合条件的家庭提供补贴外，政府还可以指导、引导残疾人、老年人家庭开展无障碍设施改造，如宣传家庭无障碍设施改造的重要性、为有关家庭无障碍设施改造提供咨询等。

二、有关组织和单位的支持、配合义务

居民委员会、村民委员会分别是居民、村民自我管理、自我教育、自我服务的基层群众性自治组织，具有办理公共事务和公益事业、调解民间纠纷及向人民政府反映居民或村民的意见、要求和提出建议等职责。

居住区管理服务单位在物业服务区域内，为业主提供建筑物及其附属设施的维修养护、环境卫生和相关秩序的管理维护等物业服务。业主装饰装修房屋的，应当事先告知物业服务人，遵守物业服务人提示的合理注意事项，并配合其进行必要的现场检查。

业主可以设立业主大会，选举业主委员会。业主委员会的职责包括：执行业主大会的决定事项，召集业主大会会议，报告物业管理的实施情况；代表业主与业主大会选聘的物业服务企业签订物业服务合同；及时了解业主、物业使用人的意见和建议，监督和协助物业服务企业履行物业服务合同等。

通常情况下，建筑物的竣工总平面图，单体建筑、结构、设备竣工图，配套设施、地下管网工程竣工图等竣工验收资料由物业服务单位保管，有的情况下由业主委员会保管。因维修物业或者公共利益，业主确需临时占用、挖掘道路、场地的，应当征得业主委员会和物业服务企业的同意。

家庭无障碍设施改造涉及对建筑物及其附属设施的改造，如为了和家庭内部设施衔接，需要对建筑物公共部分同时进行改造，施工过程中涉及相邻关系的处理，享受政府补贴需要和政府有关部门进行沟通等。这些工作与居民委员会、村民委员会、居住区管理服务单位以及业主委员会等有关，相关单位应当履行各自职责，做好沟通衔接，支持并配合家庭无障碍设施改造。

第二十条 残疾人集中就业单位应当按照有关标准和要求，建设和改造无障碍设施。

国家鼓励和支持用人单位开展就业场所无障碍设施建设和改造，为残疾人职工提供必要的劳动条件和便利。

◆ 释义

本条是关于残疾人集中就业单位和其他用人单位无障碍设施建设的规定。

《就业促进法》《残疾人保障法》规定，国家保障残疾人劳动的权利。各级人民政府应当对残疾人劳动就业统筹规划，为残疾人就业创造劳动就业条件。加强用人单位的无障碍环境，是保障残疾人就业权利的重要措施。本法专门就此作了规定。

一、残疾人集中就业单位应当建设和改造无障碍设施

集中就业是残疾人就业的主要形式之一。《残疾人保障法》规定，政府和社会举办残疾人福利企业、盲人按摩机构和其他福利性单位，集中安排残疾人就业。《就业促进法》规定，国家鼓励企业增加就业岗位，扶持残疾人就业，对安置残疾人员达到规定比例或者集中使用残疾人的企业给予税收优惠。《残疾人就业条例》规定，集中使用残疾人的用人单位的资格认定，按照国家有关规定执行。集中使用残疾人的用人单位中从事全日制工作的残疾人职工，应当占本单位在职职工总数的25%以上。

本条第一款规定，残疾人集中就业单位应当按照有关标准和要求，建

设和改造无障碍设施。理解该规定应当注意以下几点：第一，用人单位对就业场所进行无障碍改造，并非仅仅是残疾人集中就业单位的义务，而是所有使用残疾职工的用人单位都应当履行的义务。《残疾人保障法》规定，残疾职工所在单位应当根据残疾职工的特点，提供适当的劳动条件和劳动保护，并根据实际需要对劳动场所、劳动设备和生活设施进行改造。《残疾人就业条例》第十三条规定，用人单位应当为残疾人职工提供适合其身体状况的劳动条件和劳动保护。《国务院关于印发“十四五”残疾人保障和发展规划的通知》规定，用人单位应当为残疾职工提供适合其身心特点的劳动条件、劳动保护、无障碍环境及合理便利。《机关、事业单位、国有企业带头安排残疾人就业办法》规定，机关、事业单位、国有企业应当对就业场所进行无障碍环境改造，为残疾人就业创造必要的劳动保障条件。本法第十二条、第十八条、第二十一条等条文对有关建筑、场所的无障碍设施建设和改造作了规定，用人单位应当根据本法规定进行无障碍设施建设和改造。第二，本法专门规定残疾人就业单位无障碍设施建设和改造的义务，是考虑残疾人集中就业单位的残疾职工较多，无障碍设施需求迫切，需要特别强调该类单位的无障碍设施建设和改造义务。

需要说明的是，目前无障碍设施建设标准还不完善，有的是缺乏标准，有的是属于推荐性标准，对于残疾人集中就业单位而言，无论是否有强制性标准，残疾人集中就业单位都应当积极开展无障碍设施建设和改造。残疾人就业场所和普通生活场所对无障碍设施的要求有所不同，残疾人集中就业单位应当结合本单位职工劳动的实际情况和需求，有针对性地进行无障碍设施建设和改造。

二、鼓励和支持用人单位的无障碍设施建设和改造

国家鼓励和支持用人单位的无障碍设施建设和改造，一方面有利于促进用人单位吸收残疾人就业，另一方面也有利于促进用人单位为残疾职工创造良好的工作环境，使残疾人能够更好地融入用人单位的环境。

鼓励和支持举措重要的方式是资金扶持。《残疾人保障法》规定，国家对安排残疾人就业达到、超过规定比例或者集中安排残疾人就业的用人单位依法给予税收优惠，并在生产、经营、技术、资金、物资、场地等方面

给予扶持。《残疾人就业保障金征收使用管理办法》第二十一条规定，保障金纳入地方一般公共预算统筹安排，主要用于支持残疾人就业和保障残疾人生活。支持方向包括补贴用人单位安排残疾人就业所需设施设备购置、改造和支持性服务费用。补贴辅助性就业机构建设和运行费用。2015 年中国残联、国家发改委等联合下发的《关于发展残疾人辅助性就业的意见》指出，对残疾人辅助性就业机构的一次性建设、场地租金、无障碍环境改造等支出给予相关资金支持。2017 年《中国残联办公厅关于进一步落实残疾人辅助性就业机构扶持政策的通知》提出辅助性就业机构“具有适合残疾人工作、生活的无障碍环境，具备较为完善的劳动安全保护措施”可以享受资金扶持政策。

第二十一条 新建、改建、扩建公共建筑、公共场所、交通运输设施以及居住区的公共服务设施，应当按照无障碍设施工程建设标准，配套建设无障碍设施；既有的上述建筑、场所和设施不符合无障碍设施工程建设标准的，应当进行必要的改造。

◆ 释义

本条是关于公共建筑、公共场所、交通运输设施、居住区无障碍设施建设和改造的规定。

公共建筑、公共场所、交通运输设施、居住区的无障碍环境建设是我国无障碍建设的重要内容。2020 年，《住房和城乡建设部等部门关于开展城市居住社区建设补短板行动的意见》提出，加强居住社区无障碍环境建设和改造，为居民出行、生活提供便利。住宅和公共建筑出入口设置轮椅坡道和扶手，公共活动场地、道路等户外环境建设符合无障碍设计要求。具备条件的居住社区，实施加装电梯等适老化改造。对有条件的服务设施，设置低位服务柜台、信息屏幕显示系统、盲文或有声提示标识和无障碍厕所（厕位）。2021 年，中国残联、住房和城乡建设部、中央网信办等印发的《无障碍环境建设“十四五”实施方案》提出，严格落实新（改、扩）建道路、公共建筑、绿地广场配套建设无障碍设施，加快既有设施无障碍改造，提升社区无障碍建设水平。加快推广无障碍公共厕所。推进综合客运枢纽、铁路客运站、汽车客运站、城市轨道交通车站、港口客运站、民用运输机场航站区、高速公路服务区等公共交通设施和民用航空器、客运列车、客运船舶、公共汽电车、城市轨道交通车辆等公共交通工具无障碍建设和改造，提高无障碍设施规范化、系统化水平。加强文化和旅游设施无障碍建设和改造。加快推进残疾人服务设施、老年人服务设施等无障碍建设和改造。

理解本条需要注意以下几点：第一，本法第十二条对无障碍设施建设作了一般性的规定，第十八条对无障碍设施改造作了一般性的规定。本条和第十二条、第十八条存在一定重叠，但侧重点不同，本条专门对公共建筑、公共场所、交通运输设施、居住区的无障碍设施建设和改造提出了特殊要求。第二，本法第十二条强调的是新建、改建、扩建的居住建筑、居住区、公共建筑、公共场所、交通运输设施、城乡道路等，应当符合无障碍设施工程建设标准。本条强调的是，公共建筑、公共场所、交通运输设施、居住区应当按标准配套建设无障碍设施。公共建筑、公共场所、交通运输设施、居住区是社会公众集中活动的区域，对无障碍设施需求较大，因此需要更加重视无障碍设施建设，无障碍设施应当是这些地方必须具备的配置。有关方面应推动尽快制定和完善这些区域无障碍设施建设标准，为这些区域无障碍设施建设提供支撑。这些区域的所有者、管理者应当创造条件，积极建设无障碍设施，为有无障碍需求的群体提供便利。第三，对于既有的不符合无障碍设施工程建设标准的居住建筑、居住区、公共建筑、公共场所、交通运输设施、城乡道路等，本法第十八条强调由县级以上人民政府制定有针对性的无障碍设施改造计划并组织实施；不具备无障碍设施改造条件的，责任人应当采取必要的替代性措施。本条强调的是，既有的公共建筑、公共场所、交通运输设施、居住区不符合无障碍设施工程建设标准的，应当进行必要的改造，强化了改造义务。

第二十二条 国家支持城镇老旧小区既有多层住宅加装电梯或者其他无障碍设施，为残疾人、老年人提供便利。

县级以上人民政府及其有关部门应当采取措施、创造条件，并发挥社区基层组织作用，推动既有多层住宅加装电梯或者其他无障碍设施。

房屋所有权人应当弘扬中华民族与邻为善、守望相助等传统美德，加强沟通协商，依法配合既有多层住宅加装电梯或者其他无障碍设施。

◆ **释义**

本条是关于城镇老旧小区既有多层住宅加装电梯或者其他无障碍设施的规定。

在本法制定过程中，老旧小区加装电梯问题是各方都比较关注的一个问题，普遍要求在本法中对这个问题作出有针对性的规定。对此，《无障碍环境建设法（草案）》第二十二条第二款规定："县级以上人民政府支持推动既有住宅加装电梯或者其他无障碍设施，为有无障碍需求的社会成员提供便利。"在审议过程中，一些意见提出，完善有关规定推动解决城镇老旧小区无障碍设施和适老化改造中加装电梯问题。经研究，将草案第二十二条第二款单独作为一条，在草案二次审议稿中规定："国家支持既有住宅加装电梯或者其他无障碍设施，为残疾人、老年人等提供便利。县级以上人民政府及其有关部门应当采取措施创造条件，推动既有住宅加装电梯或者其他无障碍设施。房屋所有权人应当弘扬中华民族与邻为善、守望相助等传统美德，积极配合既有住宅加装电梯或者其他无障碍设施。"在二审过程中，有的意见提出，社会广泛关注加装电梯等无障碍设施的问题，应当进一步明确加装范围，发挥社区基层组织作用，并充分考虑居民的不同利益诉求。经研究，将草案二审稿第二十二条第一款中的"既有住宅"修改为"城镇老旧小区既有多层住宅"，第三款中的"积极配合"修改为"加强沟通协商，依法配合"。

一、国家支持城镇老旧小区既有多层住宅加装电梯或者其他无障碍设施

城镇老旧小区改造是重大民生工程和发展工程，对满足人民群众美好

生活需要、推动惠民生扩内需、推进城市更新和开发建设方式转型、促进经济高质量发展具有十分重要的意义。城镇老旧小区改造是国家开展的一项重要工作，既有多层住宅加装电梯或者其他无障碍设施是城镇老旧小区改造的一项重要内容。

2020 年，《国务院办公厅关于全面推进城镇老旧小区改造工作的指导意见》提出，城镇老旧小区是指城市或县城（城关镇）建成年代较早、失养失修失管、市政配套设施不完善、社区服务设施不健全、居民改造意愿强烈的住宅小区（含单栋住宅楼）。各地要结合实际，合理界定本地区改造对象范围，重点改造 2000 年年底前建成的老旧小区。城镇老旧小区改造内容可分为基础类、完善类、提升类。基础类是指为满足居民安全需要和基本生活需求的内容，主要是市政配套基础设施改造提升以及小区内建筑物屋面、外墙、楼梯等公共部位维修等。完善类是指为满足居民生活便利需要和改善型生活需求的内容，主要是环境及配套设施改造建设、小区内建筑节能改造、有条件的楼栋加装电梯等。其中，改造建设环境及配套设施包括拆除违法建设，整治小区及周边绿化、照明等环境，改造或建设小区及周边适老设施、无障碍设施等。提升类是指为丰富社区服务供给、提升居民生活品质、立足小区及周边实际条件积极推进的内容，主要是公共服务设施配套建设及其智慧化改造。《国务院关于加强和推进老龄工作进展情况的报告》显示，2019—2021 年，全国开工改造城镇老旧小区 11.5 万个，惠及居民 2000 多万户，加装电梯 5.1 万部。

二、政府及其有关部门、社区基层组织的作用

县级以上人民政府及其有关部门应当采取措施、创造条件，推动既有多层住宅加装电梯或者其他无障碍设施。

《国务院办公厅关于全面推进城镇老旧小区改造工作的指导意见》对政府及其有关部门的职责作了明确规定：第一，建立健全政府统筹、条块协作、各部门齐抓共管的专门工作机制。第二，提供有关资金支持和金融等政策方面的支持。第三，完善相关政策。结合审批制度改革，精简城镇老旧小区改造工程审批事项和环节；完善适应改造需要的标准体系，包括制定技术规范，推广应用新技术、新产品、新方法等；建立存量资源整合利

用机制，合理拓展改造实施单元，推进相邻小区及周边地区联动改造，加强服务设施、公共空间共建共享；明确土地支持政策。第四，强化组织保障，明确部门职责。住房和城乡建设部要切实担负城镇老旧小区改造工作的组织协调和督促指导责任，各有关部门要加强政策协调、工作衔接、调研督导；落实地方责任。省级人民政府对本地区城镇老旧小区改造工作负总责，要加强统筹指导，明确市县人民政府责任，确保工作有序推进。

推动既有多层住宅加装电梯或者其他无障碍设施，还要发挥社区基层组织的作用。《国务院办公厅关于全面推进城镇老旧小区改造工作的指导意见》提出，明确各有关部门、单位和街道（镇）、社区职责分工。建立健全基层党组织领导，社区居民委员会配合，业主委员会、物业服务企业等参与的联席会议机制，引导居民协商确定改造后小区的管理模式、管理规约及业主议事规则。从实践情况看，在推动既有多层住宅加装电梯或者其他无障碍设施方面，政府有关部门或者社区基层组织的作用如果发挥得好，将有力促进这个问题的解决。例如，上海市有关街道在加装电梯工作中，充分发挥基层党组织、街道办事处、居委会、业委会、物业公司、电梯公司等各方面的作用，搭建协商平台，畅通信息交流渠道，有效推动了老旧小区加装电梯工作。

三、房屋所有权人弘扬传统美德、加强沟通协商

加装电梯属于改建、重建建筑物及其附属设施，属于一个小区里的重大事项，需要由小区的业主共同决定。根据《民法典》的规定，加装电梯属于改建、重建建筑物及其附属设施，应当取得一定比例业主的同意。《民法典》第二百七十八条规定："下列事项由业主共同决定：（一）制定和修改业主大会议事规则；（二）制定和修改管理规约；（三）选举业主委员会或者更换业主委员会成员；（四）选聘和解聘物业服务企业或者其他管理人；（五）使用建筑物及其附属设施的维修资金；（六）筹集建筑物及其附属设施的维修资金；（七）改建、重建建筑物及其附属设施；（八）改变共有部分的用途或者利用共有部分从事经营活动；（九）有关共有和共同管理权利的其他重大事项。业主共同决定事项，应当由专有部分面积占比三分之二以上的业主且人数占比三分之二以上的业主参与表决。决定前款第六

项至第八项规定的事项，应当经参与表决专有部分面积四分之三以上的业主且参与表决人数四分之三以上的业主同意。决定前款其他事项，应当经参与表决专有部分面积过半数的业主且参与表决人数过半数的业主同意。”

虽然根据《民法典》的规定，加装电梯属于改建、重建建筑物及其附属设施，只要取得一定比例业主的同意就可以实施，但是加装电梯在给一些业主带来便利的同时，也可能影响一些业主的利益。例如，有的业主顾虑装电梯后自己低楼层的房子会降价；有的业主担心电梯会产生噪音或者影响通风、采光；有的业主纠结加装电梯的费用分摊；有的业主关心后续的维修保养。由于业主之间存在利益冲突，实践中即使取得法定比例业主的同意，也要做好沟通协商，妥善处理好各方面的利益。

城镇老旧小区既有多层住宅加装电梯，一方面，需要政府、社区基层组织积极发挥作用，通过提供支持措施和服务、搭建沟通协商平台，推动业主通过协商达成共识。另一方面，也需要业主弘扬中华民族与邻为善、守望相助等传统美德，加强沟通协商，依法配合加装电梯工作。远亲不如近邻，与邻为善、以邻为伴、守望相助是中华民族传统美德。我国法律也非常注重弘扬邻里和睦相处的精神，《民法典》第二百八十八条规定：“不动产的相邻权利人应当按照有利生产、方便生活、团结互助、公平合理的原则，正确处理相邻关系。”在处理是否加装电梯、费用分担、维护保养等问题时，各方应当根据与邻为善、守望相助等中华民族传统美德的精神，考虑老年人、残疾人等有无障碍需求的居民的情况，以及加装电梯可能对有关业主利益造成的影响，换位思考，本着善意加强沟通协商，依法配合加装电梯或者其他无障碍设施。

对已经依法按照民主决策以合理方式加装电梯等无障碍设施的，业主要配合电梯的安装和使用。在司法实践中，已有成功的案例，如在最高人民法院2022年发布的“方某某、黄某某诉周某、陈某某等物权保护纠纷案”中，法院判决指出，老旧小区加装电梯涉及广大群众的出行方便，关系到社会的和谐稳定。本案中安装电梯的决定经过绝大部分住户同意，虽然给低层住户的居住环境带来一定的变化，但在整体上不妨碍采光、通行、通风等相应权利，未明显影响低层住户利益，低层住户对加装电梯有适度容忍义务。

第二十三条 新建、改建、扩建和具备改造条件的城市主干路、主要商业区和大型居住区的人行天桥和人行地下通道，应当按照无障碍设施工程建设标准，建设或者改造无障碍设施。

城市主干路、主要商业区等无障碍需求比较集中的区域的人行道，应当按照标准设置盲道；城市中心区、残疾人集中就业单位和集中就读学校周边的人行横道的交通信号设施，应当按照标准安装过街音响提示装置。

◆ 释义

本条是关于道路无障碍的规定。

一、重点区域的人行天桥和人行地下通道应当按照标准建设或者改造无障碍设施

残疾人、老年人参与社会生产生活，走出家门和居住区后，首先要使用道路及有关设施，其中包括道路无障碍设施。实践中，一些道路没有建设无障碍设施或者建设不达标、设施不好用的现象较为突出，影响残疾人、老年人安全便利出行。例如，有的盲道建得不科学、不连贯，有的设有红绿灯的路口缺少合适的提示装置等。为保障残疾人、老年人的出行安全与便利，相关法律、法规以及标准对道路无障碍作出规定。例如，《残疾人保障法》第五十三条第二款规定："新建、改建和扩建建筑物、道路、交通设施等，应当符合国家有关无障碍设施工程建设标准。"《道路交通安全法》第三十四条规定："学校、幼儿园、医院、养老院门前的道路没有行人过街设施的，应当施划人行横道线，设置提示标志。城市主要道路的人行道，应当按照规划设置盲道。盲道的设置应当符合国家标准。"《无障碍环境建设条例》第十三条规定："城市的主要道路、主要商业区和大型居住区的人行天桥和人行地下通道，应当按照无障碍设施工程建设标准配备无障碍设施，人行道交通信号设施应当逐步完善无障碍服务功能，适应残疾人等社会成员通行的需要。"《无障碍设计规范》《建筑与市政工程无障碍通用规范》对道路无障碍设施的标准规

范作了详细规定。

在上述规定的基础上，综合考虑道路无障碍设施的投入成本和使用频次，本条第一款就重点区域的关键节点作出明确要求：一是明确划定具体区域，即城市主干路、主要商业区和大型居住区；二是明确关键节点为人行天桥和人行地下通道；三是明确建设环节包括新建、改建、扩建或者改造（具备改造条件的）。符合这些条件的，应当按照无障碍设施工程建设标准，建设或者改造无障碍设施。与《无障碍环境建设条例》相比，本条规定的范围更加聚焦，限定为“新建、改建、扩建和具备改造条件的”有关重点区域；不仅对建设无障碍设施提出要求，还对改造无障碍设施提出要求，既关注“有没有”，也关注“好不好”。

根据《无障碍设计规范》等标准规范，人行天桥和人行地下通道应当建有相应无障碍设施。例如，人行天桥及地道出入口处应设置提示盲道；要求满足轮椅通行需求的人行天桥及地道处宜设置坡道，当设置坡道有困难时，应设置无障碍电梯；人行天桥及地道在坡道的两侧应设扶手，扶手宜设上、下两层，在栏杆下方宜设置安全阻挡措施，扶手起点水平段宜安装盲文铭牌等。按照本条第一款的规定，新建、改建、扩建和具备改造条件的城市主干路、主要商业区和大型居住区的人行天桥和人行地下通道，应当按照这些标准建设或者改造无障碍设施。

二、无障碍需求比较集中的区域，应当按照标准设置盲道、安装过街音响提示装置

盲道和人行横道的交通信号设施，是残疾人、老年人等有无障碍需求的人经常使用的设施。立法过程中，各方面对如何科学合理设置这些设施讨论较多、意见较为集中。经过认真研究，本条第二款对重点区域的盲道和人行横道的交通信号设施作出具体规定。所谓盲道，是在人行道上或其他场所铺设的一种固定形态的地面砖，使视觉障碍者产生盲杖触觉及脚感，引导视觉障碍者向前行走和辨别方向以到达目的地的通道。根据本款规定，城市主干路、主要商业区等无障碍需求比较集中的区域的人行道，应当按照标准设置盲道。盲道设置限定在城市主干路、主要商业区等无障碍需求比较集中的区域，有利于将有限资源用于最需要的地方，有利于最大限度

发挥盲道的作用。本法制定过程中，还曾规定上述区域的人行道应当按照标准设置缘石坡道。有的意见提出，国家相关标准对缘石坡道的设置作了规定，不限于这些区域，再作规定容易误解为其他区域不用设置缘石坡道。综合各方意见，本条未对缘石坡道的设置作出规定。需要注意的是，未作规定并不意味着不做要求，更不意味着该建不建，对于缘石坡道仍然需要按照《无障碍设计规范》《建筑与市政工程无障碍通用规范》进行设置。

在具体实施上，盲道设置应当注意避免无视实际情况与需求，造成资源闲置浪费。根据《无障碍设计规范》等标准规范，人行道处盲道设置应符合下列规定：城市主要商业街、步行街的人行道应设置盲道；视觉障碍者集中区域周边道路应设置盲道；坡道的上下坡边缘处应设置提示盲道；道路周边场所、建筑等出入口设置的盲道应与道路盲道相衔接等。需要注意的是，本条中的“盲道”包括行进盲道、提示盲道。行进盲道是表面呈条状形，使视觉障碍者通过盲杖的触觉和脚感，指引视觉障碍者可直接向正前方继续行走的盲道。提示盲道是表面呈圆点形，用在盲道的起点处、拐弯处、终点处和表示服务设施的位置以及提示视觉障碍者前方将有不安全或危险状态等，具有提醒注意作用的盲道。人行道中具体设置何种盲道，应当按照标准，结合实际情况具体把握。

在交通信号设施方面，本条第二款规定，城市中心区、残疾人集中就业单位和集中就读学校周边的人行横道的交通信号设施，应当按照标准安装过街音响提示装置。过街音响提示装置是指通过语音提示系统引导视觉障碍者安全通行的音响装置。本法制定过程中，最初只对城市中心区作了规定，后来增加“残疾人集中就业单位和集中就读学校周边”。立法调研以及征求意见过程中，有基层立法联系点提出在特殊教育学校周边的人行横道加装过街音响提示等装置的建议。从地方立法和实践来看，在视障人士出行较多的人行横道安装过街音响提示装置，有利于保障他们的出行安全便捷，相关经验值得肯定推广。另据了解，特殊教育学校主要依据《特殊教育学校建筑设计标准》进行建设。该标准明确要求特殊教育学校应选择在城市公交直达、市政基础设施完备的地段。从选址上看，特殊教育学校不一定处于城市中心区。为了充分满足视障人士的出行无障碍需求，在规定“城市中心区”的基础上，增加“残疾人集中就业单位和集中就读学校周边”的规定。这些区域残疾人较多，也可能不处于城市中心区，有必要专门作出规定。

第二十四条 停车场应当按照无障碍设施工程建设标准，设置无障碍停车位，并设置显著标志标识。

无障碍停车位优先供肢体残疾人驾驶或者乘坐的机动车使用。优先使用无障碍停车位的，应当在显著位置放置残疾人车辆专用标志或者提供残疾人证。

在无障碍停车位充足的情况下，其他行动不便的残疾人、老年人、孕妇、婴幼儿等驾驶或者乘坐的机动车也可以使用。

◆ **释义**

本条是关于无障碍停车位设置和使用的规定。

《残疾人保障法》规定，有条件的停车场应当为残疾人设置专用停车位。《无障碍环境建设条例》规定，城市的大中型公共场所的公共停车场和大型居住区的停车场，应当按照无障碍设施工程建设标准设置并标明无障碍停车位。《无障碍环境建设法（草案）》第二十六条规定：“公共停车场应当按照无障碍设施工程建设强制性标准，设置无障碍停车位，并设置显著标志标识。无障碍停车位优先供肢体残疾人驾驶或者乘坐的机动车使用，其他行动不便的老年人、孕妇、婴幼儿等驾驶或者乘坐的机动车也可以使用。优先使用无障碍停车位的机动车，应当在显著位置放置残疾人车辆专用标志或者提供肢体残疾人凭证。”有的意见提出：第一，停车场建设标准主要是根据停车场的规模确定建设无障碍停车位的数量，而非根据其是否属于“公共停车场”来确定无障碍停车位的建设，且何为“公共停车场”实践中不容易判断，建议将“公共停车场”修改为“停车场”，停车场的具体类型及无障碍停车位的建设根据相关标准确定。第二，建议进一步明确在保障残疾人驾驶或者乘坐的机动车优先使用的前提下，其他行动不便的老年人、孕妇、婴幼儿等驾驶或者乘坐的机动车可以使用无障碍停车位，避免产生冲突。第三，实践中没有专门的“肢体残疾人凭证”，建议修改为“残疾人证”。本条根据上述意见对草案作了修改完善。

一、停车场应当设置无障碍停车位

无障碍停车位主要是指供残疾人使用的停车泊位，一般带有明显标识，位于相对便利的位置，面积比一般停车泊位大。由于残疾人需要使用轮椅、拐杖等辅助器具，普通停车位不适合残疾人使用，为方便残疾人停车，有必要为其设置无障碍停车位。

根据住房和城乡建设部、国家发改委发布的《城市公共停车场工程项目建设标准》的规定，停车位数量大于 500 的特大型停车场，无障碍停车位数量不得少于总车位的 1%，停车位数量为 301—500 的大型停车场，无障碍停车位数量不得少于 4 个，停车位数量为 51—300 的中型停车场，无障碍停车位数量不得少于 2 个。根据公安部、交通运输部发布的《道路交通标志和标线 第 3 部分：道路交通标线》（GB 5768. 3—2009）的规定，普通车位长 6 米、宽 2. 5 米，无障碍停车位长 6 米、宽 3. 7 米。

二、无障碍停车位应当优先供肢体残疾人驾驶或者乘坐的机动车使用

残疾人包括视力残疾、听力残疾、言语残疾、肢体残疾、智力残疾、精神残疾、多重残疾和其他残疾的人。根据 2022 年施行的《机动车驾驶证申领和使用规定》，申请机动车驾驶证需要满足下列条件：第一，上肢：双手拇指健全，每只手其他手指必须有三指健全，肢体和手指运动功能正常。但手指末节残缺或者左手有三指健全，且双手手掌完整的，可以申请小型汽车、小型自动挡汽车、低速载货汽车、三轮汽车准驾车型的机动车驾驶证。第二，下肢：双下肢健全且运动功能正常，不等长度不得大于 5 厘米。单独左下肢缺失或者丧失运动功能，但右下肢正常的，可以申请小型自动挡汽车准驾车型的机动车驾驶证。此外，右下肢、双下肢缺失或者丧失运动功能但能够自主坐立，且上肢符合上述“上肢”规定的，可以申请残疾人专用小型自动挡载客汽车准驾车型的机动车驾驶证。一只手掌缺失，另一只手拇指健全，其他手指有两指健全，上肢和手指运动功能正常，且下肢符合上述“下肢”规定的，可以申请残疾人专用小型自动挡载客汽车准驾车型的

机动车驾驶证。考虑到驾驶汽车的肢体残疾人对无障碍停车位的需求最迫切，本条规定无障碍停车位应当优先为肢体残疾人驾驶或乘坐的机动车使用。

三、放置残疾人车辆专用标志或者提供残疾人证

根据《机动车驾驶证申领和使用规定》，持有准驾车型为残疾人专用小型自动挡载客汽车的机动车驾驶人驾驶机动车时，应当按规定在车身设置残疾人机动车专用标志。

肢体残疾人驾驶或者乘坐残疾人专用小型自动挡载客汽车以外的机动车的，由于该类车未设置残疾人车辆专用标志，在优先使用无障碍停车位时需提供残疾人证证明肢体残疾人身份。

四、其他行动不便的残疾人、老年人、孕妇、婴幼儿等驾驶或者乘坐的机动车也可以使用无障碍停车位

无障碍停车位应当优先供肢体残疾人驾驶或者乘坐的机动车使用，但是在无障碍停车位充足的情况下，其他行动不便的残疾人、老年人、孕妇、婴幼儿等驾驶或者乘坐的机动车也可以使用，保证资源的有效利用。

无障碍停车位充足是指无障碍停车位暂时没有被肢体残疾人驾驶或者乘坐的机动车使用。如果肢体残疾人驾驶或者乘坐的机动车需要使用无障碍车位，应当优先保障。

本条虽然未规定其他行动不便的残疾人、老年人、孕妇、婴幼儿等驾驶或者乘坐的机动车使用无障碍停车位时，应当放置相关证件，但为了避免争议，当这些车辆占用无障碍停车位时，宜设置必要的说明和联系方式，便于停车场管理人与其联系，确保肢体残疾人驾驶或者乘坐的机动车能够优先使用该停车位。

第二十五条 新投入运营的民用航空器、客运列车、客运船舶、公共汽电车、城市轨道交通车辆等公共交通运输工具，应当确保一定比例符合无障碍标准。

既有公共交通运输工具具备改造条件的，应当进行无障碍改造，逐步符合无障碍标准的要求；不具备改造条件的，公共交通运输工具的运营单位应当采取必要的替代性措施。

县级以上地方人民政府根据当地情况，逐步建立城市无障碍公交导乘系统，规划配置适量的无障碍出租汽车。

◆ **释义**

本条是关于公共交通运输工具无障碍要求的规定。

一、关于公共交通运输工具的无障碍要求

无障碍出行作为无障碍环境建设的重要内容和目标之一，是保障残疾人、老年人等群体平等、充分和便捷参与和融入社会生活的重要前提和基础。要满足残疾人、老年人等群体的无障碍出行需求，具体到交通运输领域，不仅要加强道路、机场、码头、客运站等无障碍交通基础设施的建设和改造，还要积极推进交通运输装备尤其是公共交通运输工具的升级和改造。对此，本条第一款、第二款分别对新投入运营的公共交通运输工具的无障碍化和既有公共交通运输工具的无障碍化改造作出了相应规定。

（一）对新投入运营的公共交通运输工具的无障碍要求

搭乘公共交通运输工具是残疾人、老年人群体最主要的出行方式，因此，早在2008年修订后的《残疾人保障法》中就明确规定，公共交通工具应当逐步达到无障碍设施的要求。此后，相关行政法规、地方性法规、规章以及国家政策文件等，不断强化对公共交通运输工具的无障碍要求。《无障碍环境建设条例》第十五条规定：“民用航空器、客运列车、客运船舶、公共汽车、城市轨道交通车辆等公共交通工具应当逐步达到无障碍设施的要求。有关主管部门应当制定公共交通工具的无障碍技术标准并确定达标期限。”《国务院关于印发“十四五”残疾人保障和发展规划的通知》在“无障碍重点项目”中提出，民用航空器、客运列车、客运船舶、公共汽车电车、城市轨道交通车辆等公共交通工具逐步配备无障碍设备。本条首先在第一款对新投入运营的公共交通运输工具的无障碍要求作出规定。对于本款的理解，需要把握以下几个方面：一是本款规定的义务主体是民用航空器、客运列车、客运船舶、公共汽电车、城市轨道交通车辆等公共交通运输工具的运营单位，也就是说对于新投入运营的上述公共交通运输工具，运营单位应当确保符合无障碍标准的要达到一定比例；二是本款的适用对象是新投入运营的公共交通运输工具，而非既有的公共交通运输工具；三是本款并非要求所有新投入运营的公共交通运输工具均需符合无障碍标准，而是要求达到一定比例即可，考虑涉及的公共交通运输工具类型多样和地方的实际差异，不宜在法律中对“一定比例”作出统一规定，可由各部门、地方结合自身实际作出具体要求。

（二）对既有公共交通运输工具的无障碍要求

与无障碍设施改造的规定一致，除对新投入运营的公共交通运输工具的无障碍化作出规定外，本条第二款对不符合无障碍标准的既有公共交通运输工具的改造作出规定。同时，对豁免性要求也作了明确，即以是否具备改造条件为标准，对既有公共交通运输工具运营单位的义务作出明确规定：首先，对具备改造条件的既有公共交通运输工具，运营单位应当进行无障碍改造，使其逐步符合无障碍标准的要求；其次，对不具备改造条件的既有公共交通运输工具，如受限于交通运输工具的空间设计，无法进行改造的，运营单位可不进行无障碍改造，但应当采取必要的替代性措施，使其也能满足残疾人、老年人等群体无障碍搭乘的需求。

二、关于建立无障碍公交导乘系统和配置无障碍出租汽车

无障碍公交导乘系统是便利残疾人、老年人群体无障碍搭乘公交出行的系统，既包括实体无障碍导乘板，方便使用轮椅的残疾人、老年人上下车，也包括智能化的无障碍导乘应用程序。《北京市无障碍环境建设条例》明确规定，“本市逐步建立无障碍公交导乘系统，方便听力、视力障碍者出行和换乘公交”。在《无障碍环境建设法（草案）》征求意见的过程中，有的地方和残疾人代表也提出在草案中增加建立无障碍公交导（助）乘系统规定的建议。结合上述规定和意见建议，本条第三款增加规定，县级以

上地方人民政府根据当地情况，逐步建立城市无障碍公交导乘系统。

出租汽车是城市公共客运交通的重要组成部分，是残疾人使用频率较高的一种公共交通运输工具，投入使用便于残疾人、老年人乘坐的出租汽车也是无障碍环境建设的重要方面。无障碍出租车优先服务对象包括残疾人、老年人、孕妇、病患者等行动不便需借助轮椅出行的特殊人群，收费标准与普通出租车一致。但是目前，由于出租汽车行业的市场化改革，加之无障碍出租车采购成本高、耗油量偏大等原因，我国无障碍出租汽车推广应用力度不足。2018 年交通运输部等七部门发布的《关于进一步加强和改善老年人残疾人出行服务的实施意见》提出，要积极配合财政等部门，对运营企业更新无障碍出租车辆等给予资金支持。此外，部分地方性法规对无障碍出租汽车的配备也提出明确要求，如《北京市无障碍环境建设条例》规定，出租汽车经营者应当配置一定比例的供使用轮椅乘客乘坐的无障碍车辆，并为残疾人、老年人等社会成员预约使用提供便利。结合上述规定，本条第三款规定，县级以上地方人民政府根据当地情况，规划配置适量的无障碍出租汽车。

第二十六条　无障碍设施所有权人或者管理人应当对无障碍设施履行以下维护和管理责任，保障无障碍设施功能正常和使用安全：

（一）对损坏的无障碍设施和标识进行维修或者替换；

（二）对需改造的无障碍设施进行改造；

（三）纠正占用无障碍设施的行为；

（四）进行其他必要的维护和保养。

所有权人、管理人和使用人之间有约定的，由约定的责任人负责维护和管理。

◆ 释义

本条是关于无障碍设施维护和管理的规定。

一、关于维护和管理责任主体的确定

无障碍设施功能的持续发挥依赖于无障碍设施投入使用后的有效维护和管理。对此，2008 年修改的《残疾人保障法》第五十三条第四款规定："对无障碍设施应当及时维修和保护。"2012 年国务院制定的《无障碍环境建设条例》第十七条明确规定："无障碍设施的所有权人和管理人，应当对无障碍设施进行保护，有损毁或者故障及时进行维修，确保无障碍设施正常使用。"但在实践中，无障碍设施"重建设轻维护""重建设轻管理"问题仍然十分严重，因维护和管理不到位，有的无障碍通道、盲道长期被占用，有的无障碍卫生间不对外开放使用，有的无障碍设施年久失修，有的无障碍设施被人为毁坏，等等。上述情形不仅造成无障碍设施的功能不能得到有效发挥，而且会造成严重安全隐患，可能会危及残疾人、老年人等社会成员的生命健康。2021 年 9 月 8 日，住房和城乡建设部发布的强制性国家标准《建筑与市政工程无障碍通用规范》，对无障碍设施维护提出明确要求：维护责任人应定期对无障碍设施进行检查，确保其符合安全性、功能性和系统性要求；对安全性、功能性或系统性缺损的无障碍设施，维护责任人应及时进行维护，保证其正常使用；涉及人身安全的无障碍设施，因突发性事件引起功能缺损或因雨雪等原因造成防滑性能下降，维护责任人应采取应急维护措施。本条结合上述条例、标准的有关规定，对无障碍设施的维护和管理责任作出进一步细化和明确。明确责任主体是确保维护和管理责任能够落实到位的前提和基础，根据本条规定，无障碍设施维护和管理责任原则上由无障碍设施所有权人或者管理人承担，但同时应尊重当事人之间的意思自治，即如果所有权人、管理人和使用人之间对维护和管理责任另有约定的，则由约定的责任人负责维护和管理。

二、关于维护和管理的要求和内容

确保无障碍设施的正常使用是对无障碍设施进行维护和管理的最直接目的，因此草案最初规定："无障碍设施所有权人或者管理应当对无障碍设施进行维护和管理，保障无障碍设施正常使用。"《建筑与市政工程无障碍通用规范》对无障碍设施的维护和管理，提出了更高的要求，强调对无障碍设施进行维护和管理要达到“确保无障碍设施符合安全性、功能性和系统性要求”。在无障碍环境建设法草案审议过程中，有的常委会组成人员提出，对于维护和管理条款，应当在现有规定基础上，进一步明确对无障碍设施的安全性要求，强化无障碍设施所有权人、管理人保障无障碍设施安全运行的职责。结合上述规定和常委会组成人员意见，本条第一款将无障碍设施维护和管理的要求从“保障无障碍设施正常使用”修改为“保障无障碍设施功能正常和使用安全”。

关于维护和管理职责的具体内容，除《无障碍环境建设条例》《建筑与市政工程无障碍通用规范》作出规定外，部分地方性法规也提出了明确要求。如《北京市无障碍环境建设条例》第十四条第一款规定：“无障碍设施管理责任人应当加强对无障碍设施的日常巡查，履行下列维护管理责任，确保无障碍设施正常使用：（一）设置符合国家标准的无障碍标识，保证标识位置醒目、内容清晰、规范，指明无障碍设施的走向以及具体位置；（二）定期对无障碍设施进行维护和保养；（三）发现无障碍设施、标识损毁、损坏的，及时维修；（四）发现无障碍设施被占用的，及时纠正；（五）对确需改造的无障碍设施，履行改造责任。”结合上述规定，本条第一款除明确维护和管理的总体要求外，还对具体的维护和管理职责作了列举，主要包括：（1）对损坏的无障碍设施和标识进行维修或者替换；（2）对需改造的无障碍设施进行改造；（3）纠正占用无障碍设施的行为；（4）进行其他必要的维护和保养。同时，本法第六十五条对不履行维护和管理职责的行为规定了法律责任，即由住房和城乡建设、民政、交通运输等相关主管部门责令限期改正；逾期未改正的，对单位处一万元以上三万元以下罚款，对个人处一百元以上五百元以下罚款。

第二十七条　因特殊情况设置的临时无障碍设施，应当符合无障碍设施工程建设标准。

◆ 释义

本条是关于临时无障碍设施设置要求的规定。

临时设施本来是指工程施工过程中为保证施工和管理的正常进行而临时搭建的各种建筑物、构筑物和其他设施。但如今临时设施的范围早已超出工程建设领域，与永久性设施相比，临时设施一般是指在一段时间内被公众广泛使用或者必需的设施，包括但不限于临时看台、临时教室、临时健康检查设施、临时应急住房等。因既有设施不具备改造条件或者举办大型活动、发生紧急突发情况等，设置临时无障碍设施作为替代性或者应急性措施，能够在一定程度上满足残疾人、老年人群体的无障碍需求，也是国际上的通行做法。例如，据报道，香港港铁公司致力于为乘客提供无障碍通道，方便乘客进出所有车站、乘坐列车及巴士，大部分车站已装设了升降机，由于部分轮椅使用者在车站上下楼梯会有困难，在未提供升降机或者轮椅通道前，香港港铁公司安装了轮椅辅助车及轮椅升降台作为临时设施，供残疾人、老年人群体使用。北京冬残奥会为满足各国残疾人运动员、观众的无障碍参赛、观赛需求，除在五个竞赛场馆和三个冬残奥村建设了大量永久性无障碍设施外，还积极推进场馆临时无障碍设施建设，设置了许多临时无障碍电梯、临时无障碍卫生间、临时轮椅坡道等临时无障碍设施，并注意做好临时无障碍设施与永久设施的衔接。

临时无障碍设施在一定时间内会供残疾人、老年人群体广泛使用，对其质量和安全性同样要严格要求，以保证残疾人、老年人群体能够正常安全地使用。但目前，我国对临时无障碍设施的设计、施工、验收等缺乏统一规范，导致部分临时无障碍设施的质量和安全性难以得到保障。针对上述情况，本条专门规定，因特殊情况设置的临时无障碍设施，应当符合无障碍设施工程建设标准。根据本条的规定，与永久性无障碍设施同样，建设临时无障碍设施也要按照《建筑与市政工程无障碍通用规范》等无障碍设施工程建设标准的要求，进行设计、施工和验收，而不能因为是临时无障碍设施，对其质量和安全性降低要求。同时，本法第六十五条还对违反本条规定的行为明确了法律责任，即由住房和城乡建设、民政、交通运输等相关主管部门责令限期改正；逾期未改正的，对单位处一万元以上三万元以下罚款，对个人处一百元以上五百元以下罚款。

第二十八条　任何单位和个人不得擅自改变无障碍设施的用途或者非法占用、损坏无障碍设施。

因特殊情况临时占用无障碍设施的，应当公告并设置护栏、警示标志或者信号设施，同时采取必要的替代性措施。临时占用期满，应当及时恢复原状。

◆ 释义

本条是关于禁止擅自改变无障碍设施的用途或者非法占用、损坏无障碍设施，以及临时占用无障碍设施的要求的规定。

一、禁止擅自改变无障碍设施的用途或者非法占用、损坏无障碍设施

长期以来，无障碍设施被滥用、占用、损坏以及闲置的问题较为突出，如部分地区人行道、交通枢纽车站出入口等区域存在乱设摊、乱占道等现象，造成盲道等无障碍设施无法正常使用；部分大型商场和公共场所人为设置路障，导致盲人、轮椅等难以便利、安全地进出；一些无障碍卫生间被长期锁闭或者被用作杂物间等。上述行为造成部分无障碍设施形同虚设，严重侵害了残疾人、老年人等群体的合法权益。我国部分地方性法规、政府规章对上述行为作了明确的禁止性规定，如《北京市无障碍环境建设条例》第十九条第一款规定："任何单位、个人不得损毁、侵占或者擅自停止使用道路、公共建筑、居住建筑和居住区内的无障碍设施。"《深圳经济特区无障碍城市建设条例》第三十条第一款规定："任何单位和个人不得损坏、侵占无障碍设施或者改变无障碍设施用途。"因此，本条第一款明确规定，任何单位和个人不得擅自改变无障碍设施的用途或者非法占用、损坏无障碍设施。同时，本法第六十五条对违反本款规定的法律责任作出明确规定，即由住房和城乡建设、民政、交通运输等相关主管部门责令限期改正；逾期未改正的，对单位处一万元以上三万元以下罚款，对个人处一百元以上五百元以下罚款。

二、关于临时占用无障碍设施的要求

实践中，因进行工程建设或者开展社会公益活动等，确实可能存在需要临时占用道路、公共服务设施的情形。我国有关法律对临时占用的条件和程序等也作了相应规定，如《道路交通安全法》第三十二条第一款规定："因工程建设需要占用、挖掘道路，或者跨越、穿越道路架设、增设管线设施，应当事先征得道路主管部门的同意；影响交通安全的，还应当征得公安机关交通管理部门的同意。"《体育法》第八十七条第二款规定："因特殊需要临时占用公共体育场地设施超过十日的，应当经本级人民政府体育行政部门同意；超过三个月的，应当报上一级人民政府体育行政部门批准。"但需要明确的是，即使经批准需要临时占用道路、公共服务设施的，也应避免占用上述道路、公共服务设施中的无障碍设施。

对于确实需要临时占用无障碍设施的，工程建设单位等相关主体应当采取相应安全及替代性措施，以保障残疾人、老年人的安全，尽量减少对残疾人、老年人正常生活和出行的影响。对此，我国部分地方性法规、政府规章作出了明确规定，例如《北京市无障碍环境建设条例》第十九条第二款规定："……确需占用的，应当设置护栏、警示标志或者语音提示，并采取必要的替代措施。临时占用期届满，占用单位应当及时恢复无障碍设施功能原状。"《深圳经济特区无障碍城市建设条例》第三十条第二款、第三款规定："因城市建设或者社会公益活动需要临时占用无障碍设施的，应当及时设置防护栏，在明显位置设置警示标识或者信号设施，并采取必要的替代措施。临时占用期满，应当及时恢复无障碍设施的使用。"《重庆市无障碍环境建设与管理规定》第二十条第二款规定："……因城市建设等特殊情况需要临时占用无障碍设施的，应当依法办理相关手续，设置防护装置和警示标志，采取必要的替代措施。临时占用期满，应当及时恢复无障碍设施。"结合上述规定，本条第二款对临时占用无障碍设施时应采取的措施以及期满后的处理措施作了明确。其中，占用时应采取的措施包括：（1）公告。要求临时占用无障碍设施的，应当对占用原因、期限等进行公示，使残疾人、老年人群体提前了解和掌握相关情况，合理规划临时占用期间的出行路线等。（2）设置护栏、警示标志或者信号设施。通过采取上述安全防护和提示措施，保证残疾人、老年人群体的人身安全。（3）采取必要的替代性措施。以保证在临时占用期间满足残疾人、老年人群体的无障碍出行等需求。对占用期满后的处理，本条第二款明确规定，临时占用期满，应当及时恢复原状。

第三章　无障碍信息交流

第二十九条　各级人民政府及其有关部门应当为残疾人、老年人获取公共信息提供便利；发布涉及自然灾害、事故灾难、公共卫生事件、社会安全事件等突发事件信息时，条件具备的同步采取语音、大字、盲文、手语等无障碍信息交流方式。

◆ **释义**

本条是关于政府及其有关部门应当履行无障碍信息交流义务的规定。

一、关于为残疾人、老年人获取公共信息提供便利

随着我国经济社会快速发展与信息技术的广泛运用，残疾人、老年人等群体在一定程度上面临着“数字鸿沟”的新问题。因此，无障碍环境建设具有较强的时代性，其内容早已超出传统无障碍设施建设的范畴，成为涉及多个领域的综合性、系统性工程，既包括无障碍设施等“硬件”的建设，也包括无障碍信息交流、无障碍社会服务等“软件”的供给。特别是在信息化时代，如何实现残疾人、老年人等群体的有效参与、自主交流，成为无障碍环境建设的新命题。

根据本法第三条的规定，政府及其有关部门在无障碍环境建设中应当发挥主导作用，同样，在无障碍信息交流领域，也应当首先明确政府及其有关部门的责任和义务。例如，《残疾人保障法》第五十四条第二款明确规定：“各级人民政府和有关部门应当采取措施，为残疾人获取公共信息提供便利。”

一般而言，公共信息是指政府及其有关部门、公共企业事业单位等在履职或者生产经营活动中制作或获取的，以一定形式记录、保存的非涉密文件、数据、图像、音频、视频等各类信息。政府及其有关部门提供公共信息服务，不仅有利于保障残疾人、老年人的知情权，方便其获取和交流信息，使用信息为生产、生活服务，而且有利于提高政府工作的透明度，实现建设法治政府和服务型政府的目标。对此，2019 年修订的《政府信息公开条例》规定，各级人民政府及县级以上人民政府部门应当建立健全本行政机关的政府信息公开工作制度，并指定机构负责本行政机关政府信息公开的日常工作；行政机关公开政府信息，应当坚持以公开为常态、不公开为例外，遵循公正、公平、合法、便民的原则。同时，该条例对应当主动公开的信息范围作出明确，即对涉及公众利益调整、需要公众广泛知晓或者需要公众参与决策的政府信息，行政机关应当主动公开，包括：(1) 行政法规、规章和规范性文件；(2) 机关职能、机构设置、办公地址、办公时间、联系方式、负责人姓名；(3) 国民经济和社会发展规划、专项规划、区域规划及相关政策；(4) 国民经济和社会发展统计信息；(5) 办理行政许可和其他对外管理服务事项的依据、条件、程序以及办理结果；(6) 实施行政处罚、行政强制的依据、条件、程序以及本行政机关认为具有一定社会影响的行政处罚决定；(7) 财政预算、决算信息；(8) 行政事业性收费项目及其依据、标准；(9) 政府集中采购项目的目录、标准及实施情况；(10) 重大建设项目的批准和实施情况；(11) 扶贫、教育、医疗、社会保障、促进就业等方面的政策、措施及其实施情况；(12) 突发公共事件的应急预案、预警信息及应对情况；(13) 环境保护、公共卫生、安全生产、食品药品、产品质量的监督检查情况；(14) 公务员招考的职位、名额、报考条件等事项以及录用结果；(15) 法律、法规、规章和国家有关规定规定应当主动公开的其他政府信息。此外，该条例还对信息公开的途径、便民化措施等作出较为详细的规定：一是行政机关应当建立健全政府信息发布机制，将主动公开的政府信息通过政府公报、政府网站或者其他互联网政务媒体、新闻发布会以及报刊、广播、电视等途径予以公开。二是各级人民政府应当加强依托政府门户网站公开政府信息的工作，利用统一的政府信息公开平台集中发布主动公开的政府信息；政府信息公开平台应当具备信息检索、查阅、下载等功能。三是各级人民政府应当在国家档案馆、公共图书馆、政务服务场所设置政府信息查阅场所，并配备相应的设施、设备，为公民、法人和其他组织获取政府信息提供便利；行政机关可以根据需要设立公共查阅室、资料索取点、信息公告栏、电子信息屏等场所、设施，公开政府信息；行政机关应当及时向国家档案馆、公共图书馆提供主动公开的政府信息。因此，在上述规定基础上，为更好地满足残疾人、老年人在获取公共信息方面的现实需求，本条专门要求各级人民政府及其有关部门应当为残疾人、老年人获取公共信息提供便利。

二、发布突发事件信息同步采取无障碍信息交流方式

突发事件是指突然发生，造成或者可能造成严重社会危害，需要采取应急处置措施予以应对的自然灾害、事故灾难、公共卫生事件和社会安全事件。政府及其有关部门及时向包括残疾人、老年人群体在内的社会公众，发布突发事件的基本情况、影响范围、应急措施等信息，有利于社会公众了解和知晓突发事件的有关情况，及时采取有效的应对措施，保护自身生命财产安全。例如，《北京市突发事件总体应急预案（2021 年修订）》规定，突发事件发生后，相关区政府和市级处置主责部门要快速反应、及时发声，遇有重大突发事件要第一时间通过权威媒体向社会发布简要信息，最迟应在五小时内发布，随后发布初步核实情况、政府应对措施和公众防范措施等，并根据事件处置情况做好后续发布工作。上述突发事件与残疾人、老年人的人身健康、生命财产安全密切相关，但由于残疾人、老年人自身身体的局限性，可能难以通过正常途径和方式有效获知相关突发事件信息，需要根据各类残疾人、老年人具体情况，对发布方式作出更具针对性的规定。对此，我国有关行政法规和部分地方性法规作出了明确规定。例如，《无障碍环境建设条例》第十九条规定："县级以上人民政府及其有关部门发布重要政府信息和与残疾人相关的信息，应当创造条件为残疾人提供语音和文字提示等信息交流服务。"《北京市无障碍环境建设条例》第二十三条第二款规定："政府通过视频方式发布涉及自然灾害、事故灾难、公共卫生事件等突发事件信息的，应当同时采取实时字幕、手语等无障碍方式。"因此，综合上述规定，本条除原则性要求政府及其有关部门为残疾人、老年人获取公共信息提供便利外，还专门强调，政府及其有关部门在发布涉及自然灾害、事故灾难、公共卫生事件、社会安全事件等突发事件信息时，条件具备的，应当同步以语音、大字、盲文、手语等形式发布。

第三十条　利用财政资金设立的电视台应当在播出电视节目时配备同步字幕，条件具备的每天至少播放一次配播手语的新闻节目，并逐步扩大配播手语的节目范围。

国家鼓励公开出版发行的影视类录像制品、网络视频节目加配字幕、手语或者口述音轨。

◆ 释义

本条是关于电视台的无障碍信息交流义务以及鼓励影视类录像制品、网络视频节目具备无障碍功能的规定。

一、关于利用财政资金设立的电视台的无障碍信息交流义务

长期以来，传统电视媒体在发挥信息传递、营造舆论氛围、助推政策落实和反映民情民声等方面发挥着十分重要的作用。各类电视节目尤其是新闻节目，在国内国际重大事件、民生发展、展示社会建设成果等方面的报道中，以其权威客观、剖析深入、声形并茂、入情入理等优势，成为包括残疾人、老年人群体在内的广大人民群众喜闻乐见的信息载体形式，也是残疾人、老年人等社会成员获取信息的重要渠道。根据相关数据，在2019 年对全国 71 个大中城市电视台的收视人群调查中，65 岁以上群体占21.8%，且近三年来占比基本保持稳定；听力障碍群体也习惯于通过电视媒体获取信息。为切实保障残疾人权益，使其更好地参与和融入社会生活，早在 1990 年 12 月 28 日公布的《残疾人保障法》中就规定，国家和社会要采取“开办电视手语节目，在部分影视作品中增加字幕、解说”等措施，丰富残疾人的精神文化生活。2008 年修订的《残疾人保障法》进一步要求政府和社会“开办电视手语节目，开办残疾人专题广播栏目，推进电视栏目、影视作品加配字幕、解说”。2012 年国务院出台的《无障碍环境建设条例》第二十一条第一款明确规定：“设区的市级以上人民政府设立的电视台应当创造条件，在播出电视节目时配备字幕，每周播放至少一次配播手语的新闻节目。”

在上述法律、行政法规的推动下，近年来，我国电视媒体在无障碍信

息交流方面取得了显著的成绩：一是电视字幕形式多元化，信息量逐渐丰富。电视传播的文字信息主要以字幕形式体现，各级电视台所播栏目呈现多种字幕形式，位置也越来越规范，如标题字幕、片头片尾字幕、解说字幕、滚动字幕、介绍性字幕等。二是手语栏目日益增多。据统计，2010 年省级、地市级电视手语栏目分别为 29 个、161 个；2020 年分别增加至 34 个、267 个。同时，为进一步满足残疾人、老年人群体通过电视媒介获取信息的需求，2020 年 1 月 2 日国家广播电视总局印发的《关于加强广播电视公共服务体系建设的指导意见》提出，推动全国上星电视频道全时段加配同步字幕，实现重点新闻节目手语同步播出。2021 年 7 月 8 日国务院印发的《“十四五”残疾人保障和发展规划》在“残疾人文化、体育服务重点项目”中提出，为盲人提供无障碍电影电视剧等产品和服务；鼓励电影院线、有线电视提供无障碍影视服务；鼓励有条件的省市级电视台开播国家通用手语或实时字幕栏目。2021 年 10 月中国残疾人联合会、国家广播电视总局等部门联合制定的《无障碍环境建设“十四五”实施方案》提出，鼓励电视台在播出电视节目时配备同步字幕或手语，并逐步扩大配播手语的节目范围。

《无障碍环境建设法（草案）》提请常委会初次审议后，在对外征求意见和地方调研过程中，有的单位和社会公众提出，应当将提供无障碍信息交流的电视台的范围从“设区的市级以上人民政府设立的电视台”扩大至“县级以上人民政府设立的电视台”；有的单位和地方提出，要求所有的电视台“每天播放至少一次配播手语的新闻节目”，现阶段还难以做到，建议增加条件要求，以增强条文的可操作性。结合上述规定和意见建议，本条第一款对草案进行了如下修改：一是扩大了义务主体的范围，从“设区的市级以上人民政府设立的电视台”到“利用财政资金设立的电视台”；二是对配播手语节目的电视台增加了条件要求，从“每天播放至少一次配播手语的新闻节目”到“条件具备的每天至少播放一次配播手语的新闻节目”。

本条第一款对电视台规定了三个方面的义务：一是为节目配备同步字幕的义务，这是针对所有利用财政资金设立的电视台，要求其播出的电视节目是配备同步字幕的节目；二是播放配播手语节目的义务，这是针对具备条件的利用财政资金设立的电视台，要求其每天至少播放一次配播手语的新闻节目；三是逐步扩大配播手语节目范围的义务。需要说明的是，本条第一款对“利用财政资金设立的电视台”和“条件具备的”的标准未作规定，主要是考虑到各地差异较大，难以统一要求，宜由国家广播电视总局等相关主管部门在配套规定中予以明确和细化。

二、关于鼓励影视类录像制品、网络视频节目具备无障碍功能

除传统电视媒体外，各类影视制品、网络视频节目也日益成为残疾人、老年人等群体丰富文化生活，获取信息的重要媒介。对此，为进一步满足残疾人、老年人等群体无障碍信息交流的需求，2021 年 7 月国务院印发的《“十四五”残疾人保障和发展规划》在“残疾人文化、体育服务重点项目”中提出，为盲人提供无障碍电影电视剧等产品和服务；鼓励影视作品、网络视频加配字幕；加强残疾人融媒体平台建设，依托网络视听媒体开设残疾人文化宣传专题节目。2021 年 10 月中国残疾人联合会、国家广播电视总局等部门联合制定的《无障碍环境建设“十四五”实施方案》中提出，公开出版发行的影视类音像制品应当逐步增加可供选择的无障碍功能。结合上述规定，本条第二款规定，国家鼓励公开出版发行的影视类录像制品、网络视频节目加配字幕、手语或者口述音轨。其中，加配字幕、手语主要是为保障听力障碍群体能够获取文字等信息，从而理解人物对白；加配口述音轨功能是通过增加声音讲述的形式，保障视力障碍群体能够在头脑中形成图像或者画面信息内容，避免其只能听到人物对白而感受不到画面、场景等布置和变化。

第三十一条　国家鼓励公开出版发行的图书、报刊配备有声、大字、盲文、电子等无障碍格式版本，方便残疾人、老年人阅读。

国家鼓励教材编写、出版单位根据不同教育阶段实际，编写、出版盲文版、低视力版教学用书，满足盲人和其他有视力障碍的学生的学习需求。

◆ **释义**

本条是关于鼓励出版发行无障碍格式版本的图书、报刊、教学用书的规定。

一、国家鼓励出版无障碍格式版本的图书、报刊

阅读是获取知识、增长智慧的重要方式，是传承文明、提高国民素质的重要途径。深入推进全民阅读，对加强社会主义精神文明建设、促进社会进步具有重要意义。习近平总书记指出，希望全社会都参与到阅读中来，形成爱读书、读好书、善读书的浓厚氛围。党的二十大报告强调，“深化全民阅读活动”，“建设全民终身学习的学习型社会、学习型大国”。对于残疾人、老年人等有无障碍需求的群体来说，提供充足的无障碍格式版本的图书、报刊、教学用书，是保障他们平等阅读图书、接受教育、参与文化生活、共享文明成果的重要基础和条件。实践中，常见的无障碍格式版本包括文字作品的有声版、大字版、盲文版、电子版、明盲对照读物、视听作品的解说音频版等。加大无障碍格式版本的供给力度，是深化全民阅读、建设学习型大国的重要举措。世界知识产权组织的数据显示，每年，全世界都有数以百万计的图书出版，而其中仅有1%~7%的图书能够为世界上3.14亿盲人和视力障碍者所获得，他们中的90%属于发展中国家的低收入阶层。目前，我国也面临无障碍格式版本读物依然紧缺、供不应求的问题，难以满足广大残疾人、老年人的阅读需求。

我国一直高度重视保障视力残疾人等阅读障碍者平等欣赏作品和接受教育的权利，不断加大出版无障碍格式版本的政策支持力度。1991年施行的《著作权法》规定，将已经发表的作品改成盲文出版，可以不经著作权人许可，不向其支付报酬。2020年10月，中央宣传部印发《关于促进全民阅读工作的意见》，强调保障特殊群体基本阅读权益，支持为阅读障碍者提供盲文出版物、大字出版物、有声读物等，并逐步改善阅读条件。2020年11月，《著作权法》完成第三次修改，修改后的《著作权法》将合理使用情形扩展到“以阅读障碍者能够感知的无障碍方式向其提供已经发表的作品”。2021年10月23日，全国人大常委会表决通过，批准《关于为盲人、

视力障碍者或其他印刷品阅读障碍者获得已出版作品提供便利的马拉喀什条约》（以下简称《马拉喀什条约》）。2022 年 2 月 5 日，我国向世界知识产权组织交存了《马拉喀什条约》批准书。2022 年 5 月 5 日，《马拉喀什条约》对中国正式生效。2022 年 8 月 1 日，国家版权局印发《以无障碍方式向阅读障碍者提供作品暂行规定》，主要依据《著作权法》和《马拉喀什条约》，对以无障碍方式向阅读障碍者提供作品相关重要概念、规则要求、主体资质、合规监管作出规定，为制作、提供无障碍格式版提供具体指引。该暂行规定明确阅读障碍者包括视力残疾人以及由于视觉缺陷、知觉障碍、肢体残疾等原因无法正常阅读的人；明确无障碍格式版是指采用替代方式或形式，让阅读障碍者能够感知并有效使用的作品版本；明确将已经发表的作品制作成无障碍格式版并向阅读障碍者提供，可以不经著作权人许可，不向其支付报酬，但应当遵守相关要求。

通过立法鼓励出版发行无障碍格式版本的图书、报刊，可以提示市场主体关注多样化的阅读需求，引导市场积极开发无障碍格式版本，为视力障碍人群提供便利的同时，也丰富了普通用户的阅读场景。随着人口老龄化程度持续加深，由于衰老而导致视力减损的老年人规模会不断增加，对有声、大字等无障碍格式版本的需求会持续增加。当前数字技术快速发展，有声、电子等无障碍格式版本的供给力度持续加强。中国音像与数字出版协会发布的《2022 年度中国数字阅读报告》显示，2022 年中国数字阅读用户达 5. 3 亿，数字阅读平台上架有声阅读作品总量 1518. 62 万部。数字阅读具有便利性、通用性，以电子书、有声读物等为代表的数字阅读已成为人们获取知识、信息的重要方式。因此，本法规定鼓励公开出版发行的图书、报刊配备有声、大字、盲文、电子等无障碍格式版本，不仅方便残疾人、老年人阅读，而且让所有人受益。

二、国家鼓励编写、出版盲文版、低视力版教学用书

由于盲文出版流程复杂烦琐、耗时长、技术滞后、发行渠道单一，现有盲文出版物不能充分满足盲人读者多样化的阅读需求，尤其是相对比较重要的盲文版、低视力版教学用书来说，各学校不完全具备制作无障碍格式教学用书的专业人员、技能与设备，各阶段各学科各专业各类型的无障

碍格式教学用书都还远不能实现全覆盖。根据第二次全国残疾人抽样调查数据推算，我国视力残疾人约有1700万人，其中三级和四级的视力残疾人属于低视力，占视力残疾人的65%以上。大字版或低视力版是低视力残疾人学习就业和精神文化生活的迫切需求，是低视力残疾人学习知识和接收信息的有效工具，也是发达国家普遍提供的公益性出版服务，对于低视力在校学生来说尤其重要。随着融合教育的发展，越来越多的低视力学生融入普通学校接受教育，提供低视力版教学用书有助于低视力学生享有公平而有质量的教育。但目前大字版教学用书面临范围不大、涉及学科不多、使用率不高等问题。盲文版教学用书对于盲人学生接受教育来说必不可少。但盲文版教学用书的出版单位比较单一，盲校教学用书资料的制作尚未形成规范、标准的制作体系，各地盲校尚处于探索阶段，制作质量也参差不齐，教学用书版本不统一的问题比较突出。高等教育阶段没有专门的出版机构供应教学用书，长期缺乏无障碍格式版本的教学用书材料，教学面临很大的难题。随着大力实施科教兴国战略，为办好人民满意的教育，保障盲人和其他有视力障碍学生的教育质量，编写、出版盲文版、低视力版教学用书是重要的基础性工作。本法审议的过程中，有的常委委员、全国人大代表和单位提出，应当鼓励编写、出版盲文版、低视力版教学用书，满足有视力障碍学生的学习需求。宪法和法律委员会经研究，采纳了上述意见。因此，本条规定国家鼓励教材编写、出版单位根据不同教育阶段实际，编写、出版盲文版、低视力版教学用书，满足盲人和其他有视力障碍的学生的学习需求。

第三十二条 利用财政资金建立的互联网网站、服务平台、移动互联网应用程序，应当逐步符合无障碍网站设计标准和国家信息无障碍标准。

国家鼓励新闻资讯、社交通讯、生活购物、医疗健康、金融服务、学习教育、交通出行等领域的互联网网站、移动互联网应用程序，逐步符合无障碍网站设计标准和国家信息无障碍标准。

国家鼓励地图导航定位产品逐步完善无障碍设施的标识和无障碍出行路线导航功能。

◆ **释义**

本条是关于对利用财政资金建立的互联网网站、服务平台、移动互联网应用程序的无障碍要求，以及对其他互联网网站、移动互联网应用程序和地图导航定位产品的鼓励性规定。

随着大数据、云计算、物联网和人工智能等信息技术的迅猛发展，日新月异的科技创新成果为人们带来更加智能、便捷的信息交流方式的同时，“数字鸿沟”问题也成为广受关注的社会问题。残疾人、老年人等群体由于身体机能缺陷、信息技能水平不高、互联网应用适配不足等原因，难以跟上信息技术发展步伐，成为存在信息交流障碍的主要群体。如何帮助残疾人、老年人等群体突破信息壁垒，保障其通过互联网网站、服务平台、移动互联网应用程序等参与学习、工作、社交等社会生活，成为无障碍信息交流所要解决的重点问题。

一、关于利用财政资金设立的互联网网站、服务平台、移动互联网应用程序的无障碍要求

利用财政资金设立的互联网网站、服务平台、移动互联网应用程序，通常承担一定的公共服务职能，与人民群众生活密切相关，一般具备信息发布、解读回应、办事服务、互动交流等功能。但是正如2020年12月工业和信息化部在发布的《互联网应用适老化及无障碍改造专项行动方案》中所描述的：“当前，我国公共服务类网站及移动互联网应用（APP）无障碍化普及率较低，适老化水平有待提升，多数存在界面交互复杂、操作不友好等问题，使得老年人不敢用、不会用、不能用；普遍存在图片缺乏文本描述、验证码操作困难、相关功能与设备不兼容等问题，使得残疾人等群体在使用互联网过程中遇到多种障碍，面临‘数字鸿沟’。”为着力解决上述问题，相关行政法规、政策文件等对上述网站、服务平台、移动互联网应用程序的无障碍化提出了明确要求。其中，2012年国务院出台的《无障碍环境建设条例》第二十三条规定：“残疾人组织的网站应当达到无障碍网站设计标准，设区的市级以上人民政府网站、政府公益活动网站，应当逐步达到无障碍网站设计标准。”2017年5月国务院办公厅发布的《政府网站

发展指引》提出，要围绕残疾人、老年人等特殊群体获取网站信息的需求，不断提升信息无障碍水平。2020 年工业和信息化部、中国残疾人联合会联合发布的《关于推进信息无障碍的指导意见》要求，加快提升各级政府门户网站、政务服务平台及网上办事大厅的信息无障碍服务能力，鼓励公共企业事业单位加入城市信息无障碍公共服务体系；鼓励从事公共服务的其他网站支持信息无障碍功能；丰富满足重点受益群体需求的移动互联网应用（APP）种类和功能，推进市政服务等领域移动互联网应用的无障碍改造。此外，我国还不断制定和完善网站无障碍设计和信息无障碍的国家标准、行业标准和团体标准，如《网页内容可访问性指南》《信息技术　互联网内容无障碍可访问性技术要求与测试方法》《网站设计无障碍技术要求》《信息无障碍　视障者互联网信息服务辅助系统技术要求》等，为无障碍网站、服务平台、移动互联网应用程序的建设以及无障碍化改造提供了技术规范支撑。2020 年以来，工业和信息化部陆续发布了《互联网应用适老化及无障碍改造专项行动方案》《互联网网站适老化通用设计规范》《移动互联网应用（APP）适老化通用设计规范》等政策文件，明确了互联网网站、移动互联网应用程序的改造标准。其中，对互联网网站，要求参照《互联网网站适老化通用设计规范》、国家标准《信息技术　互联网内容无障碍可访问性技术要求与测试方法》和行业标准《信息无障碍　身体机能差异人群网站设计无障碍评级测试方法》相关技术要求进行适老化及无障碍改造；对移动互联网应用（APP），要求参照《移动互联网应用（APP）适老化通用设计规范》和国家标准《信息技术　互联网内容无障碍可访问性技术要求与测试方法》相关技术要求进行适老化及无障碍改造。

在上述法规、政策和标准的推动下，我国互联网网站、服务平台和移动互联网应用的无障碍化取得了显著成果。其中，政务类网站、服务平台无障碍化建设普及率大幅提升。截至目前，已有 800 多个政府单位完成信息无障碍服务平台建设，实现无障碍功能的网站数量超过 3 万个。例如，北京市政府门户网站上线语音朗读、语音导航、页面放大等功能。公共服务类网站、服务平台、移动互联网应用程序的无障碍化水平显著提升，320 家网站通过适老化及无障碍水平评测，推出字体大小调整、语音阅读等功能，老年人使用网络的需求得到基本保障。例如，12306 网站上线一键拨打电话订票、语音识读等功能。结合上述规定，本条第一款对利用财政资金建立的互联网网站、服务平台、移动互联网应用程序的无障碍要求作出规定。需要说明的是，考虑到信息技术的快速迭代，上述网站、服务平台、移动互联网应用程序的无障碍建设和改造将是一个不断发展的过程，以及实践中各地存在较大差异，此处没有“一刀切”地严格要求上述网站、服务平台、移动互联网应用程序应当符合无障碍网站设计标准和国家信息无障碍标准，而是留下空间要求其“应当逐步符合”。此外，对于“利用财政资金建立的互联网网站、服务平台、移动互联网应用程序”的范围，也宜由国务院相关主管部门予以明确。

二、关于鼓励其他互联网网站、移动互联网应用程序，逐步符合无障碍要求

2020 年工业和信息化部、中国残疾人联合会联合发布的《关于推进信息无障碍的指导意见》，除对政府门户网站等提出明确要求外，还对与残疾人、老年人群体关系密切的互联网网站、移动互联网应用程序的无障碍建设和优化作了明确规定。其中，关于推进互联网网站无障碍建设，提出要引导新闻媒体、金融服务、电子商务等网站建设符合信息无障碍通用标准要求，鼓励从事公共服务的其他网站支持信息无障碍功能；关于推动移动互联网应用无障碍优化与研发，提出要推进新闻资讯、社交通讯、生活购物、金融服务、旅游出行、工作教育、市政服务、医疗健康等领域移动互联网应用的无障碍改造，引导企业利用最新标准和技术对移动互联网应用进行无障碍优化，将无障碍优化纳入产品日常维护流程。2020 年 12 月，工业和信息化部在全国范围内启动互联网应用适老化及无障碍改造专项行动，立足老年人使用习惯和需求，重点指导与老年人生活密切相关的互联网网站和移动互联网应用（APP）开展适老化及无障碍改造，围绕新闻媒体、交通出行、社交通讯、生活购物、搜索引擎、金融服务等高频事项场景实现重点突破，取得了积极成效。目前，国内互联网企业积极开展网站、移动应用程序的适老化及无障碍改造工作，近百款移动互联网应用程序推出了大字体、大图标、高对比度、功能界面简洁的长辈模式，实现一键操作、文本输入提示、语音朗读等多种辅助功能。例如：在新闻资讯方面，图文

场景下，今日头条、腾讯新闻关怀版推出语音阅读功能，帮助视障群体听资讯。在社交通讯方面，手机 QQ 无障碍功能全年超 6000 万人次使用，全年使用超过 1.6 亿次；微信重点围绕读屏软件的兼容性，按钮、标签可读性等功能优化改造。在生活购物方面，淘宝在优化购物主链路无障碍的同时，对大促会场等进行了无障碍优化；京东主要对首页、搜索、购物车等功能进行无障碍改造。在金融服务方面，各类银行 APP 主要对转账汇款、我的账户、登录等常用功能进行无障碍改造，还提供语音交互服务，帮助用户一句话办业务。在旅游出行方面，各类地图除常用功能无障碍改造外，增设了无障碍设施的展示，便于残疾人群体查找。结合上述规定和实践发展，本条第二款规定，国家鼓励新闻资讯、社交通讯、生活购物、医疗健康、金融服务、学习教育、交通出行等领域的互联网网站、移动互联网应用程序，逐步符合无障碍网站设计标准和国家信息无障碍标准。需要说明的是，本款规定的各类互联网网站、移动互联网应用程序如果是利用财政资金设立的，则不属于“国家鼓励”的范围，应适用第一款规定，其本身即负有逐步符合相关标准的义务。

三、关于鼓励地图导航定位产品具备无障碍功能

清楚了解无障碍设施的分布和具体位置、提前自主规划无障碍出行路线，是保障残疾人、老年人等群体无障碍出行的重要前提。近年来，为提供无障碍出行服务，我国部分地方、互联网地图服务提供者、有关社会组织等已开展了相关探索。例如，上海、广州、重庆等多个城市研发了城市无障碍地图 APP，汇集轨道交通、公交站点、公园、商场、剧院等场所的无障碍设施信息；天津开发了“融畅”无障碍导航系统，对全市范围的室内外无障碍设施进行标识和导航，为残疾人和行动不便的市民出行提供无障碍路径指向；自 2013 年高德地图推出导航语音包以来，百度地图语音导航、腾讯地图语音导航等手机导航软件相继研发并投入使用。2020 年工业和信息化部、中国残疾人联合会联合发布的《关于推进信息无障碍的指导意见》提出，要加快无障碍地图产品开发和人工智能技术的融合应用。2021 年 10 月中国残疾人联合会、工业和信息化部等部门联合制定的《无障碍环境建设“十四五”实施方案》再次提出，要加快无障碍地图应用。结

合上述实践发展和相关文件精神，本条第三款规定，国家鼓励地图导航定位产品逐步完善无障碍设施的标识和无障碍出行路线导航功能。

第三十三条 音视频以及多媒体设备、移动智能终端设备、电信终端设备制造者提供的产品，应当逐步具备语音、大字等无障碍功能。

银行、医院、城市轨道交通车站、民用运输机场航站区、客运站、客运码头、大型景区等的自助公共服务终端设备，应当具备语音、大字、盲文等无障碍功能。

◆ 释义

本条是关于硬件终端设备应当具备或逐步具备无障碍功能的规定。

一、移动智能终端设备、电信终端设备等产品供给应当逐步具备无障碍功能

信息无障碍是指通过信息化手段弥补身体机能、所处环境等存在的差异，使任何人（无论是健全人还是残疾人，无论是年轻人还是老年人）都能平等、方便、安全地获取、交互、使用信息。近年来，我国信息无障碍建设取得积极进展，但仍存在顶层设计欠缺、市场有效供给不足、产品服务质量不高、社会普遍认知不强等问题。随着我国互联网、大数据、人工智能等信息技术快速发展，移动智能终端设备、电信终端设备、自助公共服务终端设备等越来越普及，扩大信息无障碍终端产品供给是建设信息无障碍的重要内容。由于音视频以及多媒体设备、移动智能终端设备、电信终端设备制造者提供的产品多数是以健全人为对象，对残疾人、老年人等特殊群体之特殊需求考虑不周，使他们在信息查询、获取和使用方面存在一定障碍。以习近平新时代中国特色社会主义思想为指导，坚持以人民为中心的发展思想，聚焦老年人、残疾人等信息无障碍重点受益群体，增强产品服务供给，补齐信息普惠短板，才能保障特殊群体平等、充分、便捷地参与和融入社会生活，共享经济社会发展成果，切实增强人民群众的获得感、幸福感和安全感。

根据2020年工业和信息化部、中国残疾人联合会发布的《关于推进信息无障碍的指导意见》，到2025年年底，建立起较为完善的信息无障碍产品服务体系和标准体系。对于鼓励信息无障碍终端设备研发与无障碍化改造进一步规定，培育一批科技水平高、产品性价比优的信息无障碍终端设备制造商，推动现有终端设备无障碍改造、优化，支持开发残健融合型无障碍智能终端产品，鼓励研发生产可穿戴、便携式监测、居家养老监护等智能养老设备。加强移动智能终端设备、电信终端设备等产品无障碍功能研发是加强信息交流无障碍、弥合“数字鸿沟”的重要举措。

在硬件终端产品研发过程中，应注重科学技术的应用，引导音视频以及多媒体设备、移动智能终端设备、电信终端设备制造者提供的产品符合信息无障碍通用标准要求。2021年，国务院印发的《“十四五”残疾人保障和发展规划》提出要“支持研发生产科技水平高、性价比优的信息无障碍终端产品”。《残疾人保障法》也规定了“国家和社会研制、开发适合残疾人使用的信息交流技术和产品”。加强科学技术在硬件终端产品中的应用是信息无障碍的应有之义，有助于推进人工智能、5G、物联网、大数据、边缘计算、区块链等关键技术在信息无障碍领域的融合和科技成果转化，支持新兴技术在导盲、声控、肢体控制、图文识别、语音识别、语音合成等方面的实际应用。

同时，移动智能终端设备、电信终端设备等产品研发与改造还应注重与适老化改造相结合，这也是本法第四条的要求。根据2020年《国务院办公厅关于切实解决老年人运用智能技术困难的实施方案》对于扩大适老化智能终端产品供给的规定，推动手机等智能终端产品适老化改造，使其具备大屏幕、大字体、大音量、大电池容量、操作简单等更多方便老年人使用的特点。积极开发智能辅具、智能家居和健康监测、养老照护等智能化终端产品。发布智慧健康养老产品及服务推广目录，开展应用试点示范，按照适老化要求推动智能终端持续优化升级。建设智慧健康养老终端设备的标准及检测公共服务平台，提升适老产品设计、研发、检测、认证能力。2021年，《中共中央、国务院关于加强新时代老龄工作的意见》也作出规定，在鼓励推广新技术、新方式的同时，保留老年人熟悉的传统服务方式，加快推进老年人常用的互联网应用和移动终端、APP 应用适老化改造。

这里需要注意的是，由于音视频以及多媒体设备、移动智能终端设备、电信终端设备产品的无障碍功能研发、改造和适用需要一个过程，并非一蹴而就，因此本法在这里规定的是“逐步具备”，根据不同人群的无障碍需求，提供语音、大字等无障碍功能。

二、自助公共服务终端设备应当具备无障碍功能

党的二十大报告提出，健全基本公共服务体系，提高公共服务水平，增强均衡性和可及性。公共服务是政府的基本职能之一，一般由政府有关部门依照法定职权在其职责范围内自行提供服务，或者由政府依法实施特许经营，授权企业事业单位提供某些公共服务产品，政府予以监督和保障。为残疾人、老年人提供无障碍服务是政府有关部门、公共服务机构和有关单位的责任和义务。依据《残疾人保障法》的规定，公共服务机构和公共场所应当创造条件，为残疾人提供语音和文字提示、手语、盲文等信息交流服务，并提供优先服务和辅助性服务。《中共中央、国务院关于促进残疾人事业发展的意见》明确要求，公共机构要提供语音、文字提示、盲文、手语等无障碍服务。联合国《残疾人权利公约》第九条第二款第（二）项规定，确保向公众开放或为公众提供设施和服务的私营实体在各个方面考虑为残疾人创造无障碍环境。

自助公共服务终端设备是政府有关部门、公共服务机构和有关单位提供公共服务的方式之一，具体是通过影片、图片、文字、音乐等多媒体数据库形成互动环境，从而专门用来储存信息并提供各类信息查询、打印、缴费以及产品贩售等服务功能的电子信息设备。一般由人机界面组成，由用户根据设备提示进行操作。银行、医院、城市轨道交通车站、客运站、民用运输机场航站区等的自助公共服务终端主要包括银行的自助柜员机、医院的自助挂号缴费设备、地铁和铁路的自助售检票设备、机场的自助值机设备等。

2021 年，国务院印发的《“十四五”残疾人保障和发展规划》要求加快普及自助公共服务设备无障碍，并将自助服务终端信息无障碍作为信息无障碍重点项目，规定：“推进自动售卖设备、医院自助就医设备、银行自

动柜员机、地铁自助检票设备、机场自助值机设备等自助公共服务设备的无障碍改造。”2020年，工业和信息化部、中国残疾人联合会发布的《关于推进信息无障碍的指导意见》规定：“推进公共服务终端设备的无障碍改进。鼓励企业设计开发适应重点受益群体不同服务需求的自助公共服务设备，如银行ATM机、机场自助值机设备、地铁自助检票设备、医院自助就医设备、自助售卖设备等。在城市范围内推进公共场所的无障碍自助公共服务设备的部署。”企业在设计研发自助公共服务终端设备的时候，应根据残疾人、老年人的不同无障碍需求，确保终端设备具备语音、大字、盲文等无障碍功能。

需要注意的是推进公共服务终端设备的无障碍改进，还应注重线上和线下服务相融合，保留一定的人工服务。本法第三十九条第二款规定，公共服务场所涉及医疗健康、社会保障、金融业务、生活缴费等服务事项的，应当保留现场指导、人工办理等传统服务方式。根据2020年国务院办公厅印发的《关于切实解决老年人运用智能技术困难的实施方案》，为优化老年人网上办理就医服务，简化网上办理就医服务流程，为老年人提供语音引导、人工咨询等服务，逐步实现网上就医服务与医疗机构自助挂号、取号叫号、缴费、打印检验报告、取药等智能终端设备的信息联通，促进线上线下服务结合。推动通过身份证、社保卡、医保电子凭证等多介质办理就医服务，鼓励在就医场景中应用人脸识别等技术。

目前，已有一些地方在地方性法规中规定了硬件终端设备无障碍功能的相关内容。例如，《上海市无障碍环境建设条例》第四十二条规定，本市鼓励音视频以及多媒体设备、智能移动终端设备、电信终端设备制造者，开展相关设备研发和改造，推动技术和产品具备语音、大字等无障碍功能。银行、医院、铁路客运站、轨道交通车站、民用运输机场航站区等应当确保一定比例的自助公共服务终端设备具备语音、大字、盲文等无障碍功能。

第三十四条 电信业务经营者提供基础电信服务时，应当为残疾人、老年人提供必要的语音、大字信息服务或者人工服务。

◆ 释义

本条是关于电信业务经营者提供无障碍服务的规定。

一、电信业务经营者提供基础电信服务时的要求

联合国《残疾人权利公约》在第二十一条中规定，“敦促向公众提供服务，包括通过因特网提供服务的私营实体，以无障碍和残疾人可以使用的模式提供信息和服务”。在现代社会中，网络信息技术已经渗透到我们生活的方方面面，形成了数字化、信息化的生活环境。截至 2021 年年底，全国电话用户总数达到 18.24 亿户，移动电话普及率为 116.3 部/百人。要求电信业务经营者提供基础电信服务时提供必要的无障碍服务是信息无障碍的重要内容。由于目前的通信服务是以健全人为对象建立的，对残障人、老年人等特殊群体之特殊需求考虑不周，使他们在信息查询、获取和使用方面存在一定障碍，如不尽快减小这种差距，特殊群体将日益被边缘化，且无法保证他们能够平等地参与社会生活，因此信息无障碍要求社会尽最大努力，为社会成员尤其是残疾人、老年人等获取和使用信息提供便利。

《电信条例》第八条第一款、第二款规定：“电信业务分为基础电信业务和增值电信业务。基础电信业务，是指提供公共网络基础设施、公共数据传送和基本话音通信服务的业务。增值电信业务，是指利用公共网络基础设施提供的电信与信息服务的业务。”第十条规定：“经营基础电信业务，应当具备下列条件：（一）经营者为依法设立的专门从事基础电信业务的公司，且公司中国有股权或者股份不少于 51%；（二）有可行性研究报告和组网技术方案；（三）有与从事经营活动相适应的资金和专业人员；（四）有从事经营活动的场地及相应的资源；（五）有为用户提供长期服务的信誉或者能力；（六）国家规定的其他条件。”第十一条规定：“申请经营基础电信业务，应当向国务院信息产业主管部门提出申请，并提交本条例第十条规定的相关文件。国务院信息产业主管部门应当自受理申请之日起 180 日内审查完毕，作出批准或者不予批准的决定。予以批准的，颁发《基础电信业务经营许可证》；不予批准的，应当书面通知申请人并说明理由。”

综上所述，可见电信业务包括基础电信业务和增值电信业务。基础电

信业务是基础运营商提供的通信通道，如话音业务、短信业务、数据业务等；增值电信业务是在基础业务的基础上利用公共网络基础设施由运营商、服务提供商提供的增值业务。现阶段无障碍环境建设首先应当聚焦与人民群众日常工作生活关系密切的基础电信业务，因此本条规定了“电信业务经营者提供基础电信服务时”。基础电信业务的超大市场规模不能忽视特殊群体的无障碍需求，基础电信业务无障碍有利于保障残疾人、老年人充分享有电信业务带来的便利。

二、提供必要的语音、大字信息服务或者人工服务

联合国《残疾人权利公约》第九条第二款第（六）项规定：“促进向残疾人提供其他适当形式的协助和支持，以确保残疾人获得信息。”无障碍信息交流建设除了制定无障碍信息交流标准，加强对无障碍信息交流技术、产品的开发应用外，还应当加强信息交流的无障碍服务工作。只有提供配套的信息交流无障碍服务，才能确保残疾人、老年人平等充分便捷地进行无障碍信息交流。电信业务经营者在设计业务提供服务的时候，应充分考虑残疾人、老年人的特殊需求，为他们获取信息、使用服务提供可替代的方式，提供必要的语音、大字信息服务。例如，根据听力、言语残疾人需要，提供文字信息服务，向有需求的视力残疾人提供语音信息服务。2020年，工业和信息化部、中国残疾人联合会发布的《关于推进信息无障碍的指导意见》中对推动电信服务无障碍作出规定，简化电信业务办理流程，推广线上办理、电话办理、上门办理等定制化服务。提升电信运营商网上营业厅、移动端服务渠道的无障碍化水平，鼓励电信运营商提供电子版大字账单、语音盲文账单等服务，推进电信经营场所无障碍设施建设与改造。同时，需要注意的是还应提供必要的人工服务。《国务院关于加快推进政务服务标准化规范化便利化的指导意见》《关于推动生活性服务业补短板上水平提高人民生活品质的若干意见》《“十四五”残疾人保障和发展规划》等政策性文件均提出保留传统服务方式，为特殊群体获取相关服务提供保障。本法立法过程中，一些常委会组成人员也提出，要聚焦残疾人、老年人日常生活涉及的高频事项和公共服务场景，保留适当比例的人工办理渠道，服务大厅应当配备适当数量的现场工作人员，为残疾人、老年人办理相关

服务事项或者使用信息化、智能化服务提供引导、协助、咨询、指导等更周全、更贴心、更直接的便利化服务。因此本条规定，电信业务经营者提供基础电信服务时，应当为残疾人、老年人提供必要的语音、大字信息服务或者人工服务。

另外，国家鼓励推出电信资费优惠举措。根据《关于推进信息无障碍的指导意见》规定，支持电信运营商结合持证残疾人、六十周岁以上农村老年人等特殊群体需求，提供更大折扣的资费优惠，合理降低使用固定电话、移动电话、宽带网络等服务的费用。支持有关政府部门出台本地推动面向重点受益群体信息消费的相关政策。《残疾人保障法》第五十条第三款规定，国家鼓励和支持提供电信、广播电视服务的单位对盲人、听力残疾人、言语残疾人给予优惠。

目前，已有一些地方在地方性法规中规定了电信业务经营者提供无障碍服务的相关内容。例如，《上海市无障碍环境建设条例》第四十三条规定："基础电信业务经营者提供电信服务时，应当创造条件，为有无障碍需求的社会成员提供必要的文字和语音信息服务；鼓励其为有无障碍需求的社会成员提供优惠服务。"

第三十五条 政务服务便民热线和报警求助、消防应急、交通事故、医疗急救等紧急呼叫系统，应当逐步具备语音、大字、盲文、一键呼叫等无障碍功能。

◆ 释义

本条是关于政务服务便民热线和紧急呼叫系统应当逐步具备无障碍功能的规定。

群众利益无小事，一枝一叶总关情。公共服务关乎民生，连接民心，是政府的基本职能之一。在整个无障碍环境建设中，政府及有关部门，作为承担政府职能的国家公权力机构或者代表机构，应当立足于做让人民群众满意的模范机关，在无障碍环境建设方方面面起到带头和示范作用。政府服务热线和紧急呼叫系统是关乎公民切身利益、生命财产安全的重要信息平台，目前政府服务热线和紧急呼叫系统采用的基本模式，对于老年人、残疾人而言，使用中仍然存在困难，而这些群体恰恰是政务热线和紧急呼叫的潜在重要用户群体，他们在生活中遇到困难的可能性更大，寻求帮助和咨询问题方面的需求更加迫切。如何简化政务热线和紧急呼叫操作，增加多种呼叫接入模式使得残疾人、老年人等能够方便使用，这不仅仅是一项技术问题，更是一个社会是否关注社会成员权利平等的重要体现。

政务服务便民热线和报警求助、消防应急、交通事故、医疗急救等紧急呼叫系统应该有严格的标准，规范其接入能力、接入方式、呼叫处理时间以及处理效率等技术问题。政务服务便民热线和紧急呼叫系统采用多种可以替代的无障碍接入方式，可以满足残疾人、老年人的无障碍需求。例如，政务服务便民热线除了语音接入方式之外，可以提供文字接入方式以满足听力有障碍人群的需求；还可以在报警求助、消防应急、交通事故、医疗急救等紧急呼叫系统设置一键呼叫，更好地方便残疾人、老年人等使用。

联合国《残疾人权利公约》第九条提出，为了使残疾人能够独立生活和充分参与生活的各个方面，应采取措施查明和消除阻碍实现无障碍环境的因素，如信息、通信和其他服务，包括电子服务和应急服务。简化流程、消除阻碍，使政务服务和应急服务更好地具备无障碍功能是方便老年人、残疾人平等、充分、便捷地参与和融入社会生活的应有之义。《无障碍环境建设条例》第二十八条也规定，地方各级人民政府应当逐步完善报警、医疗急救等紧急呼叫系统，方便残疾人等社会成员报警、呼救。

近年来，许多地方对政务服务热线和紧急呼叫系统进行了简化、优化、便捷化改造，增加了多种紧急呼叫接入模式，如文字方式报警、一键报警设备等。随着数字化的发展，全国各地大力推进“互联网+政务服务”，各地政府丰富和完善了政府热线与紧急呼叫的服务渠道和方式，逐步具备语音、大字、盲文、一键呼叫等无障碍功能。综上所述，本条规定，政务服务便民热线和报警求助、消防应急、交通事故、医疗急救等紧急呼叫系统，应当逐步具备语音、大字、盲文、一键呼叫等无障碍功能。考虑到全国各地存在地区差异，难以统一要求，因此这里规定的是“逐步具备”。

目前，已有一些地方在地方性法规中规定了政务服务便民热线和紧急呼叫系统无障碍功能的相关内容。例如，《上海市无障碍环境建设条例》第三十七条第二款规定：“本市完善‘12345’市民服务热线以及报警求助、消防应急、交通事故、医疗急救等紧急呼叫系统，健全文字、语音等无障碍功能，保障有无障碍需求的社会成员及时获取咨询、建议、求助、报警等服务。”《北京市无障碍环境建设条例》第二十五条规定：“110、119、120、122 等紧急呼叫系统应当具备文字信息传送和语音呼叫功能，方便残疾人、老年人等社会成员报警、求助和呼救。12345 市民服务热线及其网络平台应当具备文字信息传送和语音呼叫功能，方便残疾人、老年人等社会成员咨询、求助、投诉、举报、建议。”《重庆市无障碍环境建设与管理规定》第三十一条规定：“市、区县（自治县）人民政府应当逐步完善报警、医疗急救、应急疏散等紧急呼叫信息系统，开展应急手语培训，方便残疾人、老年人等社会成员报警、呼救。”《江苏省无障碍环境建设实施办法》第三十四条规定：“110、119、120 等紧急呼叫系统以及 12345 政务热线应当具备文字信息报警、呼叫等功能，方便残疾人、老年人等社会成员报警、呼救、咨询、投诉等。”

第三十六条 提供公共文化服务的图书馆、博物馆、文化馆、科技馆等应当考虑残疾人、老年人的特点，积极创造条件，提供适合其需要的文献信息、无障碍设施设备和服务等。

◆ 释义

本条是关于图书馆、博物馆、文化馆、科技馆等提供无障碍信息交流的规定。

图书馆、博物馆、文化馆、科技馆等公共文化机构是传播优秀文化、提升文化素养、培育文化自信的重要场所。习近平总书记就公共文化机构的重要性作出一系列重要指示和论述，提出“图书馆是国家文化发展水平的重要标志，是滋养民族心灵、培育文化自信的重要场所”“博物馆是保护和传承人类文明的重要殿堂，是连接过去、现在、未来的桥梁，在促进世界文明交流互鉴方面具有特殊作用”。党的二十大报告提出：“健全基本公共服务体系，提高公共服务水平，增强均衡性和可及性，扎实推进共同富裕。”随着经济社会发展，包括残疾人、老年人在内的全体人民对精神文化生活的需求日益增加，以及随着数字技术快速发展，越来越多的公共文化机构提供数字化服务，提供无障碍信息交流服务是增强公共服务可及性和满足人民美好生活需要的必然要求，是积极适应老龄化社会和数字化发展趋势的重要举措。目前，图书馆、博物馆、文化馆、科技馆等在无障碍信息交流方面还面临认识不足、意识薄弱、内容欠缺、针对性不强等问题。本条根据社会发展现状和发展目标作出了有针对性的规定，有助于实现文化发展成果全民共享。

一、提供公共文化服务的图书馆、博物馆、文化馆、科技馆等应当考虑残疾人、老年人的特点

根据文化和旅游部、科技部发布的数据，截至 2021 年年末，全国共有公共图书馆 3215 个，总流通人次 74613.69 万，共有 2636 个县（市、区）建成图书馆总分馆制，图书馆分馆及服务点数量近 5 万个；全国有博物馆 5772 个，接待观众 74850.45 万人次；2672 个县（市、区）建成文化馆总分馆制，文化馆分馆及服务点数量有 3 万余个；科技馆和科学技术类博物馆达 1677 个，全年参观人次达到 1.63 亿。这些公共文化机构具有数量大、分布广、辐射人员多的特征。首先，公共文化服务的提供必然要面向社会全体人员，这是增强基本公共服务均衡性和可及性的必然要求。其次，公共文化服务的提供应充分考虑不同人群的特点，尤其是残疾人和老年人。参观图书馆、博物馆、文化馆、科技馆的体验主要是基于视觉和听觉，老年人、视力残疾人、听力残疾人等由于视觉或听觉的减损，无法充分获取相关信息。随着人口老龄化持续加深，有无障碍需求的人口会越来越多。最后，根据残疾人、老年人的特点，公共文化机构可以提供有针对性的无障碍信息交流服务，弥补感官缺陷，实现和保障残疾人、老年人平等享有基本文化权益。

现有法律法规规定提供公共文化服务时应当考虑特定群体的特点。《公共文化服务保障法》规定，各级人民政府应当根据未成年人、老年人、残疾人和流动人口等群体的特点与需求，提供相应的公共文化服务。《公共图书馆法》规定，政府设立的公共图书馆应当考虑老年人、残疾人等群体的特点，积极创造条件，提供适合其需要的文献信息、无障碍设施设备和服务等。2021 年 3 月，文化和旅游部、国家发展改革委、财政部印发《关于推动公共文化服务高质量发展的意见》，指出要积极适应老龄化社会发展趋势，提供更多适合老年人的文化产品和服务，让老年人享有更优质的晚年文化生活；加强面向残疾人的文化服务。2021 年 9 月，中国残联、中央宣传部等六部门印发的《“十四五”提升残疾人文化服务能力实施方案》强调，各级公共图书馆、文化馆（站）、博物馆（纪念馆）、美术馆、非遗展示馆和文物建筑及遗址类博物馆等公共文化设施要有为残疾人提供服务的场地和内容，要免费或优惠向残疾人开放，并提供无障碍服务；各级公共图书馆、文化馆（站）要面向不同残疾类别人群，开展形式多样的个性化差异化文化服务。2022 年 8 月，中共中央办公厅、国务院办公厅印发的《“十四五”文化发展规划》提出，补齐公共文化服务短板，丰富老年人、进城务工人员、农村留守妇女儿童、残疾人的公共文化供给，保障特殊群体的基本文化权益。本条规定不仅与《公共图书馆法》的相关内容相衔接，而且将“政府设立的公共图书馆”拓展为“提供公共文化服务的图书馆”，并增加博物馆、文化馆、科技馆等。

二、积极创造条件，提供适合残疾人、老年人需要的文献信息、无障碍设施设备和服务等

提供无障碍信息交流服务是图书馆、博物馆、文化馆、科技馆等应尽的责任和义务。图书馆、博物馆、文化馆、科技馆等的主管人员在认识上要提高，即充分认识加强无障碍环境建设是满足残疾人、老年人日益增长的精神文化需求的必然要求，是主动适应老龄社会和数字时代的有效举措，是建设中华民族现代文明的应有之义；在意识上要增强，即增强为老助残服务的意识，增强学习无障碍环境知识以及培训工作人员的意识，增强履行无障碍环境建设义务的法治意识；在态度上要积极，即积极全面排查各种类型的障碍，积极制定消除障碍的改造计划并组织实施，积极为残疾人、老年人享有平等文化权益创造条件。

图书馆、博物馆、文化馆、科技馆等在提供无障碍信息交流服务方面

已经取得了较好的实践经验，也有一些可参考的标准规范。中国残联发布的数据显示，2022 年全国各级公共图书馆设立盲文及盲文有声读物阅览室 1377 个，为视力残疾人提供阅读服务。有些地方的公共图书馆配备盲文图书、大字版图书、有声读物等图书资料和听书机、老花镜、放大镜等常见无障碍设施设备；有的公共图书馆运用智能化、大数据、互联网、云计算等现代科技手段，配备台式电子助视器、远近两用电子助视器、一键式智能阅读器、便携式盲人阅读器、盲文点显器、读屏软件等新技术设备；还有公共图书馆提供人工帮助、志愿服务、手语翻译等。一些博物馆、文化馆、科技馆提供助听器材、文字图解图示、语音导引、手语讲解、二维码语音讲解或手语讲解视频等服务，保留人工窗口和电话专线。在标准规范方面，2019 年 4 月，国家标准《图书馆视障人士服务规范》（GB/T 36719—2018）开始施行；2020 年 12 月，国家标准《公共图书馆读写障碍人士服务规范》（GB/T 39658—2020）开始施行；2021 年 11 月，国家标准《公共图书馆听障人士服务规范》（GB/T 40952—2021）开始施行；2022 年 4 月，地方标准《公共图书馆老年读者服务规范》（DB34/T 4154—2022）开始实施。因此，本条规定具有较好的实践基础和标准依据。

第三十七条　国务院有关部门应当完善药品标签、说明书的管理规范，要求药品生产经营者提供语音、大字、盲文、电子等无障碍格式版本的标签、说明书。

国家鼓励其他商品的生产经营者提供语音、大字、盲文、电子等无障碍格式版本的标签、说明书，方便残疾人、老年人识别和使用。

◆ **释义**

本条是关于药品和其他商品应提供无障碍格式版本的标签、说明书的规定。

一、明确药品生产经营者提供无障碍格式版本的标签、说明书的要求

我国目前有盲人 1731 万，而且由于各种眼疾、事故灾害、老年视力减退、糖尿病患者等后发性伤残失明等原因，每年还以约 40 万人的庞大数量持续增加。截至 2022 年年底，我国有 2.8 亿老年人，其中相当一部分老年人存在视力减退。视力障碍给盲人、老年人的生活带来很多不便，尤其是无法自主地获取药品包装上的信息，了解药品的使用说明，致使他们吃错药、错吃药的现象普遍存在。安全用药成了盲人、老年人在生活中不得不面对的一个重要问题。本法草案在审议过程中，不少意见集中反映，现实生活中药品的说明书字体小、阅读不方便的问题较为突出，建议进一步完善相关规定。

根据《残疾人保障法》《药品管理法》《无障碍环境建设条例》等有关法律法规规定，残疾人、老年人与普通消费者享有平等获取信息的权利。2015 年 1 月，《国务院关于加快推进残疾人小康进程的意见》提出，“鼓励食品药品添加无障碍识别标识”。2006 年 3 月，国家食品药品监督管理局制定的《药品说明书和标签管理规定》第八条规定：“出于保护公众健康和指导正确合理用药的目的，药品生产企业可以主动提出在药品说明书或者标签上加注警示语，国家食品药品监督管理局也可以要求药品生产企业在说明书或者标签上加注警示语。”

近年来，一些地方、企业在推进药品标签、说明书采取无障碍格式版本上也进行了积极探索：（1）盲文标识。在药品外包装或药瓶上加上盲文。这样做的优点是盲人拿到药品后，通过触摸阅读盲文就可以获得该药品的简单信息，分辨药品的名称。（2）二维码识别。二维码识别是通过手机对药品包装盒或药瓶上的二维码进行扫描而获得药品信息的药品识别方法。这种识别方法获取的信息比较全面，但二维码识别需要手机，且对手机摄像头清晰度有一定要求，有些视障人士使用的是非智能手机，无法支持二维码识别技术。而且识别二维码需要先找准二维码的位置并将其置于扫描框中，对视障人士而言，在使用上存在一定的困难。还有企业在药品标签、说明书的语音、大字版上进行了探索。我国香港地区目前主推的技术是医生在开药时就使用专用的代码，从开具处方到药房配药，一种药品使用一个代码，然后把这个代码一直印在药品的包装盒上，病人通过专用的 APP，扫码即可获知药品的有关信息，而且该信息是个性化的，病人所使用药品的名称、使用方式均能显示出来。同时，通过读屏软件朗读有关信息，便于视障人士获取。该技术与药品包装盒上的二维码不同。二维码是在药品出厂时就印在包装盒上，通过二维码获得的信息是药品名称、作用、成分、服用剂量和禁忌等。而香港地区的扫描技术所用的代码具有个性化的特点，对患者来说具有唯一性。通过该代码，获得的信息是该患者本次就医应该使用的药品的名称和使用方式。也就是说，产品包装盒上的二维码具有药物的一般信息，是药厂提供的二维码，而香港地区使用的代码具有特殊性，是医生提供的每一名患者、每一种药品的个性化信息。

因此，结合现行规定和实践发展状况，聚焦残疾人、老年人的现实需求，本条第一款从明确政府有关部门义务的角度出发，推动有效解决现实中药品标签、说明书存在的突出问题。2023 年 6 月，为优化药品说明书管理，解决药品说明书“看不清”等问题，鼓励药品上市许可持有人积极探索，国家药监局组织起草了《药品说明书适老化改革试点工作方案（征求意见稿）》以及《药品说明书（简化版）编写指南（征求意见稿）》《电子药品说明书（完整版）格式要求（征求意见稿）》，公开向社会征求意见，迈开了制度化完善药品标签、说明书管理规范，要求药品生产经营者提供语音、大字、盲文、电子等无障碍格式版本的标签、说明书的第一步。同时，为更全面地保障残疾人、老年人无障碍识别其他商品的标签和说明书，本条还规定国家鼓励其他商品的生产经营者提供语音、大字、盲文、电子等无障碍格式版本的标签、说明书，这对于保障残疾人、老年人更好地融入社会生活、获得公共服务、共享经济社会发展成果具有重要意义。

二、鼓励其他商品的生产经营者提供无障碍格式版本的标签、说明书

药品直接关系人民群众生命健康，本条第一款对药品生产经营者提供无障碍格式版本的标签、说明书作出了明确规定。除药品之外，生活中还有很多商品的标签、说明书也在一定程度上存在残疾人、老年人难以清楚辨认、识别等问题，给残疾人、老年人的生活带来诸多不便。《产品质量法》第二十七条规定：“产品或者其包装上的标识必须真实，并符合下列要求：（一）有产品质量检验合格证明；（二）有中文标明的产品名称、生产厂厂名和厂址；（三）根据产品的特点和使用要求，需要标明产品规格、等级、所含主要成份的名称和含量的，用中文相应予以标明；需要事先让消

费者知晓的，应当在外包装上标明，或者预先向消费者提供有关资料；(四）限期使用的产品，应当在显著位置清晰地标明生产日期和安全使用期或者失效日期；（五）使用不当，容易造成产品本身损坏或者可能危及人身、财产安全的产品，应当有警示标志或者中文警示说明。裸装的食品和其他根据产品的特点难以附加标识的裸装产品，可以不附加产品标识。”这一规定主要侧重于产品信息的真实性、准确性，不能完全解决残疾人、老年人能否准确便捷地获取产品信息的问题。

结合实际需要，本条第二款规定：“国家鼓励其他商品的生产经营者提供语音、大字、盲文、电子等无障碍格式版本的标签、说明书，方便残疾人、老年人识别和使用。”与第一款规定相比，第二款属于鼓励性、倡导性规定，侧重于国家采取鼓励性措施，推动其他商品生产经营者提供无障碍格式版本的标签、说明书。对于商品生产经营者而言，这不属于强制性规定，主要是考虑到无障碍环境建设是一个长期的过程，需要循序渐进，生活中商品种类繁多，统一作硬性要求不现实、不可行。因此，着眼于长远发展，本条第二款规定国家采取鼓励性措施，调动商品生产经营者为残疾人、老年人提供语音、大字、盲文、电子等无障碍格式版本的标签、说明书的积极性。

第三十八条 国家推广和使用国家通用手语、国家通用盲文。

基本公共服务使用手语、盲文以及各类学校开展手语、盲文教育教学时，应当采用国家通用手语、国家通用盲文。

◆ 释义

本条是关于国家推广和使用国家通用手语、国家通用盲文的规定。

一、国家推广和使用国家通用手语、国家通用盲文

语言文字是人类最重要的交际工具和信息载体，语言文字事业是国家文化建设和社会发展的重要组成部分，事关历史文化传承和经济社会发展，事关国家统一和民族团结，事关国民素质的提高和人的全面发展，在国家

发展战略中具有重要地位和作用。根据2006年第二次残疾人抽样调查数据显示，各类残疾人的人数及占残疾人总人数的比重分别为：视力残疾1233万人，占14.86%；听力残疾2004万人，占24.1%；言语残疾127万人，占1.5%。手语和盲文是听力残疾人和视力残疾人使用的特殊语言文字，是国家语言文字的重要组成部分。中华人民共和国成立以来，对手语和盲文的规范工作始终没有停止过，但囿于经济社会条件和时代局限，加上我国地域辽阔、方言众多，各地听力残疾人使用的手语存在较大差异。截至2017年年底，我国并没有一套通用的手语。盲文标调的不规范和同时并用两套盲文系统也给视力残疾人的学习与生活带来许多不便。我国《国家通用语言文字法》规定国家颁布国家通用语言文字的规范和标准，管理国家通用语言文字的社会应用，支持国家通用语言文字的教学和科学研究，促进国家通用语言文字的规范、丰富和发展。手语和盲文关乎残疾人语言文字权益的实现，关乎残疾人文化素质的提高和融合发展，关乎残疾人实现共同富裕和全面发展的进程，必须加快规范与推广国家通用手语、国家通用盲文。

联合国《残疾人权利公约》第二十一条要求，确保残疾人拥有通过自行选择交流方式，寻求、接受、传递信息和思想的自由，包括在正式事务中允许和便利使用手语、盲文、辅助和替代性交流方式及残疾人选用的其他一切交流手段、方式和模式。《残疾人保障法》第二十九条规定：“政府有关部门应当组织和扶持盲文、手语的研究和应用，特殊教育教材的编写和出版，特殊教育教学用具及其他辅助用品的研制、生产和供应。”《残疾人教育条例》第四十二条第二款规定：“从事听力残疾人教育的特殊教育教师应当达到国家规定的手语等级标准，从事视力残疾人教育的特殊教育教师应当达到国家规定的盲文等级标准。”第五十四条规定：“国家鼓励开展残疾人教育的科学研究，组织和扶持盲文、手语的研究和应用，支持特殊教育教材的编写和出版。”

《国家中长期语言文字事业改革和发展规划纲要（2012—2020年）》手语盲文规范和推广部分提出，加快手语、盲文规范标准研制。加强国家通用手语和盲文规范化、标准化、信息化建设，修订通用盲文国家标准，研制通用手语国家标准，研制手语、盲文水平等级标准和手语翻译员等级标准。根据需求，研究制定少数民族手语、盲文。加强手语、盲文推广运用。结合特殊教育学校课程改革，推广使用国家通用手语、盲文。培育和发展手语、盲文社会服务机构，为听力、视力残疾人提供国家通用手语、盲文翻译和语音阅读、提示等服务。加强手语、盲文基础研究。重视手语、盲文高层次人才培养和研究机构建设，充分发挥国家手语和盲文研究中心作用。2015 年教育部、中国残联等联合发布的《国家手语和盲文规范化行动计划（2015—2020 年）》提出了加快推进手语盲文规范化信息化建设，大力推广国家通用手语和国家通用盲文，积极开展手语盲文科学研究、加强学科建设和人才培养，加强推广国家通用手语和通用盲文的法律保障四项主要措施。2018 年，由国家语委语言文字规范标准审定委员会审定，经中国残联、教育部、国家语委同意，《国家通用手语常用词表》《国家通用盲文方案》成为国家语言文字规范，标志着手语有了“普通话”、盲文有了“规范字”。2019 年、2020 年，《汉语手指字母方案》《〈中华人民共和国国歌〉国家通用手语方案》先后成为国家语委语言文字规范。2019 年，《国家通用手语词典》配套的手语视频、APP 同步上线，供广大手语使用者、研究者、爱好者学习交流；国家通用盲文学习 APP 成功上线，通过明盲对照方式，实现国家通用盲文的教与学。2020 年，《国务院办公厅关于全面加强新时代语言文字工作的意见》提出，满足人民群众多样化语言需求。加快手语和盲文规范化、标准化、信息化建设，加快推广国家通用手语和国家通用盲文，加强手语、盲文学科建设和人才培养，为听力、视力残疾人提供无障碍语言文字服务。

国家通用手语和国家通用盲文在全国范围内推广使用，成为我国残疾人事业的一个里程碑和国家语言文字规范建设中的一件大事，也已成为普通话推广工作的重要组成部分，不仅使听力和视力残疾人使用语言文字的权利得以维护，也有利于促进残疾人学习文化知识、获取信息、社会交往以及更加公平地参与社会生活，平等实现权益与融合发展，实现沟通无障碍、信息无障碍，凝聚残健融合、共建共享的最大公约数。

二、基本公共服务使用手语、盲文以及各类学校开展手语、盲文教育教学时，应当采用国家通用手语、国家通用盲文

2018 年，中宣部、中国残联、教育部、国家语委和国家广电总局联合

召开会议，部署以特教学校和公共服务领域为重点，在全国范围内推广国家通用手语和国家通用盲文。国家通用手语和国家通用盲文进入国家统编特殊教育学校教材，进入社会公共服务领域。2021 年，中国残联、中宣部、教育部、国家语委、科技部、工业和信息化部、文化和旅游部、国家广播电视总局联合制定了《第二期国家手语和盲文规范化行动计划（2021—2025 年）》，该计划提出下列要求：一是加强国家通用手语和国家通用盲文在学校的推广使用。要求招收听力和视力残疾学生的特教学校（院）在教育教学中必须使用国家通用手语和国家通用盲文。开展推广资源建设，形成面向不同群体、不同学段的课程资源、测试资源。义务教育阶段，聋校教材结合教学内容配国家通用手语图。盲文教材采用国家通用盲文编辑出版，完成义务教育、高中阶段教育、高等教育各阶段的国家通用盲文教材替换。丰富国家通用盲文教辅读物。开发国家通用手语和国家通用盲文学习指南，并在此基础上建立教材审定制度。自 2023 年起，各地盲校高中（职业中专）、盲人医疗按摩资格考试等国家级考试，使用国家通用盲文印制试题；自 2025 年起，使用国家通用盲文答题。自 2025 年起，高等学校招生考试（单考单招及全国统考）使用国家通用盲文印制试题和进行答题同步启动。地方性考试使用国家通用盲文的时间可视当地具体情况适当提前。二是推进国家通用手语和国家通用盲文在社会生活中的推广使用。落实《无障碍环境建设条例》有关规定，在党和国家以及地方重大活动中安排国家通用手语翻译，提供国家通用盲文书面资料。设区的市级以上电视台应积极创造条件，推动在播出节目时配备字幕或手语，开办手语栏目（或节目），培养和使用专业的手语翻译和手语节目主持人，推广和使用国家通用手语。支持中国教育电视台开办国家通用手语教学栏目。飞机、铁路、轮船、地铁等公共交通应为听力和视力残疾人提供广播、字幕以及国家通用手语等服务，以方便其出行。启动国家通用盲文数字阅读推广计划，向盲校在校生、熟练使用国家通用盲文的盲人按摩师等配发或租借盲文电脑、点显器等辅助器具，促进更多盲人通过国家通用盲文掌握科学知识和就业技能。

2021 年，中国残联、国家语委分别依托华夏出版社、中国盲文出版社，设立了国家通用手语数字推广中心、国家通用盲文研究和推广中心。2021

年 7 月，国务院印发《“十四五”残疾人保障和发展规划》，其中专栏 8“无障碍重点项目”部分提出，把国家通用手语、国家通用盲文作为应急语言文字服务内容，政府新闻发布会和电视、网络发布突发公共事件信息时加配字幕和手语，医院、疏散避险场所和集中隔离场所等设置语音、字幕等信息提示装置。2023 年 6 月，中共中央办公厅、国务院办公厅印发《关于构建优质均衡的基本公共教育服务体系的意见》，提出要保障群体公平发展。加强义务教育阶段特殊教育学校建设和普通学校随班就读工作，健全面向视力、听力、言语、肢体、智力、精神、多重残疾以及其他有特殊需要的儿童的特殊教育服务机制。

总结实践经验做法，在基本公共服务领域和学校教学领域，对采用国家通用手语、国家通用盲文作出明确规定，条件基本成熟。因此，本条第二款规定：“基本公共服务使用手语、盲文以及各类学校开展手语、盲文教育教学时，应当采用国家通用手语、国家通用盲文。”通过法律规定，依法加强国家通用手语、国家通用盲文的推广力度和广度，必将更好、更广泛地服务于听力和视力残疾人的教育就业，更好地促进其融入社会和参与创造。

第四章　无障碍社会服务

第三十九条　公共服务场所应当配备必要的无障碍设备和辅助器具，标注指引无障碍设施，为残疾人、老年人提供无障碍服务。

公共服务场所涉及医疗健康、社会保障、金融业务、生活缴费等服务事项的，应当保留现场指导、人工办理等传统服务方式。

◆ 释义

本条是关于公共服务场所提供无障碍服务的基本要求的规定。

为残疾人提供无障碍服务是社会文明进步的标志。要保障残疾人、老年人平等参与社会生活，仅仅建立一个无障碍的物质环境是不够的，它只是确保残疾人、老年人平等参与社会生活的基础，而无障碍服务可以帮助那些无法完全借助无障碍设施克服障碍的人实现自己的意愿。所以，只有将无障碍的物质环境与完善的无障碍服务结合起来，才能使残疾人、老年人充分享有基本自由，便捷地参与社会生活。无障碍服务是无障碍环境的重要组成部分，是无障碍设施功能的延伸和必要补充。公共服务是政府的基本职能之一，一般由政府有关部门依照法定职权在其职责范围内自行提供服务，或者由政府依法实施特许经营，授权企业事业单位提供某些公共服务产品，政府予以监督和保障。公共服务场所是承担政府特定公共服务职能，面向自然人、法人或者其他组织提供特定公共服务的办公处所，可以是政府有关部门确定的办理公共服务事项的场所，政府设立的集中办理多个政府部门公共服务事项的综合性服务机构或者场所，或者依法被特许向自然人、法人或者其他组织直接提供某些公共服务产品的企业事业单位的公共服务场所。为残疾人、老年人等弱势群体提供无障碍服务是履行好政府公共服务职责的应有之义，因此本条第一款明确规定，公共服务场所应当配备必要的无障碍设备和辅助器具，标注指引无障碍设施，为残疾人、老年人提供无障碍服务。

一、公共服务场所应当提供无障碍服务

为残疾人、老年人提供无障碍服务是政府有关部门、公共服务机构和有关单位的责任和义务。我国《残疾人保障法》第五十五条第一款规定："公共服务机构和公共场所应当创造条件，为残疾人提供语音和文字提示、手语、盲文等信息交流服务，并提供优先服务和辅助性服务。"《中共中央、国务院关于促进残疾人事业发展的意见》明确要求，"公共机构要提供语音、文字提示、盲文、手语等无障碍服务"。联合国《残疾人权利公约》第九条第二款第（二）项规定，"确保向公众开放或为公众提供设施和服务的私营实体在各个方面考虑为残疾人创造无障碍环境"。

承担政府公共服务职能的政府有关部门、企业事业单位、基层社区服务机构的公共服务场所，办理医疗健康、社会保障、金融业务、生活缴费等服务事项的公共服务场所，交通运输设施和公共交通运输工具的运营单位，教育机构，各类国家考试的举办者、组织者，医疗卫生机构和残疾人、老年人照护或康复机构，公共场所经营管理单位等公共场所，是残疾人、老年人利用频率较高的公共服务场所或者出行必经之地；司法机关、仲裁机构和法律援助机构提供司法服务，组织选举的部门和单位组织选举活动，应急避难场所提供应急救助服务涉及残疾人、老年人能否获得平等的法律救济、参与选举的机会以及保障生命安全。上述公共服务机构、场所应当按照本法和国家其他有关规定提供各种形式的无障碍服务，以方便残疾人、老年人等有特殊需求的人出行和使用。

本法对公共服务场所提供无障碍公共服务作出的强制性规定，区别于法律对一般社会主体的鼓励引导性要求。要求公共服务场所向残疾人、老年人提供无障碍服务，帮助其获取公共服务，有利于提高公共服务的可及性、提升基本公共服务均等化水平，有利于实现普惠性非基本公共服务提质扩容，有利于生活服务高品质多样化升级。我国相当多的城市公共服务机构和公共场所、公共交通运输工具已开始并逐步加强为残疾人、老年人

提供无障碍服务，但总体上，为残疾人、老年人等有特殊需求的人群提供无障碍服务的工作还比较滞后，还不能满足残疾人、老年人等群体的需要，应当予以加强。因此，本条对公共服务场所提供无障碍服务提出了基本要求。

公共服务场所提供无障碍服务应当体现在以下几个方面：第一，结合办公场地的实际情况，配有必要的无障碍设施，以使残疾人、老年人能自主安全地通行并到达服务窗口或者自助服务终端。依据本法有关规定和《无障碍设计规范》，公共服务场所作为为公众办理业务的办公建筑，其服务场所应当建有可供轮椅通行的无障碍出入口、无障碍休息区、无障碍通道、无障碍楼梯或者升降机、无障碍厕所、低位服务设施等。其中为视觉障碍者服务的设施包括盲道、盲文标识、语音提示系统等，为听觉障碍者服务的设施包括电子显示屏、同步传声助听设备、提示报警灯（音响频闪显示灯）等。第二，配备必要的无障碍设备和辅助器具，包括能够有效地防止、替代、弥补、减轻因残疾或其他原因造成的身体功能减弱或丧失的产品、器械、设备或技术系统，以帮助残疾人、老年人等克服身体功能障碍，自主便利地办理公共服务事项。如配置轮椅方便行动不便者使用；为视觉障碍者服务的设备包括无障碍网站和终端设备、读屏软件、助视器等；为听觉障碍者服务的设备包括视频手语、助听设备、文字提示书写设备等。第三，标注指引无障碍设施信息。无障碍设施设备的标志属于辅助性无障碍服务。为了保障无障碍服务的连续性和有效性，公共服务场所应当在其入口或者显著位置，对场所内的主要无障碍设施（如无障碍电梯、无障碍卫生间等）或者咨询服务台、人工服务窗口、自助服务终端等进行标注指引，便于有身体功能障碍或者语言障碍的人准确找到目标。第四，保留现场指导、人工办理等传统服务方式，随时为有需要的残疾人、老年人提供各种形式的现场引导、协助、咨询、指导服务，提供盲文、手语服务等，即本条第二款规定的内容。

需要说明的是，公共服务从服务供给的权责分类来看，包括基本公共服务、普惠性非基本公共服务两大类。其中，基本公共服务是保障全体人民生存和发展基本需要、与经济社会发展水平相适应的公共服务，由政府承担保障供给数量和质量的主要责任，引导市场主体和公益性社会机构补充供给。享有基本公共服务属于公民的权利，提供基本公共服务是政府的职责。基本公共服务的范围，一般包括保障基本民生需求的教育、就业、社会保障、医疗卫生、住房保障、文化体育等领域的公共服务，广义上还包括与人民生活环境紧密关联的交通、通信、公用设施、环境保护等领域的公共服务，以及保障安全需要的公共安全、消费安全和国防安全等领域的公共服务。非基本公共服务是为满足公民更高层次需求、保障社会整体福利水平所必需但市场自发供给不足的公共服务，需要政府通过支持公益性社会机构或市场主体，增加服务供给、提升服务质量，推动重点领域非基本公共服务普惠化发展，实现大多数公民以可承受的价格付费享有。此外，为满足公民多样化、个性化的高品质服务需求，一些完全由市场供给、居民付费享有的生活服务，可以作为公共服务体系的有益补充，政府主要负责营造公平竞争的市场环境，引导相关行业规范、可持续发展，做好生活服务与公共服务的衔接配合。随着我国经济社会发展水平的不断提升，基本公共服务、非基本公共服务与生活服务之间的边界也将随之发生变化，公共服务的范围、水平和质量都将稳步有序提升，不断满足人民日益增长的美好生活需要。

二、公共服务场所涉及特定服务事项的，应当保留现场指导、人工办理等传统服务方式

党的十八大以来，我国政府职能向创造良好发展环境、提供优质公共服务、维护社会公平正义转变，党的十九大报告要求，要建设人民满意的服务型政府。根据《“十四五”公共服务规划》，“十四五”时期乃至更长一段时期内，公共服务领域的重点之一是提高公共服务便利共享水平，推进新技术创新应用，推动数字化服务普惠应用，充分运用大数据、云计算、人工智能、物联网、区块链等新技术手段，鼓励支持新技术赋能，为人民群众提供更加智能、更加便捷、更加优质的公共服务。如切实解决残疾人、老年人等特殊群体在运用智能技术方面遇到的突出困难，帮助残疾人、老年人等共享数字生活，通过促进“互联网+公共服务”发展，推动线上线下融合互动，推动更多公共服务事项网上办、掌上办、一次办，提升公共服务的可及性。

随着我国互联网、大数据、人工智能等信息技术快速发展，智能化服务在各行各业中得到广泛应用，深刻改变了生产生活方式，提升了获取公共服务的便利性。但同时，不少残疾人、老年人不能或者不会使用网络或者智能手机，在出行、就医、消费等日常生活中遇到不便，“数字鸿沟”问题日益凸显。为此，国务院办公厅于2020年印发《关于切实解决老年人运用智能技术困难实施方案的通知》，要求聚焦涉及老年人的高频事项和服务场景，坚持传统服务方式与智能化服务创新并行，切实解决老年人在运用智能技术方面遇到的突出困难。同时，《国务院关于加快推进政务服务标准化规范化便利化的指导意见》《关于推动生活性服务业补短板上水平提高人民生活品质的若干意见》《“十四五”残疾人保障和发展规划》等政策性文件均提出保留传统服务方式，为特殊群体获取相关服务提供保障。本法立法过程中，也有意见提出，要聚焦残疾人、老年人日常生活涉及的高频事项和公共服务场景，保留适当比例的人工办理渠道，服务大厅应当配备适当数量的现场工作人员，为残疾人、老年人办理相关服务事项或者使用信息化、智能化服务提供引导、协助、咨询、指导等。因此本条第二款针对残疾人、老年人日常生活涉及的医疗健康、社会保障、金融业务、生活缴费等高频服务事项明确规定：公共服务场所涉及医疗健康、社会保障、金融业务、生活缴费等服务事项的，应当保留现场指导、人工办理等传统服务方式。

一是便利残疾人、老年人日常就医。医疗机构、相关企业要完善电话、网络、现场等多种预约挂号方式，畅通家人、亲友、家庭签约医生等代残疾人、老年人预约挂号的渠道。医疗机构应提供一定比例的现场号源，保留挂号、缴费、打印检验报告等的人工服务窗口，配备导医、志愿者、社会工作者等人员，为残疾人、老年人提供就医指导服务。简化网上办理就医服务流程，为残疾人、老年人提供语音引导、人工咨询等服务，逐步实现网上就医服务与医疗机构自助挂号、取号叫号、缴费、打印检验报告、取药等智能终端设备的信息联通，促进线上线下服务相结合。要完善残疾人、老年人日常健康管理服务，搭建社区、家庭健康服务平台，由家庭签约医生、家人和有关市场主体等共同帮助残疾人、老年人获得健康监测、咨询指导、药品配送等服务，满足居家残疾人、老年人的健康需求。要推进“互联网+医疗健康”，提供残疾人、老年人常见病、慢性病复诊以及随访管理等服务。

二是便利残疾人、老年人办理社会保障事项。涉及社会保障和民政等高频服务事项的，应保留线下办理渠道，并向基层延伸，为残疾人、老年人提供便捷服务。实体办事大厅和社区综合服务设施应合理布局，配备引导人员，设置现场接待窗口，优先接待残疾人、老年人，推广“一站式”服务，进一步改善残疾人、老年人办事体验。依托全国一体化政务服务平台，优化政务服务，实现社会保险待遇资格认证、津贴补贴领取等残疾人、老年人高频服务事项便捷办理，让残疾人、老年人办事少跑腿。各级政务服务平台应具备授权代理、亲友代办等功能，方便不使用或不会操作智能手机的残疾人、老年人网上办事。

三是便利残疾人、老年人使用金融服务和进行生活缴费。要保留传统金融服务方式，改善服务人员的面对面服务，零售、餐饮、商场、公园等残疾人、老年人高频消费场所，水电气费等基本公共服务费用、行政事业性费用缴纳，应支持现金和银行卡支付。采用无人销售方式经营的场所应以适当方式满足消费者现金支付需求。完善金融科技标准规则体系，打造大字版、语音版、简洁版等适老手机银行 APP，提升手机银行产品的易用性和安全性，便利残疾人、老年人进行网上购物、订餐、家政、生活缴费等日常消费。

第四十条　行政服务机构、社区服务机构以及供水、供电、供气、供热等公共服务机构，应当设置低位服务台或者无障碍服务窗口，配备电子信息显示屏、手写板、语音提示等设备，为残疾人、老年人提供无障碍服务。

◆ 释义

本条是关于行政服务机构、社区服务机构以及供水、供电、供气、供热等公共服务机构提供无障碍服务的规定。

公共服务关乎民生，连接民心，是政府的基本职能之一。在整个无障碍环境的建设中，政府及有关部门作为承担政府职能的国家公权力机构或者代表机构，应当立足于做让人民群众满意的模范机关，在无障碍环境建设方面起到带头和示范作用，其办公场所，特别是专门提供公共服务的行政服务机构，应当考虑残疾人、老年人的特殊需要，提供各种形式的无障碍服务，以方便残疾人、老年人等有特殊需求的人进入相关场所、反映诉求和办理有关事项；应当结合办公场所的实际，建有必要的无障碍设施或者通道，配备必要的无障碍设备或者残疾人辅助器具，清晰地标注指引，提供无障碍服务，以履行好政府公共服务职能。同时，社区服务机构，供水、供电、供气、供热等企业事业单位的公共服务场所，与残疾人、老年人的日常生活密切相关，是残疾人、老年人经常出入和利用频率较高的公共服务场所，必要的无障碍设施设备和辅助器具能够帮助他们自主安全地参与和融入社会，有助于保持其尊严，增强其信心，提升其生活质量。

行政服务机构、社区服务机构以及供水、供电、供气、供热等公用事业经营单位，其所提供的公共服务或者公共产品均与人民群众基本生活关系密切，有必要通过设置低位服务台或者无障碍服务窗口，配备电子信息显示屏、手写板、语音提示等设备，为残疾人、老年人等提供无障碍服务，从而保障有无障碍需求的社会成员的基本生活需要。因此本条对行政服务机构、社区服务机构以及供水、供电、供气、供热等公用事业经营单位提供无障碍服务作出了强制要求。

行政服务机构包括政府有关部门的公共服务机构，也包括各级政府设立的综合性服务机构，例如各级政务服务中心（大厅），其根据法律法规，为社会团体、企业事业单位和个人提供许可、确认、裁决、奖励、处罚等行政服务，包括行政权力事项和公共服务事项。近年来，我国“放管服”改革的一个重要方面就是“优化服务”。各地纷纷加快政务大厅功能升级，实行公共服务事项进驻政务大厅，建立健全首问负责、一次性告知、并联办理、限时办结等制度；创新公共服务方式，统筹线上线下，变“群众奔波”为“信息跑腿”，探索公共服务事项一站式办理、同城通办、预约办理、自助办理、委托代办、上门办理等服务。为了推动解决残疾人、老年人在政务服务中运用智能技术方面遇到的困难，让残疾人、老年人更好地共享政务服务改革发展成果，一些地方的政务服务大厅从小设施大爱心、小窗口大服务入手，拓宽线下办事渠道，开通残疾人、老年人办事爱心通道，设置关爱残疾人、老年人服务专窗，配备残疾人、老年人服务专员，为残疾人、老年人提供更加周到贴心的全方位服务，将预约服务、延时服务、容缺受理等服务模式延伸到残疾人、老年人服务中。

社区服务机构主要是指社区综合服务中心等基层公共服务供给站点。城乡社区服务机构是提供国家基本公共服务的基础平台，旨在聚合政府各部门延伸到城乡社区的服务事项和服务资源，为社区居民提供项目齐全、标准统一、便捷高效的城乡社区公共服务。国家着力推进城乡社区公共服务均等化，依托城乡社区综合服务设施和服务机构，提供面向全体城乡居民、贯穿生存发展各阶段和生产生活各领域的基本公共服务项目，切实保障老年人、未成年人、残疾人、优抚对象、困难群体等的服务需求。《“十四五”公共服务规划》进一步提出，推动服务重心向基层下沉，强化街道、乡镇和社区的基本公共服务职能，推动基层综合公共服务平台统筹发展、共建共享，推动养老托育、扶残助残等便民服务场景有机集成和精准对接。同时，开展社区养老服务行动，建立标准化管理的社区居家养老服务机构，提供失能护理、日间照料以及助餐助浴助医等服务，特殊困难老年人月探访率达到100%，建成城乡老年友好型社区，满足老年人多方面的需要；开展社区助残服务行动，开展社区残疾人康复，做好家庭医生签约、康复训练、辅助器具适配、支持性服务等，为重度残疾人提供日间照料、居家服务等多种形式的托养和照料服务；结合智慧城市、乡村建设行动等，同步推进社区无障碍环境建设和改造；充分发挥全国一体化政务服务平台作用，推动“互联网+政务服务”向乡镇（街道）、村（社区）延伸覆盖，充分考虑残疾人、老年人的习惯和特点，推动互联网应用适老化及无障碍改造，推动政务服务平台、社区感知设施、家庭终端和城乡安全风险监测预警系统建设及互联互通，发展实时监测、智能预警、应急救援救护和智慧养老等社区惠民服务应用。

供水、供电、供气、供热等公用事业关系到老百姓的基本生活，关系到社会公共利益和公共安全，投资规模大、回报周期长，一般由政府依法实施特许经营。公用事业经营单位提供的公共产品或者公共服务，应当按照政府要求，提高公共服务质量效率，确保公共服务的持续稳定供给，兼顾经营性和公益性，维护公共利益和公共安全。政府作为监管者和公共服务保障者的角色和责任始终存在。因此，本条对公用事业公共服务机构提供无障碍服务作了强制要求。供水、供电、供气、供热等公共服务机构，主要指的是供水、供电、供气、供热等公用事业经营单位设立的公共服务场所、平台等。

第四十一条 司法机关、仲裁机构、法律援助机构应当依法为残疾人、老年人参加诉讼、仲裁活动和获得法律援助提供无障碍服务。

国家鼓励律师事务所、公证机构、司法鉴定机构、基层法律服务所等法律服务机构，结合所提供的服务内容提供无障碍服务。

◆ **释义**

本条是关于司法机关、仲裁机构、法律援助机构、法律服务机构为残疾人、老年人提供无障碍服务的规定。

早在2004年，司法部和中国残联就联合出台了《关于为残疾人提供无障碍法律服务和法律援助的通知》。2022年施行的《法律援助法》第四十五条第一款规定，法律援助机构为老年人、残疾人提供法律援助服务的，应当根据实际情况提供无障碍设施设备和服务。本条在法律援助服务无障碍的基础上，进一步对司法机关、仲裁机构、法律援助机构、法律服务机构为残疾人、老年人提供无障碍服务作出规定，明确了有关单位的职责。

一、司法机关应当依法为残疾人、老年人参加诉讼提供无障碍服务

目前，我国有约8500万残疾人，其中5900万属于轻中度残疾。同时，截至2021年年底，全国60岁及以上老年人口达2.67亿，占总人口的18.9%。残疾人、老年人在政治、经济、文化、社会和家庭生活等方面依法享有同其他公民平等的权利。维护残疾人、老年人的尊严和权利，加强对残疾人、老年人的司法保护是各级司法机关义不容辞的职责，是全面依法治国和维护社会公平正义的必然要求。近年来，各级司法机关在维护残疾人、老年人合法权益方面做了大量工作。但是，由于种种原因，社会上侵犯残疾人、老年人合法权益的现象仍时有发生。残疾人、老年人由于身体状况、经济条件和受教育程度的限制，在维护自身合法权益时，普遍面临比常人更多的困难，需要通过各种渠道为残疾人、老年人提供方便快捷的法律服务，消除他们在获得法律服务方面面临的经济条件障碍、物质环境障碍、语言障碍和信息障碍，使他们能够及时有效地利用法律武器维护自身合法权益。

2022年，最高人民法院、最高人民检察院、公安部、司法部、中国残联联合出台《关于深入学习贯彻习近平法治思想　切实加强残疾人司法保护的意见》，以进一步推动各级司法机关严格执法、公正司法，促进法律法规中保障残疾人权益的具体内容得到有效实施，切实加强残疾人司法保护。该意见明确要求：一是加快推进公共法律服务体系建设，保障残疾人平等享受公共法律服务。各级人民法院、人民检察院、公安机关、司法行政机关、残联认真贯彻落实《中共中央办公厅、国务院办公厅关于加快推进公共法律服务体系建设的意见》，切实将残疾人作为公共法律服务的重点对象，不断丰富残疾人可以享受的公共法律服务内容，大力推进公共法律服务场所无障碍环境建设，及时完善公共法律服务平台无障碍功能，让广大残疾人可以就近、便利、公平地享受公共法律服务。各级人民法院、人民检察院、公安机关、司法行政机关、残联共同推动残疾人法律救助制度的健全完善，加强残疾人法律救助工作站规范化建设，建立完善律师等法律专业人员在残联定期坐班制度，为残疾人提供及时有效的法律救助服务。切实增强服务残疾人的主动性，坚持法律救助服务“关口前移”，工作重心从“事后补救”转向“事前防范”，努力避免残疾人矛盾纠纷的发生。二是切实加强无障碍诉讼服务，努力让残疾人在每一个司法案件中感受到公平正义。各级人民法院深入践行以人民为中心的发展思想，积极落实《最高人民法院、中国残疾人联合会关于在审判执行工作中切实维护残疾人合法权益的意见》，不断完善司法为民服务体系，切实将无障碍服务贯穿诉讼全流程。积极设立“助残绿色通道”，采用网上立案、跨域立案、上门立案等方式，方便残疾人立案。加强诉讼程序的引导和释明，大力推广车载法庭、就地审理、上门调解等巡回审判模式，充分运用网上开庭、网上调解等信息化手段，方便残疾人当事人诉讼。依规为残疾人缓、减、免诉讼费用，有效维护残疾人的人身财产权益。为有需求的残疾人及时提供手语、盲文、大字体、字幕等信息交流服务，建立规范化的提供手语、盲文等诉讼辅助服务的人员名册，让残疾人可以无障碍地享受诉讼服务。新建诉讼服务和审判场所等应当符合《建筑与市政工程无障碍通用规范》（GB 55019—2021）等国家无障碍环境建设标准；既有诉讼服务和审判场所等不符合国家无障碍环境建设标准的，应当制定具体改造计划，2025 年年底前达到国家无障碍环境建设标准。各级人民检察院进一步发挥公益诉讼检察职能作用，持续深入推进无障碍环境建设等公益诉讼。通过办理行政公益诉讼案件，督促行政机关主动履行维护残疾人权益的职责，依法行政、建章立制，加强跨部门执法协作；通过办理民事公益诉讼案件，依法追究责任主体的法律责任，及时修复受侵害的公共利益，进一步塑造平等保护残疾人权益的良好社会环境。依法积极履行民事检察职能作用，支持合法民事权益遭受侵害、提起诉讼确有困难的残疾人向人民法院起诉。各级残联主动有为，依法开展支持起诉工作，积极维护残疾人的合法权益。

二、仲裁机构应当依法为残疾人、老年人参加仲裁活动提供无障碍服务

仲裁作为非诉讼争端解决方式，是我国矛盾纠纷多元化解机制的重要组成部分，在司法体制中发挥着积极的作用。在我国，仲裁机构包括仲裁委员会、劳动争议仲裁委员会、人事争议仲裁委员会、农村土地承包仲裁委员会和体育仲裁委员会等，分别依法裁决民商事纠纷、劳动争议、聘任合同争议、农村土地承包经营权纠纷和体育纠纷等。根据我国《法律援助法》第二十二条的规定，法律援助机构可以组织法律援助人员依法为符合条件的残疾人、老年人提供法律咨询，代拟法律文书，劳动争议调解与仲裁代理，以及民事案件、行政案件、国家赔偿案件的诉讼代理及非诉讼代理等法律援助服务。应当注重发挥仲裁等非诉讼方式的积极作用，帮助残疾人、老年人通过多元化方式解决矛盾纠纷。残疾人、老年人作为当事人参与仲裁活动时，仲裁机构应当创造条件，帮助残疾人、老年人无障碍通行进入仲裁当事人席位；在仲裁活动中，应当为有需要的残疾人、老年人提供语音、文字提示或者手语、盲文信息沟通等服务，帮助残疾人、老年

人平等参与仲裁活动。根据《无障碍设计规范》，法庭、审判庭等建筑内，为公众服务的会议及报告厅还应设置轮椅坐席，并尽可能设计独立的无障碍厕所，供行动不便的人在家人的照料下使用。

三、法律援助机构应当依法为残疾人、老年人获得法律援助提供无障碍服务

法律援助机构属于提供法律援助的公共机构，其负责接收法律援助申请的各个服务大厅或者服务窗口，可能会有残疾人、老年人或者其他行动不便者前来寻求法律帮助。残疾人由于存在残疾因素、老年人由于身体机能老化，在参与社会生活方面存在自身难以克服的客观困难。《法律援助法》第四十五条第一款规定，法律援助机构为老年人、残疾人提供法律援助服务的，应当根据实际情况提供无障碍设施设备和服务。本法与《法律援助法》相衔接，明确要求法律援助机构应当依法为残疾人、老年人获得法律援助提供无障碍服务。本法及《残疾人保障法》《老年人权益保障法》《无障碍环境建设条例》等法律法规为保障残疾人、老年人等特殊群体平等、充分、便捷地参与和融入社会生活，对无障碍环境建设作了规定。法律援助机构应当依法为残疾人、老年人获得法律援助提供无障碍服务，以便于残疾人、老年人自主安全地进入法律援助机构的办公接待场所进行咨询和寻求救助，能够与相关工作人员进行准确的信息沟通，从而及时获得法律援助服务。法律援助机构负责接收法律援助申请的各个服务大厅，属于提供政务服务的公共建筑，这就要求其应符合国家关于无障碍环境建设的有关要求：一是提供方便残疾人、老年人通行和使用的无障碍设施设备，包括必要的无障碍设施、标识、语音提示系统等。二是提供无障碍信息交流。法律援助机构应当对其工作人员进行无障碍服务技能培训，为残疾人、老年人提供语音和文字提示、手语、盲文等交流服务。法律援助机构应当采取措施，为残疾人、老年人获取并利用法律援助公共信息提供便利，其政务服务平台、公共服务网站及移动终端应用，应当符合或者逐步达到相关无障碍设计标准，提供无障碍信息传播与交流服务。三是提供无障碍政务服务。法律援助机构应当为残疾人、老年人等社会成员提供必要的无障碍服务，并优先办理相关事项，如为残疾人、老年人提供轮椅、语音文字

导览或者手语翻译等无障碍服务。有条件的地方可以在服务大厅配备电子信息显示屏、手写板等辅助设备，为有需求的听力、言语障碍者提供文字信息服务，为视力障碍者提供语音信息服务，方便其办理业务。法律援助机构应当尊重残疾人、老年人的习惯，保留并完善传统服务方式，推动线上线下服务融合发展。

《关于深入学习贯彻习近平法治思想 切实加强残疾人司法保护的意见》进一步强调，持续优化法律援助申请程序，实现法律援助机构服务窗口“临街落地”，提高残疾人获得法律援助的便捷性；各级人民法院、人民检察院、公安机关在案件办理过程中发现符合法律援助条件的残疾人没有申请法律援助的，应当告知本人及其近亲属有权依法申请法律援助，或者及时通知法律援助机构指派律师为其提供辩护。对于符合司法救助条件的残疾人，应当告知本人及其近亲属有权依照相关规定提出司法救助申请，并为其获得司法救助提供便利和帮助。

四、法律服务机构结合所提供的服务内容提供无障碍服务

律师事务所、公证机构、司法鉴定机构、基层法律服务所等，专门从事律师服务、公证服务、司法鉴定服务和基层法律服务等法律服务工作，应当在我国的诉讼程序或者非诉讼程序中充分发挥积极的专业作用，帮助残疾人、老年人通过多元化方式解决矛盾纠纷。根据本条第二款的规定，国家鼓励律师事务所、公证机构、司法鉴定机构、基层法律服务所等法律服务机构，结合所提供的服务内容提供无障碍服务。鼓励律师事务所、公证机构、司法鉴定机构制定针对残疾人、老年人的优惠扶助措施，减免相关服务费用，引导律师、公证员、司法鉴定人员、基层法律服务工作者自觉履行社会责任，积极参与面向残疾人、老年人的公益性法律服务。各级司法行政部门要积极组织、协调和整合律师、公证、司法鉴定、基层法律服务队伍和资源，按照服务便利、快捷高效的要求，健全为残疾人、老年人提供无障碍法律服务的工作机制和工作网络，就地、就近为残疾人、老年人提供无障碍法律服务。要采取行之有效的措施和办法，大力倡导和鼓励广大律师、公证员、司法鉴定人员和基层法律服务工作者为残疾人提供优先、优质、优惠的法律服务。各地法律服务机构要优化办公的软硬件环

境，有条件的法律服务机构的办公接待场所要按照《建筑与市政工程无障碍通用规范》和《无障碍设计规范》进行改造，为残疾人、老年人提供无障碍物质环境。要不断创新工作方式，开设法律服务热线电话，组织或参与残疾人法制讲座，提供网上咨询和上门服务，开展律师助残和志愿者助残活动等，积极为残疾人、老年人提供方便及时的法律服务。要建立激励机制，健全考核制度，推动和鼓励法律服务机构和法律服务人员积极为残疾人、老年人提供法律服务，将无障碍法律服务覆盖到需要帮助的残疾人、老年人中去。

第四十二条 交通运输设施和公共交通运输工具的运营单位应当根据各类运输方式的服务特点，结合设施设备条件和所提供的服务内容，为残疾人、老年人设置无障碍服务窗口、专用等候区域、绿色通道和优先坐席，提供辅助器具、咨询引导、字幕报站、语音提示、预约定制等无障碍服务。

◆ **释义**

本条是关于交通运输设施和公共交通运输工具的运营单位应当为残疾人、老年人提供无障碍服务的规定。

为数量庞大的残疾人、老年人提供出行便利，进一步加强和改善残疾人、老年人出行服务，是推进基本公共服务均等化，推动交通运输改革发展成果更好惠及人民群众、满足人民美好生活需要的重要举措，是弘扬敬老助残的社会风尚、积极应对人口老龄化的迫切要求。广大残疾人、老年人对机场、车站、客运码头、公路服务区等交通运输设施和民用航空器、客运列车、客运船舶、公共汽电车、城市轨道交通车辆等公共交通运输工具的无障碍需求量十分巨大，需要交通运输设施和公共交通运输工具运营单位深入贯彻党中央、国务院关于残疾人、老年人工作有关决策部署，落实相关法律法规和规范性文件的要求，加快推进交通运输无障碍环境建设，加强和改善残疾人、老年人出行无障碍服务，保障残疾人、老年人出行权益。

我国无障碍环境建设的一个重要方面，就是为残疾人、老年人自主安全地通行和搭乘公共交通运输工具提供便利。本法明确规定，新建、改建、扩建的交通运输设施应当符合无障碍设施工程建设标准，新建、改建、扩建交通运输设施应当按照无障碍设施工程建设标准，配套建设无障碍设施；新投入运营的民用航空器、客运列车、客运船舶、公共汽电车、城市轨道交通车辆等公共交通运输工具，应当确保一定比例符合无障碍标准；城市轨道交通车站、民用运输机场航站区、客运站、客运码头等的自助公共服务终端设备，应当具备语音、大字、盲文等无障碍功能。由此可见，本法对交通运输设施和公共交通运输工具的无障碍环境建设提出了严格的要求。

交通运输作为服务业的重要领域，在提供无障碍服务方面率先做出探索，积累了丰富的实践经验。早在 2000 年，原中国民航总局就发布了《民用机场旅客航站区无障碍设施设备配置标准》，这是公共服务领域第一个关于无障碍设施设备的行业标准。2018 年，交通运输部等七部门联合印发《关于进一步加强和改善老年人残疾人出行服务的实施意见》，对提升和改善老年人、残疾人出行服务品质作出了详细规定，明确要求具备条件的地区，要在铁路客运站、汽车客运站、客运码头、民用运输机场等人流密集场所为老年人、残疾人设立优先无障碍购票窗口、专用等候区域和绿色通道，提供礼貌友好服务；在醒目位置设置老年人、残疾人等服务标志，鼓励采取专人全程陪护、预约定制服务、允许亲属接送站等措施，提供服务车、轮椅等便民辅助设备，保障行动不便乘客安全、便捷出行；在铁路客运站、汽车客运站、客运码头、民用运输机场、城市轨道交通车站、城市公共交通枢纽等场所及交通运输工具上提供便于老年和残疾乘客识别的语音报站和电子报站服务，依据相关标准要求完善站场、枢纽、车辆设施的盲文标志标识配置、残疾人通讯系统、语音导航和导盲系统建设，积极推广应用微信、微博、手机 APP、便民热线预约服务等创新方式，为老年人、残疾人提供多样化、便利化的无障碍出行信息服务。中共中央、国务院于 2021 年印发的《国家综合立体交通网规划纲要》将提高特殊人群出行便利程度和服务水平纳入交通运输人文建设。近年来，交通运输部出台了一系列规范性文件落实交通无障碍环境建设，如 2023 年 5 月出台的《铁路运输服务质量监督管理办法》要求铁路运输企业应当按照《无障碍环境建设条例》《无障碍设计规范》等规定，配备无障碍设施以及助残设备，方便行动不便旅客出行；《2023年持续提升适老化无障碍交通出行服务工作方案》要求扩大出租汽车电召和网约车“一键叫车”服务覆盖面，新打造敬老爱老城市公共汽电车线路1000条，推动城市客运无障碍设施设备更新改造，加快低地板及低入口城市公共汽电车推广应用，开展城市轨道交通“爱心预约”乘车服务，通过微信公众号、小程序等渠道为老年人、残疾人等乘客提供预约服务，相关车站根据乘客的预约信息，提前安排车站工作人员准备相关无障碍设施，为乘客提供乘车、换乘站接续服务。2020年，《国务院办公厅印发关于切实解决老年人运用智能技术困难实施方案的通知》对便利老年人日常交通出行作出规定：一是要求优化老年人打车出行服务。引导网约车平台增设“一键叫车”功能，对老年人订单优先派车。二是要求便利老年人乘坐公共交通。铁路、公路、水运、民航客运等公共交通在推行移动支付、电子客票、扫码乘车的同时，保留使用现金、纸质票据、凭证、证件等乘车的方式。鼓励有条件的地区推行老年人凭身份证、社保卡、老年卡等证件乘坐城市公共交通。三是要求提高客运场站人工服务质量。进一步优化铁路、公路、水运、民航客运场站及轨道交通站点等窗口服务，方便老年人现场购票、打印票证等。高速公路服务区、收费站等服务窗口要为老年人提供咨询、指引等便利化服务和帮助。在总结实践的基础上，本条规定：交通运输设施和公共交通运输工具的运营单位应当根据各类运输方式的服务特点，结合设施设备条件和所提供的服务内容，为残疾人、老年人设置无障碍服务窗口、专用等候区域、绿色通道和优先坐席，提供辅助器具、咨询引导、字幕报站、语音提示、预约定制等无障碍服务。交通运输设施和公共交通运输工具的运营单位应当科学把握老年人、残疾人的出行需求和特征，根据不同运输方式的服务特点，结合当地经济发展水平等因素，结合设施设备条件和所提供的服务内容，因地制宜，稳步推进无障碍出行服务体系建设。

第四十三条 教育行政部门和教育机构应当加强教育场所的无障碍环境建设，为有残疾的师生、员工提供无障碍服务。

国家举办的教育考试、职业资格考试、技术技能考试、招录招聘考试以及各类学校组织的统一考试，应当为有残疾的考生提供便利服务。

◆ **释义**

本条是关于教育考试无障碍服务的规定。

一、加强教育场所的无障碍环境建设

我国《宪法》规定，国家和社会帮助安排盲、聋、哑和其他有残疾的公民的劳动、生活和教育；中华人民共和国公民有受教育的权利和义务。《残疾人保障法》第二十一条也规定，国家保障残疾人享有平等接受教育的权利。这就要求国家必须采取各种支持措施，帮助有残疾的学生，保障其享有平等接受教育的机会。

1994 年，联合国教科文组织颁布《萨拉曼卡宣言》之后，推进融合教育、将对残疾学生的教育最大限度地融入普通教育、让残疾学生进入普通学校接受公平而有质量的主流教育成为国际共识。《残疾人保障法》第二十五条规定，普通教育机构对具有接受普通教育能力的残疾人实施教育，并为其学习提供便利和帮助。普通小学、初级中等学校，必须招收能适应其学习生活的残疾儿童、少年入学；普通高级中等学校、中等职业学校和高等学校，必须招收符合国家规定的录取要求的残疾考生入学，不得因其残疾而拒绝招收。普通幼儿教育机构应当接收能适应其生活的残疾幼儿。

近年来，我国残疾人教育事业取得长足发展，办学体系进一步完善，办学条件得到较大改善，特殊教育学校数量不断增加，融合教育逐步实施，教育质量进一步提高，残疾儿童、少年受教育权利进一步得到保障。为了进一步实施融合教育，2017 年新修订的《残疾人教育条例》明确规定，残疾人教育应当提高教育质量，积极推进融合教育，根据残疾人的残疾类别和接受能力，采取普通教育方式或者特殊教育方式，优先采取普通教育方式；新建、改建、扩建各级各类学校应当符合《无障碍环境建设条例》的要求，县级以上地方人民政府及其教育行政部门应当逐步推进各级各类学校无障碍校园环境建设。《中国妇女发展纲要（2021—2030 年）》《中国儿童发展纲要（2021—2030 年）》等政策性文件也要求各级各类学校应当推进校园无障碍环境建设。2022 年新修订的《职业教育法》第十八条进一步规定，残疾人职业教育除由残疾人教育机构实施外，各级各类职业学校和职业培训机构及其他教育机构应当按照国家有关规定接纳残疾学生，并加强无障碍环境建设，为残疾学生学习、生活提供必要的帮助和便利。国家采取措施，支持残疾人教育机构、职业学校、职业培训机构及其他教育机构开展或者联合开展残疾人职业教育。2022 年，中国残联、教育部等七部门联合颁布《残疾人中等职业学校设置标准》，其中规定：新建或改扩建残疾人中等职业学校，校址一般要选在交通便利、公共设施较完善的地方。学校环境要符合残疾人教育教学、校园安全和身心健康要求。设置残疾人中等职业学校，须有与办学规模、专业设置和残疾人特点相适应的个性化校园、校舍和设施，且符合《无障碍环境建设条例》及《建筑与市政工程无障碍通用规范》等标准规范要求。如须有 200 米以上环型跑道的田径场，有满足残疾人教学和体育活动需要的其他设施和场地；图书馆和阅览室要适应办学规模，满足教学需要，适用印刷图书生均不少于 30 册，电子图书生均不少于 30 册，有盲文图书、有声读物和盲、聋生电子阅览室，报刊种类 50 种以上；要根据办学规模和本地区残疾人职业教育的需求建立适度大小的资源中心，根据残疾学生类别配备必要的教育教学、康复训练设施设备和资源教师、巡回指导教师及专业人员，为本校学生提供职业能力评估、个别化教学指导、考试辅助和转衔教育服务，同时为本地区的有关学校和机构提供残疾人职业教育指导、咨询和相关服务；必须具有与专业设置相匹配、满足教学要求的实训、实习设施和仪器设备，设施和仪器设备要规范、实用，每个专业要有相对应的校内实训基地和稳定的校外实训基地；要根据残疾学生的实际需要设置医疗服务、心理辅导、康复训练、专用检测等学习及生活所需专用场所和特殊器具设备；要具备适合各类残疾人学习的教育教学资源，并参照同类普通中等职业学校标准建设数字校园。

在总结实践和现有相关法律法规规定的基础上，本条第一款进一步规定，教育行政部门和教育机构应当加强教育场所的无障碍环境建设，为有残疾的师生、员工提供无障碍服务。

二、提供考试便利

根据本条第二款的规定，国家举办的教育考试、职业资格考试、技术技能考试、招录招聘考试以及各类学校组织的统一考试，应当为有残疾的考生提供便利服务。

在我国，《残疾人保障法》《教育法》《义务教育法》《未成年人保护法》《职业教育法》《高等教育法》《劳动合同法》《就业促进法》等有关法律都对残疾人接受教育和平等就业作了规定，但在实践中，残疾人的考试问题仍然是残疾人在升学、就业过程中的最大障碍。

国家举办的考试是国家选拔和培养人才的重要形式，关系人才强国战略的实施。确保考试的公平、公正，关系广大考生的根本利益。残疾人因为身体功能存在缺陷，在学习、工作、生活中面临许多常人难以想象的困难，难以与普通考生一样参加考试，这就需要考试的举办者、组织者根据残疾考生的残疾情形为其提供各种合理便利措施，以帮助其享有参加考试选拔的机会。这一群体参加升学、职业资格、任职等考试，是他们拥有的一项公民权利，保障残疾人的公民权利是政府不可推卸的责任，国家有关部门应当采取辅助方法和支持措施，对残疾人给予特别扶助，减轻或者消除残疾影响和外界障碍，保障残疾人权利的实现。随着我国对残疾人教育越来越重视，残疾人接受教育现在已经非常普及。我国向来重视为残疾人参加各级各类考试给予便利服务。《残疾人保障法》第五十四条第四款规定，国家举办的各类升学考试、职业资格考试和任职考试，有盲人参加的，应当为盲人提供盲文试卷、电子试卷或者由专门的工作人员予以协助。《残疾人教育条例》第五十二条规定，残疾人参加国家教育考试，需要提供必要支持条件和合理便利的，可以提出申请；教育考试机构、学校应当按照国家有关规定予以提供。本条在上述法律法规规定的基础上，将提供考试便利的服务对象扩展到所有残疾人，惠及全体残疾人群。

所谓为有残疾的考生提供便利服务，即由各级各类考试举办者和各级各类考试机构等考试组织者，依据本法、《残疾人教育条例》以及各专门考试的组织规则，为残疾人参加统一考试提供必要条件和合理便利。如 2017 年，教育部、中国残联印发《残疾人参加普通高等学校招生全国统一考试管理规定》，具体列举了教育考试机构应当根据残疾考生的残疾情况和需要以及各地实际提供的各种必要条件和合理便利，残疾人参加其他国家教育考试需要提供合理便利的，也参照该规定执行：（1）为视力残疾考生提供现行盲文试卷、大字号试卷（含大字号答题卡）或普通试卷。（2）为听力残疾考生免除外语听力考试。（3）允许视力残疾考生携带答题所需的盲文笔、盲文手写板、盲文作图工具、橡胶垫、无存储功能的盲文打字机、无存储功能的电子助视器、盲杖、台灯、光学放大镜等辅助器具或设备。（4）允许听力残疾考生携带助听器、人工耳蜗等助听辅听设备。（5）允许行动不便的残疾考生使用轮椅、助行器等，有特殊需要的残疾考生可以自带特殊桌椅参加考试。（6）适当延长考试时间：使用盲文试卷的视力残疾考生的考试时间，在该科目规定考试总时长的基础上延长50%；使用大字号试卷或普通试卷的视力残疾考生、因脑瘫或其他疾病引起的上肢无法正常书写或无上肢考生等书写特别困难考生的考试时间，在该科目规定考试总时长的基础上延长30%。（7）优先进入考点、考场。（8）设立环境整洁安静、采光适宜、便于出入的单独标准化考场，配设单独的外语听力播放设备。（9）考点、考场配备专门的工作人员（如引导辅助人员、手语翻译人员等）予以协助。（10）考点、考场设置文字指示标识、交流板等。（11）考点提供能够完成考试所需、数量充足的盲文纸和普通白纸。（12）其他必要且能够提供的合理便利。

不仅是国家教育考试，国家举办的其他重要考试，也应当为有无障碍需求的考生提供便利，考试的举办者、组织者应在保证考试安全和考场秩序的前提下，根据残疾考生的残疾情况和需要，结合各地实际，提供一种或几种必要条件和合理便利，尽可能为残疾考生提供参加考试的平等机会，这也是本条第一款关于教育无障碍规定的延续。根据本条的规定，须提供无障碍服务的考试范围包括国家举办的教育考试、职业资格考试、技术技能考试、招录招聘考试以及各类学校组织的统一考试。所谓国家举办，一般指由国家有关主管部门确定实施，由经批准或者备案的考试或者考核鉴定专门机构负责承办，面向社会公开、统一举行，其结果作为招收学历教育学生或者取得国家承认学历学位证书、获得特定职业（工种）从业资格、具备一定职业技术能力等级证明、招录招聘工作人员依据的测试活动，如普通高等学校招生全国统一考试、国家统一法律职业资格考试、会计专业技术资格考试、国家公务员考试等。

第四十四条 医疗卫生机构应当结合所提供的服务内容，为残疾人、老年人就医提供便利。

与残疾人、老年人相关的服务机构应当配备无障碍设备，在生活照料、康复护理等方面提供无障碍服务。

◆ 释义

本条是关于医疗卫生机构和残疾人、老年人相关服务机构应当提供无障碍服务的规定。

就医和养老是残疾人、老年人服务的重要方面。随着国家持续解决看病难、看病贵问题，“去看病难、便利不够”已经成为新的主要问题。与其他群体相比，残疾人、老年人在就医过程中对流程便利度、医院空间便利度、服务设施提供、使用智能设备等方面的满意程度相对较低。同时，与残疾人、老年人相关的服务机构配备的无障碍设施设备还不够齐全，在生活照料、康复护理等方面还不能有效提供无障碍服务。2012 年，国务院出台的《无障碍环境建设条例》并未就医疗卫生机构、相关服务机构提供无障碍服务作出专门规定。为应对人口老龄化的新形势，解决实践中存在的突出问题，本条专门对医疗卫生机构、相关服务机构提供就医便利和无障碍服务作出要求。

一、医疗卫生机构为残疾人、老年人就医提供便利

（1）关于医疗卫生机构。根据《基本医疗卫生与健康促进法》的规定，医疗卫生机构主要包括基层医疗卫生机构、医院、专业公共卫生机构等。例如，各类医院、妇幼保健机构、乡镇卫生院、村卫生室、社区卫生服务中心（站）等，均属于本条第一款规定的医疗卫生机构。

（2）结合服务内容提供就医便利。根据本条第一款规定，医疗卫生机构在为残疾人、老年人提供就医服务时，应当结合自身的服务内容提供相

应的便利。主要考虑是，各类医疗卫生机构的功能和条件都有不同。例如，有的医院是全科类医院，有的则是专门提供康复、护理服务的专科医院。基层医疗卫生机构主要提供预防、保健、健康教育、疾病管理服务，为居民建立健康档案，常见病、多发病的诊疗以及部分疾病的康复、护理，软硬件条件均有限，而医院主要提供疾病诊治，特别是急危重症和疑难病症的诊疗等方面的医疗卫生服务，软硬件条件普遍要优于基层医疗卫生机构。作出这样的规定，一方面是适应现实情况的需要，如果不作区分，“一刀切”地规定各类医疗卫生机构都必须提供同样的便利服务，不仅不切实际，还可能导致医疗资源的浪费；另一方面，有利于让残疾人、老年人享受有针对性的就医服务，提升残疾人、老年人的服务体验。

在残疾人就医便利方面，2016 年 4 月，国家卫生计生委办公厅等五部门印发《关于进一步做好重度残疾人医疗服务及保障工作的通知》，要求改善医疗护理服务，为重度残疾人等行动不便患者提供轮椅等便民设施，完善无障碍和防滑防跌倒设施，切实方便残疾人就医，改善残疾人看病就医感受。2016 年 10 月，中共中央、国务院发布《“健康中国 2030”规划纲要》，要求完善医疗机构无障碍设施，改善残疾人医疗服务，进一步完善康复服务体系，加强残疾人康复和托养设施建设。2021 年 7 月，国务院印发《“十四五”残疾人保障和发展规划》，提出加强和改善残疾人医疗服务，为残疾人提供就医便利，维护残疾人平等就医权利。

在老年人就医便利方面，2020 年 11 月，国务院办公厅印发《关于切实解决老年人运用智能技术困难的实施方案》，强调坚持传统服务方式与智能化服务创新并行，重点对便利老年人日常就医作出部署，要求提供多渠道挂号等就诊服务、优化老年人网上办理就医服务、完善老年人日常健康管理服务。为贯彻落实该方案，2021 年 6 月，《国家卫生健康委办公厅关于实施进一步便利老年人就医举措的通知》研究制定了便利老年人就医的十项举措：一是设立老年人快速预检通道；二是提供多渠道预约挂号服务；三是优化线上线下服务流程；四是提供便利的药事服务；五是推行出入院“一站式”服务；六是加强住院老年患者管理；七是安排专人提供导医服务；八是构建适老化就医环境；九是加强对老年人运用智能技术就医的宣传引导；十是推动老年人居家医疗服务。

今后在法律的贯彻实施中，医疗卫生机构应当结合服务内容，既要按照相关技术标准加强无障碍设施的建设和改造，提供符合标准要求的无障碍坡道、无障碍电梯、无障碍卫生间等无障碍设施，也要完善人工导引、语音提示、手语翻译等无障碍服务，为残疾人、老年人提供有针对性的无障碍服务，保障其就医便利。

二、与残疾人、老年人相关的服务机构应当配备无障碍设备、提供无障碍服务

（1）与残疾人、老年人相关的服务机构。主要是指提供残疾人康复、残疾人养护、养老服务等的机构。根据《残疾人服务机构管理办法》的规定，残疾人服务机构是指国家、社会和个人举办的，依法登记的专门为残疾人提供供养、托养、照料、康复、辅助性就业等相关服务的机构。根据《养老机构管理办法》的规定，养老机构是指依法办理登记，为老年人提供全日集中住宿和照料护理服务，床位数在 10 张以上的机构，包括营利性养老机构和非营利性养老机构。与残疾人、老年人相关的服务机构量大面广。根据国家卫生健康委发布的数据，截至 2021 年年末，全国共有各类养老服务机构和设施 35.8 万个，其中，全国共有注册登记的养老机构 4.0 万个，社区养老服务机构和设施 31.8 万个。根据中国残联发布的数据，截至 2022 年年末，全国有残疾人康复机构 11661 个，开展残疾人托养服务的各级各类机构有 8906 个。

（2）配备无障碍设备。这是对相关服务机构硬件条件的要求。一方面，相关服务机构应当按照相关技术标准建设和改造无障碍设施。例如，2018 年 3 月，民政部等四部门印发《残疾人服务机构管理办法》，明确规定残疾人服务机构应当为残疾人提供符合相关技术标准的无障碍设施。另一方面，还应当结合残疾人和老年人的身体机能、行动特点、生活需求等，配备相应的无障碍设备。例如，养老机构应当配备适合老年人安全保护要求的设施、设备及用具，残疾人服务机构可以通过设置康复辅助器具配置室等方式，为残疾人获得和使用康复辅助器具服务提供便利条件。

（3）提供无障碍服务。《关于加强新时代老龄工作的意见》《“十四五”国民健康规划》《“十四五”国家老龄事业发展和养老服务体系规划》《国

家残疾预防行动计划（2021—2025 年）》等文件对残疾人、老年人服务机构的建设和发展提出了相关要求。2023 年 5 月，中共中央办公厅、国务院办公厅印发《关于推进基本养老服务体系建设的意见》，在重点工作中专门对“提升基本养老服务便利化可及化水平”作出要求，鼓励开展无障碍环境认证，提升无障碍环境服务水平。结合服务机构的业务特点，本条第二款规定与残疾人、老年人相关的服务机构要在生活照料、康复护理等方面提供无障碍服务。例如，针对存在听力障碍、言语障碍的残疾人、老年人，应当提供手语翻译服务；对于智力障碍、精神障碍的残疾人、老年人，应当配备专业人员进行专业服务。

第四十五条 国家鼓励文化、旅游、体育、金融、邮政、电信、交通、商业、餐饮、住宿、物业管理等服务场所结合所提供的服务内容，为残疾人、老年人提供辅助器具、咨询引导等无障碍服务。

国家鼓励邮政、快递企业为行动不便的残疾人、老年人提供上门收寄服务。

◆ 释义

本条是关于服务场所提供无障碍服务的规定。

残疾人、老年人的日常生活涉及方方面面，其对无障碍服务的需求也涉及方方面面。随着我国经济社会的不断发展，包括残疾人、老年人在内的全体社会成员对文化、旅游、体育、金融、邮政、电信、交通、商业、餐饮、住宿、物业管理等各种服务的需求逐渐增加，体现了人民日益增长的美好生活需要。

2003 年出台的《公共文化体育设施条例》规定，公共文化体育设施的设计，应当符合实用、安全、科学、美观等要求，并采取无障碍措施，方便残疾人使用。《“十四五”旅游业发展规划》《全民健身计划（2021—2025 年）》等政策性文件包含涉及旅游和体育无障碍服务的规定。2012 年，中国银监会办公厅印发《关于银行业金融机构加强残疾人客户金融服务工作的通知》。2020年，国务院办公厅印发《关于切实解决老年人运用智能技术困难实施方案的通知》要求聚焦老年人日常生活涉及的高频事项，做实做细为老年人服务的各项工作，增进包括老年人在内的全体人民福祉。明确要求提高文体场所服务适老化程度，需要提前预约的公园、体育健身场馆、旅游景区、文化馆、图书馆、博物馆、美术馆等场所，应保留人工窗口和电话专线，为老年人保留一定数量的线下免预约进入或购票名额；同时，在老年人进入文体场馆和旅游景区、获取电子讲解、参与全民健身赛事活动、使用智能健身器械等方面，提供必要的信息引导、人工帮扶等服务；丰富老年人参加文体活动的智能化渠道，引导公共文化体育机构、文体和旅游类企业提供更多适老化智能产品和服务，同时开展丰富的传统文体活动；针对广场舞、群众歌咏等方面的普遍文化需求，开发设计适老智能应用，为老年人社交娱乐提供便利；探索通过虚拟现实、增强现实等技术，帮助老年人便捷享受在线游览、观赛观展、体感健身等智能化服务。要求保留传统金融服务方式，要改善服务人员的面对面服务，零售、餐饮、商场、公园等老年人高频消费场所，水电气费等基本公共服务费用、行政事业性费用缴纳，应支持现金和银行卡支付。要求医疗、社保、民政、金融、电信、邮政、信访、出入境、生活缴费等高频服务事项，应保留线下办理渠道，并向基层延伸，为老年人提供便捷服务；实体办事大厅和社区综合服务设施应合理布局，配备引导人员，设置现场接待窗口，优先接待老年人，推广“一站式”服务，进一步改善老年人办事体验。要求便利老年人日常消费，打造大字版、语音版、简洁版等适老手机银行APP，提升手机银行产品的易用性和安全性，便利老年人进行网上购物、订餐、家政、生活缴费等日常消费。要求推动手机等智能终端产品适老化改造，使其具备大屏幕、大字体、大音量、大电池容量、操作简单等更多方便老年人使用的特点；积极开发智能辅具、智能家居和健康监测、养老照护等智能化终端产品；发布智慧健康养老产品及服务推广目录，开展应用试点示范，按照适老化要求推动智能终端持续优化升级；要求推进互联网应用适老化改造，重点推动与老年人日常生活密切相关的政务服务、社区服务、新闻媒体、社交通讯、生活购物、金融服务等互联网网站、移动互联网应用适老化改造，使其更便于老年人获取信息和服务。优化界面交互、内容朗读、操作提示、语音辅助等功能，鼓励企业提供相关应用的“关怀模式”“长辈模式”，将无障碍改造纳入日常更新维护。要求便利老年人日常交通出行，优化老年人打车出行服务，便利老年人乘坐公共交通，提高客运场站人工服务质量，进一步优化铁路、公路、水运、民航客运场站及轨道交通站点等窗口服务，为老年人提供咨询、指引等便利化服务和帮助。

2021 年，商务部等十二部门印发《关于推进城市一刻钟便民生活圈建设的意见》，对商业场所完善无障碍服务进行了规定。2018 年，交通运输部等七部门联合出台《关于进一步加强和改善老年人残疾人出行服务的实施意见》，明确要求邮政对老年人、残疾人的信件、印刷品、汇款通知等实现邮件全部按址投递，因地制宜逐步推进有条件的邮政营业场所等设施无障碍改造，鼓励对老年人、残疾人实行快递门到门服务。

为了提高无障碍环境建设服务水平，健全残疾人、老年人等社会成员关爱服务体系和设施，2021 年，市场监管总局、中国残联出台《关于推进无障碍环境认证工作的指导意见》，聚焦残疾人、老年人、儿童、伤病人等社会成员出行、参与社会生活的需求，在城市道路、公共交通、公共服务设施等领域推行无障碍设计、设施及服务等无障碍环境认证，提升无障碍环境建设质量和社会服务效能，增强人民群众的获得感、幸福感、安全感。

本条在总结上述实践的基础上，作出了引导性规定，即国家鼓励文化、旅游、体育、金融、邮政、电信、交通、商业、餐饮、住宿、物业管理等服务场所结合所提供的服务内容，为残疾人、老年人提供辅助器具、咨询引导等无障碍服务。国家鼓励邮政、快递企业为行动不便的残疾人、老年人提供上门收寄服务。各行各业的服务场所应当科学把握老年人、残疾人生活需求和特征，根据所提供的服务的不同特点，结合当地经济发展水平等因素，因地制宜，稳步推进无障碍服务体系建设，为老年人提供辅助器具、提供咨询引导等无障碍服务。要广泛动员行业协会、残疾人组织等社会各方力量，充分发挥市场机制作用，满足老年人、残疾人等群体多层次、多样化生活需求。特别鼓励邮政、快递企业为行动不便的残疾人、老年人提供上门收寄服务，鼓励物业企业为残疾人、老年人提供贴心的上门服务。要为残疾人、老年人等特殊群体提供高质量的无障碍服务，首先，需要相关人员具备无障碍服务意识。其次，相关人员应当接受相关专业培训，掌握各种无障碍设施、设备的使用方法和无障碍服务技能。

第四十六条 公共场所经营管理单位、交通运输设施和公共交通运输工具的运营单位应当为残疾人携带导盲犬、导听犬、辅助犬等服务犬提供便利。

残疾人携带服务犬出入公共场所、使用交通运输设施和公共交通运输工具的，应当遵守国家有关规定，为服务犬佩戴明显识别装备，并采取必要的防护措施。

◆ 释义

本条是关于残疾人使用服务犬的规定。

一、相关经营管理单位、运营单位应当为残疾人携带服务犬提供便利

《残疾人保障法》第五十八条规定，盲人携带导盲犬出入公共场所，应当遵守国家有关规定。《无障碍环境建设条例》第十六条规定，视力残疾人携带导盲犬出入公共场所，应当遵守国家有关规定，公共场所的工作人员应当按照国家有关规定提供无障碍服务。但由于法律法规规定得较为原则，强制力不足，导致导盲犬乘坐公共交通运输工具、进入酒店等场所被拒的事件时有发生，造成了一定负面影响。

为了落实法律法规的规定，保障残疾人出行便利，我国部门规章及相关规范性文件对残疾人携带服务犬出入公共场所和乘坐交通工具进行了细化规定。例如，2014 年中国民航局发布实施《残疾人航空运输管理办法》，其中设立了第七章“服务犬”专章，第四十七条第一款规定，承运人、机场和机场地面服务代理人应允许服务犬在航班上陪同具备乘机条件的残疾人。2015 年，中国铁路总公司办公厅与中国残联印发《视力残疾旅客携带导盲犬进站乘车若干规定（试行）》。2017 年国家邮政局、中国残联印发《关于进一步加强邮政行业无障碍环境建设等相关工作的通知》，明确了邮

政企业应执行视力残疾人携带导盲犬出入公共场所的相关规定。2022 年交通运输部发布的《铁路旅客运输规程》第二十二条第二款规定，视力残疾旅客可以携带导盲犬进站乘车。北京、上海、江苏等地出台的无障碍环境建设地方性法规和规章进一步明确了残疾人携带导盲犬出入公共场所、乘坐公共交通工具的权利。例如，《北京市无障碍环境建设条例》第三十三条规定，视力残疾人持视力残疾人证、导盲犬工作证可以携带导盲犬进入公共场所、乘坐公共交通工具，有关单位和个人不得拒绝。

服务犬是残疾人出行、参与社会生活的工具。允许残疾人携带服务犬出入公共场所、使用交通运输设施和公共交通运输工具是保障残疾人权利的重要措施，体现了社会的文明进步。因此，有必要在总结实践经验的基础上，将成熟的经验做法上升为法律规定，进一步提升法律的针对性和可操作性，保障残疾人的出行便利。

（1）关于公共场所经营管理单位、交通运输设施和公共交通运输工具的运营单位。公共场所经营管理单位主要指宾馆、饭馆、影剧院、体育馆、公园、展览馆、博物馆、美术馆、图书馆、商场、书店等场所具有经营职能和管理职责的单位；交通运输设施和公共交通运输工具的运营单位主要指对铁路客运站、汽车客运站、客运码头、民用运输机场、城市轨道交通车站、城市公共交通枢纽等交通运输设施和民用航空器、客运列车、客运船舶、公共汽电车、城市轨道交通车辆等公共交通运输工具具有运营职责的单位。

（2）关于服务犬。实践中，较为常见的服务犬为导盲犬，2006 年以来，辽宁大连、江苏南京、上海、河南郑州、广东广州、北京等地相继成立导盲犬培训机构。2018 年《导盲犬》国家标准（GB/T 36186—2018）正式发布，规定了导盲犬的选种与繁殖、饲养和管理、培训与评估、回访与复训、退役和犬档案。中国盲协成立了导盲犬工作指导委员会推动导盲犬工作的健康发展。尽管目前服务聋人和重度肢残人的导听犬、辅助犬等服务犬还不多，但为了保障其使用服务犬的权利，本法将《残疾人保障法》规定的“导盲犬”扩展为“导盲犬、导听犬、辅助犬等服务犬”，为将来的发展留出空间。

（3）关于提供便利。公共场所经营管理单位、交通运输设施和公共交通运输工具的运营单位不仅不能拒绝服务犬进入公共场所、交通运输设施和公共交通工具，还应当制定完善相关服务配套制度，加强对工作人员的培训，为残疾人携带服务犬进入公共场所、进站、乘车提供便利。例如，乘车期间，在条件允许的情况下，工作人员应尽可能协调将残疾乘客安排至较为宽敞的席位，以方便其乘车生活和照看导盲犬等。

二、残疾人使用服务犬应当遵守国家有关规定

虽然服务犬的选种、训练都有严格的程序和要求，但仍然会存在随意排泄、袭击他人的风险。因此，残疾人在享有使用服务犬权利的同时，也应当承担相应的义务。

（1）遵守国家有关规定。无障碍环境建设法草案一审稿规定，残疾人携带服务犬出入公共场所、使用交通运输设施和公共交通运输工具的，应当提供服务犬训练合格证书。在草案修改过程中，有的意见提出，目前并非所有的服务犬都有国家认证的训练合格证书，建议将“提供服务犬训练合格证书”修改为“遵守国家有关规定”。全国人大宪法和法律委员会经研究，采纳了这一意见。针对服务犬的使用要求，国家有关部门出台了一系列的规定，例如，中国民航局《残疾人航空运输管理办法》规定，残疾人应负责服务犬在客舱内的排泄，不影响机上的卫生，应向相关部门提供服务犬的身份证明和检疫证明等；中国铁路总公司办公厅与中国残联印发的《视力残疾旅客携带导盲犬进站乘车若干规定（试行）》要求，携带导盲犬乘车的视力残疾旅客应尽量在车站售票窗口购票时，或开车时间 12 小时前，通过 12306 电话联系铁路客户服务中心，说明携带导盲犬乘车的需求，进站时，主动配合铁路工作人员出示有关证件、接受安检等；没有提前联系铁路客服中心的，也可以在进站、乘车时向车站工作人员告知并寻求帮助。

（2）为服务犬佩戴明显识别装备。为服务犬佩戴明显的标识，有利于现场工作人员对导盲犬进行识别和检查，也有利于提醒其他公众注意避让。目前，服务犬的识别装备主要有专用项圈、鞍具、犬服等。例如，导盲鞍是导盲犬工作时的标准装备，也是识别导盲犬的最明显标志。

（3）采取必要的防护措施。包括使用合格的服务犬；关注服务犬的健

康和卫生状况，定期到有关部门批准的动物诊疗机构为服务犬进行健康检查，注射犬病疫苗；控制服务犬行动，善待服务犬；按期办理年检手续；遵守公共场所的卫生和安全规定等；为服务犬系上牵引绳索，不让其任意跑动等。

第四十七条 应急避难场所的管理人在制定以及实施工作预案时，应当考虑残疾人、老年人的无障碍需求，视情况设置语音、大字、闪光等提示装置，完善无障碍服务功能。

◆ **释义**

本条是关于应急避难场所完善无障碍服务功能的规定。

世界各国情况表明，在自然灾害、事故灾难、公共卫生事件、社会安全事件等突发事件中，残疾人、老年人、妇女、儿童等往往是受损害比较严重的群体。2015 年，联合国通过了《2015—2030 年仙台减少灾害风险框架》，呼吁要采取更加广泛和更加以人为本的预防方法应对灾害风险，公开倡导、推动基于性别平等和通用无障碍的响应、复原、恢复和重建办法。英国、美国、日本等国家已通过立法明确对残疾人的应急疏散安全进行保障，并且在建筑标准中增加了针对残疾人应急疏散的设计要求。此外，我国上海、江苏等地的无障碍环境建设地方立法也对无障碍应急避难作了规定，为国家立法提供了实践经验。我国应急疏散现有法律法规主要针对火灾类型的消防疏散，针对特殊群体的应急疏散保障未作出具体要求，因此特殊人群的应急疏散亟待从国家立法层面提出保障措施。

一、应急避难场所的管理人制定及实施工作预案的职责

（1）应急避难场所。应急避难场所，是指为了应对地震、洪涝、火灾等自然灾害和事故灾难，按照规划和相关标准建设的用于居民应急避险、疏散和临时安置，具有应急避难基本生活服务功能的安全场所。应急避难场所作为公共安全和应急管理的重要组成部分，在重大突发事件预报预警、抢险救援、过渡安置过程中，发挥着转移避险、安置避难群众和稳定社会

的重要作用。2022年，国家减灾委员会印发《“十四五”国家综合防灾减灾规划》，提出要充分利用城乡公共服务设施和场地空间资源，推动各地科学合理规划、高标准建设应急避难场所，重点加强综合性、室内型和农村应急避难场所的推广建设。我国法律对应急避难场所的规划建设管理作了明确规定。例如，《突发事件应对法》第十九条规定，城乡规划应当符合预防、处置突发事件的需要，统筹安排应对突发事件所必需的设备和基础设施建设，合理确定应急避难场所。《防震减灾法》第四十一条规定，城乡规划应当根据地震应急避难的需要，合理确定应急疏散通道和应急避难场所，统筹安排地震应急避难所必需的交通、供水、供电、排污等基础设施建设。应急避难场所的建设应当符合一定的无障碍建设标准。2017年，住房和城乡建设部、国家发展和改革委员会发布《城市社区应急避难场所建设标准》，从建设规模与项目构成、选址与规划布局、面积指标、场地、建筑与设施等方面，对应急避难场所的建设作了规定。《防灾避难场所设计规范》国家标准规定，用于婴幼儿、高龄老人、行动困难的残疾人和伤病员等特定群体的专门防灾避难场所、专门避难区或专门避难单元应满足无障碍设计要求。

（2）应急避难场所的管理人。应急避难场所由政府规划设立，一般来说，应急避难场所可以分为三类：一是居民区内的应急避难场所，通常将小区的公共场所（如体育馆、文化室等）进行改造；二是企业事业单位内的应急避难场所，通常将大型的文体场所、办公楼或会议室等作为应急避难场所；三是公共区域内的应急避难场所，包括公园、广场、体育馆等公共设施。例如，根据《自然灾害救助条例》第十一条第一款的规定，县级以上地方人民政府应当根据当地居民人口数量和分布等情况，利用公园、广场、体育场馆等公共设施，统筹规划设立应急避难场所，并设置明显标志。应急避难场所的管理人，也就是用作应急避难场所的场地产权单位或实际经营、管理的单位，在应急部门和行业部门指导下负责做好场所的日常管理和功能维护。

（3）制定并实施工作预案。根据《突发事件应对法》的有关规定，我国建立健全突发事件应急预案体系，公共交通工具、公共场所和其他人员密集场所的经营单位或者管理单位应当制定具体应急预案，为交通工具和有关场所配备报警装置和必要的应急救援设备、设施，注明其使用方法，并显著标明安全撤离的通道、路线，保证安全通道、出口的畅通。应急避难场所的管理人应当根据法律规定，制定本场所的工作预案，并加强日常维护与管理，待应急避难场所启用后，按照工作预案及时开放应急避难场所，并配合做好疏散、安置、救助等相关工作。

二、完善应急避难场所的无障碍服务功能

发生突发事件时，由于残疾人、老年人自身身体的局限性，可能难以通过正常方式获取应急避难场所的信息并使用应急避难功能。因此，应急避难场所管理人在制定工作预案之初，就要事先考虑残疾人、老年人对于应急避难的无障碍需求，并根据其实际需求，制定具体的工作措施，完善应急避难场所的无障碍功能。国务院办公厅印发《关于切实解决老年人运用智能技术困难实施方案的通知》要求：在突发事件处置中做好帮助老年人应对工作。在自然灾害、事故灾难、公共卫生事件、社会安全事件等突发事件处置中，需采取必要智能化管理和服务措施的，要在应急预案中统筹考虑老年人需要，提供突发事件风险提醒、紧急避难场所提示、“一键呼叫”应急救援、受灾人群转移安置、救灾物资分配发放等线上线下相结合的应急救援和保障服务，切实解决在应急处置状态下老年人遇到的困难。

具体而言，为完善应急避难场所的无障碍服务功能，应急避难场所的入口、通道、厕所等设施要按照无障碍设计标准进行改造，包括设置坡道、安装扶手、设置无障碍卫生间等，确保残疾人、老年人能够顺利进出和活动；需要提供无障碍的应急设备，如紧急广播通知系统、灭火器、应急照明等，确保残疾人、老年人能够独立操作和获得相关信息；为满足残疾人的特殊需求，应急避难场所还应提供无障碍服务设施，如轮椅、翻译服务、听觉辅助设备等，以便残疾人能够及时获得帮助和支援；应急避难场所管理人员应接受相关培训，了解如何应对残疾人、老年人在紧急情况下的需求，并向公众宣传残疾人、老年人的特殊需求和权益，提高社会对残疾人、老年人的关注和理解；要积极开展残疾人、老年人应急避难场所疏散安置演练，让他们清楚身边的应急避难场所的位置、设施、应急启用条件、运行安置程序等，为做好疏散安置工作打好基础。

需要说明的是，在无障碍环境建设法草案审议过程中，有的意见提出，将“视情况”删除，强制应急避难场所的管理人设置语音、大字、闪光等提示装置。考虑到突发事件的特殊紧迫性，强制应急避难场所的管理人采取所有的提示装置，不符合实际情况。全国人大宪法和法律委员会经研究，没有采纳这一建议。应急避难场所的管理人可以根据突发事件的紧迫情况和实际条件，选择合理必要的提示装置。

第四十八条 组织选举的部门和单位应当采取措施，为残疾人、老年人选民参加投票提供便利和必要协助。

◆ 释义

本条是关于保障残疾人、老年人选举权利的规定。

我国《宪法》第三十四条规定，中华人民共和国年满十八周岁的公民，不分民族、种族、性别、职业、家庭出身、宗教信仰、教育程度、财产状况、居住期限，都有选举权和被选举权；但是依照法律被剥夺政治权利的人除外。选举权是公民选举国家权力机关的代表与其他公职人员的权利。选举权是公民有序进行政治参与的最重要、最直接、最广泛的政治权利。组织选举的部门和单位采取措施为残疾人、老年人选民参加投票提供便利和必要协助，有助于保障残疾人、老年人选民行使选举权，平等、充分、便捷地参与政治生活。

《全国人民代表大会和地方各级人民代表大会选举法》第四条规定，中华人民共和国年满十八周岁的公民，不分民族、种族、性别、职业、家庭出身、宗教信仰、教育程度、财产状况和居住期限，都有选举权和被选举权。依照法律被剥夺政治权利的人没有选举权和被选举权。第二十七条第二款规定，精神病患者不能行使选举权利的，经选举委员会确认，不列入选民名单。《残疾人保障法》第六条第一款规定，国家采取措施，保障残疾人依照法律规定，通过各种途径和形式，管理国家事务，管理经济和文化事业，管理社会事务。第五十六条规定，组织选举的部门应当为残疾人参加选举提供便利；有条件的，应当为盲人提供盲文选票。

通过以上规定可以看出，除被剥夺政治权利的人和部分不能行使选举权利的精神病患者以外，我国绝大多数残疾人、老年人均享有选举权利。但在现实生活中，残疾人、老年人由于身体的影响和客观条件的限制，参加选举可能会遇到一定的困难，需要相关部门特别是组织选举的部门协助和提供无障碍服务。例如，选举场所要建有无障碍设施，便于残疾人或者行动不便的老年人参与选举，对于不能独立填写选票的盲人，应当为其提供盲文选票，或者由工作人员给予协助。这些是帮助残疾人、老年人实现选举权利的重要措施，更是国家重视残疾人、老年人选举权利的重要体现。国外相关法律对残疾人、老年人无障碍地行使选举权利也有类似规定。例如，德国残疾人法就规定，投票站必须是无障碍的或者配有设施便利于残疾人或行走困难的人士参与选举。盲人在选举过程中有权利使用模板。

在全国人大常委会会议对草案进行审议过程中，有的常委委员提出，本条规定应与选举法等规定保持一致。根据常委委员意见，本条修改为：组织选举的部门和单位应当采取措施，为残疾人、老年人选民参加投票提供便利和必要协助。

随着我国民主制度的不断完善，残疾人、老年人行使选举权利的条件将更加便利。目前，一些地方在地方性法规中规定了保障残疾人、老年人选举权利的相关内容。例如，《北京市无障碍环境建设条例》第三十二条规定，组织残疾人、老年人等社会成员参加选举的，应当在场地、设施、材料提供方面充分考虑其无障碍需求，根据需要提供盲文、大字选票。

第四十九条　国家鼓励和支持无障碍信息服务平台建设，为残疾人、老年人提供远程实时无障碍信息服务。

◆ 释义

本条是关于国家鼓励和支持无障碍信息服务平台建设的规定。

随着我国经济社会快速发展与信息技术广泛运用，数字经济、数字社会、数字政府深刻改变着人们的生活方式。残疾人、老年人等群体在一定程度上面临着“数字鸿沟”的新问题。加快无障碍信息建设，消除“数字鸿沟”是整个社会的需要。基于此，我们说无障碍环境建设具有较强的时代性，其内容早已超出传统无障碍设施建设的范畴，已成为涉及多个领域的综合性、系统性工程，既包括无障碍设施等“硬件”的建设，也包括无障碍信息交流、无障碍社会服务等“软件”的供给，特别是在信息化时代如何实现残疾人、老年人等群体的有效参与、自主交流，成为无障碍环境建设的新命题。

为着力解决残疾人、老年人等特殊群体在信息化发展中遇到的难点、堵点、痛点，提高无障碍信息服务质量，2021 年，国务院发布《“十四五”残疾人保障和发展规划》提出，支持地方建设听力、语言残疾人无障碍信息服务平台。对于加强基础设施和信息化建设作出具体规定，实现有条件的县（市、区、旗）残疾人服务设施全覆盖，促进服务设施规范运营和发挥效益。推动残疾人基本公共服务项目纳入各地政务服务“一网通办”平台、社会保障卡等加载残疾人服务功能。坚持传统服务方式与智能化服务创新并行，建立线上线下相结合的残疾人服务体系，推动数字化服务在助残中的普惠应用。完善残疾人口基础数据，改进残疾人服务需求和服务供给调查统计，加强残疾人服务大数据建设。本条聚焦的主要是提供远程实时无障碍信息服务，鼓励和支持无障碍信息服务平台建设，主要构建为听力、言语、视力障碍人群以及老年人，提供远程实时手语翻译、语音阅读等服务的平台。本条规定是鼓励性条款，在现有基础上，国家鼓励和支持无障碍信息服务平台建设，为残疾人、老年人提供远程实时无障碍信息服务，以更高的标准建设无障碍环境。

需要注意的是，这里所提供的无障碍服务应当是“实时”的。例如，有听障患者前往医院就医，可以通过无障碍信息服务平台远程视频，手语翻译员在线为听障患者和医院工作人员进行实时手语翻译，更好地满足听障患者的就医需求。无障碍信息服务平台建设创新了公共服务提供方式，增强了公共服务供给的针对性和有效性，为社会成员尤其是残疾人、老年人获取和使用信息提供便利，保障残疾人、老年人平等充分便捷地参与和融入社会生活，促进社会全体人员共享经济社会发展成果。

目前，已有一些地方在地方性法规中规定了无障碍信息平台的相关内容。例如，《上海市无障碍环境建设条例》第五十四条第一款规定，本市鼓励和支持服务于残疾人、老年人等听力、言语、视力障碍人群的无障碍信息服务平台建设，为有无障碍需求的社会成员提供远程实时无障碍信息服务。目前，上海市基层服务窗口提供手语视频服务，通过手语客服软件，可与 12345 市民服务热线的专职手语翻译员远程视频，手语翻译员在线为听障人士和工作人员双向解说。实践中，北京、黑龙江、浙江、湖南等地也在探索远程实时无障碍信息服务。

第五章 保障措施

第五十条 国家开展无障碍环境理念的宣传教育，普及无障碍环境知识，传播无障碍环境文化，提升全社会的无障碍环境意识。

新闻媒体应当积极开展无障碍环境建设方面的公益宣传。

◆ **释义**

本条是关于无障碍环境宣传教育的规定。

提高认识，消除认识误区和偏见，是深入开展无障碍环境建设的前提条件。当前社会在无障碍环境的认识方面，还存在较多问题：对无障碍环境的理解比较局限，认识不到无障碍环境的广泛受益性；对无障碍环境建设成本存在误解，忽视无障碍环境建设的价值和回报；全民的无障碍环境意识不强，缺乏无障碍环境技术和知识，无障碍环境文化氛围不浓，随意或无意占用甚至损坏无障碍设施的情况时有发生，缺乏自觉维护及监督无障碍环境维护的意识。通过多种形式加强无障碍环境理念的宣传教育，消除认知误区和盲区，是国内外比较普遍和成熟的经验做法。本法不仅对宣传教育专门作出规定，而且将其作为“保障措施”专章的第一条，明确国家和新闻媒体积极开展宣传教育的义务。

一、国家开展宣传教育的义务

无障碍环境建设是一项多主体、多领域、多环节的系统工程，需要各部门齐抓共管和全社会共同参与，不仅需要完善法律制度规范，将法律制度规范转化为全社会共同遵守的行为规范，还需要持续加强无障碍环境理念的宣传教育，将无障碍环境知识、文化和意识融入公民的价值观念和精神世界，推动形成人人关心、人人支持、人人参与无障碍环境建设的社会氛围。2021 年，中国残疾人联合会、住房和城乡建设部、中央网信办等十三部门联合印发的《无障碍环境建设“十四五”实施方案》明确提出，进一步营造无障碍环境建设的良好社会氛围，让关心支持无障碍环境建设的理念日益深入人心和成为公民自觉行动。因此，本条第一款规定国家的义务包括：开展无障碍环境理念的宣传教育，着重普及无障碍环境知识，传播无障碍环境文化，提升全社会的无障碍环境意识。

本条作为“保障措施”专章的第一条，对本章起到引领作用，后续的相关条文，可以看作国家履行无障碍环境理念宣传教育义务的进一步细化。例如，本法第五十一条规定国家推广通用设计理念，构建无障碍环境建设标准体系；第五十五条规定无障碍环境建设人才的培养；第五十六条规定国家鼓励相关单位和组织对工作人员进行无障碍服务知识与技能培训等。在地方立法中，各省（市、区）非常注重无障碍环境的宣传教育，对宣传责任主体、内容、方式等作出了丰富规定，在实践中也可以参考和借鉴。例如，《上海市无障碍环境建设条例》规定，教育部门应当将无障碍理念纳入各类学校的校园文化建设，通过开展无障碍体验活动等方式，培育学生尊重和帮助有无障碍需求的社会成员的理念。《北京市无障碍环境建设条例》规定，残疾人联合会、老年人组织应当组织编制无障碍服务通用知识读本，普及无障碍服务知识，指导有关单位开展无障碍服务技能培训。为促进无障碍环境理念的宣传教育，《深圳经济特区无障碍城市建设条例》专门将每年 12 月 3 日设立为深圳市无障碍城市宣传日，规定市教育、文化广电旅游体育等相关部门和残疾人联合会、妇女联合会、共青团等群团组织，应当根据各自工作职责制定实施无障碍城市宣传促进计划，定期开展宣传教育活动，向公众普及无障碍城市理念、知识和技能。

实践中，国家通过各种形式加强无障碍环境理念的宣传教育，并作为无障碍环境建设的重要内容，一是大力宣传无障碍环境建设的意义和价值，引导全社会重视无障碍环境建设；二是丰富宣传教育内容，配套宣传相关法律、法规、规章、国际公约的规定和标准规范的内容；三是丰富宣传教育形式，采用文字、音视频、简明版、盲文、手语等无障碍方式进行普法宣传；四是扩大宣传覆盖面，不仅加大面向残疾人、老年人的宣传教育力度，增强他们参与无障碍环境建设的能力和素质，而且面向机关、企业事业单位、其他组织等多主体开展宣传，推动全社会共建共治共享无障碍环境。

二、新闻媒体开展公益宣传的义务

新闻媒体是普及无障碍环境知识、传播无障碍环境文化、营造无障碍环境氛围、提升全社会无障碍环境意识的重要力量。近些年，随着社会对无障碍环境建设问题的重视，报刊、广播、电视、网络等媒体加大无障碍环境的宣传力度，宣传普及相关知识，引导人们树立正确的无障碍环境理念。

在地方立法中，一些地方性法规的规定更细。《北京市无障碍环境建设条例》规定，在国际残疾人日、老年节等重要时间节点安排固定时段或者版面进行公益宣传。《重庆市无障碍环境建设与管理规定》规定，广播电台、电视台和报刊等新闻媒体应当按照有关规定安排一定时段或者版面进行无障碍环境建设的公益宣传。

在无障碍环境建设法草案一审过程中，有多位全国人大常委会委员提出应该加大无障碍环境建设的宣传力度。全国人大宪法和法律委员会经研究，采纳了这一意见，在草案二审稿中增加了本款规定，将积极开展无障碍环境建设方面的公益宣传作为新闻媒体的法定义务，进一步压实了新闻媒体的责任，有利于增强全社会无障碍环境意识，促进国家和社会文明进步。

第五十一条 国家推广通用设计理念，建立健全国家标准、行业标准、地方标准，鼓励发展具有引领性的团体标准、企业标准，加强标准之间的衔接配合，构建无障碍环境建设标准体系。

地方结合本地实际制定的地方标准不得低于国家标准的相关技术要求。

◆ 释义

本条是关于构建无障碍环境建设标准体系的规定。

一、我国无障碍环境建设标准体系的发展状况

标准是指农业、工业、服务业以及社会事业等领域统一的技术要求。标准体系是系统开展无障碍环境建设的重要依据，同时也是验收、评估、评测、认证、管理、监督无障碍环境的技术依据。建立完善的标准体系，是搞好无障碍环境的关键和重要保障。从我国无障碍环境建设发展历程来看，从一开始我国就注重标准先行，以明确标准带动建设工作。1989 年 4 月，建设部、民政部、中国残疾人福利基金会共同颁布了《方便残疾人使用的城市道路和建筑物设计规范（试行）》。这是我国第一部无障碍建设设计标准，标志着我国无障碍设施建设工作拉开序幕，走上正轨。1998 年 6 月，建设部、民政部、中国残联对设计规范作了补充规定；2001 年 6 月又作了修订，形成《城市道路和建筑物无障碍设计规范》，对建设范围、建设标准、建设要求作了更加明确的规定。2012 年，建设部、民政部、中国残联组织对该规范再次进行了修订，将名称变更为《无障碍设计规范》（GB 50763—2012），并上升为国家标准，增加了城市绿地、历史文物保护建筑改造、信息交流无障碍的内容，扩展了建筑类型以及无障碍设施的类型，对于进一步规范我国无障碍建设，加快我国无障碍建设发展，切实保障残疾人、老年人等社会成员参与社会生活权益具有重要意义。

相关行业部门结合具体职责也积极制定无障碍环境建设有关标准。2000 年，中国民用航空局发布了《民用机场旅客航站区无障碍设施设备配置技术标准》；2005 年，铁道部发布实施了《铁路旅客车站无障碍设计规范》；2006 年，信息产业部开始制定实施网站无障碍等一系列信息交流无障碍建设标准；2021 年 9 月，住房和城乡建设部制定《建筑与市政工程无障碍通用规范》，该规范为强制性工程建设规范。目前，我国已经初步形成包括国家标准、行业标准、地方标准和团体标准在内的标准体系，标准数量不断增加，标准体系日臻完善。在标准内容上，涵盖包装设计、交通、建筑物、道路、标识、信息、网站设计、通信终端等方面。

尽管无障碍环境建设标准体系取得较大进展，但也要清醒看到，与无障碍环境建设高质量发展的要求相比，我国无障碍环境建设标准体系还存在不少问题或者短板：推荐性标准居多、强制性标准比较少，标准实施缺

乏有效机制和监管；标准体系不健全，还存在很多空白，尤其在信息交流、服务、产品、设备等方面；标龄过长，修订不及时，内容陈旧，前瞻性不足，适用性不强；通用设计理念融入不足，未能全面考虑不同群体的差异和需求；标准之间衔接性有待加强，与国际标准的衔接性还有待提升。在这种背景下，本法制定过程中充分考虑标准体系建设的重要性，在“无障碍设施建设”“无障碍信息交流”“无障碍社会服务”三章具体规定中，均强调无障碍环境建设应当符合标准（包括无障碍设施工程建设标准、无障碍网站设计标准和国家信息无障碍标准等）。同时，在“保障措施”一章中专门就标准体系建设作出规定。因此，本法特别强调推广通用设计理念，加强标准之间的衔接配合，构建无障碍环境建设标准体系，地方标准不得低于国家标准的相关技术要求。

二、构建无障碍环境建设标准体系有关要求

一是国家推广通用设计理念。通俗地讲，通用设计是指适合所有年龄和能力人群的设计。早期无障碍设计强调需要考虑使用者的便利与残疾人的特殊性，而通用设计理念则强调尽最大可能面向所有使用者，不特别强调使用者的特殊问题。过去三十多年，通用设计理念逐渐普及流行，联合国《残疾人权利公约》采用了通用设计理念，将其定义为“尽最大可能让所有人可以使用，无需作出调整或特别设计的产品、环境、方案和服务设计”，并在拟订标准和导则方面提倡通用设计。“通用设计”不排除在必要时为某些残疾人群体提供辅助用具。相关法规贯彻公约精神，积极采纳通用设计理念，例如《无障碍环境建设条例》第六条规定，国家鼓励、支持采用无障碍通用设计的技术和产品，推进残疾人专用的无障碍技术和产品的开发、应用和推广。总结实践经验和实际需要，本条规定国家推广通用设计理念，这一规定具有重要的现实意义。第一，符合国际发展主流趋势，响应国际社会倡导要求，有利于将通用设计理念融入立法和标准体系建设中，便于开展无障碍环境建设国际交流与合作。第二，通用设计的应用不仅能保障残疾人、老年人，而且能使更多的人平等、充分、便捷地参与和融入社会生活，这也体现了无障碍环境建设“广泛受益”的原则。第三，有助于节约无障碍环境建设成本。如果从设计开始就使用通用设计，未来

进行无障碍环境改造的成本较低。

二是建立健全国家标准、行业标准、地方标准。根据《标准化法》的规定，国家标准包括强制性国家标准和推荐性国家标准。对保障人身健康和生命财产安全、国家安全、生态环境安全以及满足经济社会管理基本需要的技术要求，应当制定强制性国家标准。国务院有关行政主管部门依据职责负责强制性国家标准的项目提出、组织起草、征求意见和技术审查。国务院标准化行政主管部门负责强制性国家标准的立项、编号和对外通报。强制性国家标准由国务院批准发布或者授权批准发布。对满足基础通用、与强制性国家标准配套、对各有关行业起引领作用等需要的技术要求，可以制定推荐性国家标准。推荐性国家标准由国务院标准化行政主管部门制定。对没有推荐性国家标准、需要在全国某个行业范围内统一的技术要求，可以制定行业标准。行业标准由国务院有关行政主管部门制定，报国务院标准化行政主管部门备案。为满足地方自然条件、风俗习惯等特殊技术要求，可以制定地方标准。地方标准由省、自治区、直辖市人民政府标准化行政主管部门制定；设区的市级人民政府标准化行政主管部门根据本行政区域的特殊需要，经所在地省、自治区、直辖市人民政府标准化行政主管部门批准，可以制定本行政区域的地方标准。目前，无障碍环境建设领域，国家标准相对较少，强制性标准相对较少，需要进一步建立健全相关国家标准、行业标准、地方标准。

三是鼓励发展具有引领性的团体标准、企业标准。根据《标准化法》的规定，国家鼓励学会、协会、商会、联合会、产业技术联盟等社会团体协调相关市场主体共同制定满足市场和创新需要的团体标准，由本团体成员约定采用或者按照本团体的规定供社会自愿采用。制定团体标准，应当遵循开放、透明、公平的原则，保证各参与主体获取相关信息，反映各参与主体的共同需求，并应当组织对标准相关事项进行调查分析、实验、论证。企业可以根据需要自行制定企业标准，或者与其他企业联合制定企业标准。国家支持在重要行业、战略性新兴产业、关键共性技术等领域利用自主创新技术制定团体标准、企业标准。国家鼓励社会团体、企业制定高于推荐性标准相关技术要求的团体标准、企业标准。鼓励发展团体标准、企业标准，有利于支持推动有条件的社会组织、企业发挥主动性，积极探索创新，引领无障碍环境建设发展。

四是加强标准之间的衔接配合。无障碍环境建设面对的使用群体比较广泛，涉及的领域也比较广泛。一方面，必须标准化、规范化，构建完善的标准体系；另一方面，必须加强标准之间的衔接配合，不能相互之间出现冲突、矛盾，比如推荐性国家标准、行业标准、地方标准、团体标准、企业标准的技术要求不得低于强制性国家标准的相关技术要求等。加强标准之间的衔接配合，有利于各领域统一、协调推进无障碍环境建设，确保有无障碍需求的社会成员安全便利地使用无障碍环境。

三、地方标准不得低于国家标准的相关技术要求

无障碍环境建设应当与经济社会发展水平相适应。我国幅员辽阔，地形地貌、资源禀赋、风土人情差异大，无障碍环境建设水平存在比较明显的城乡、区域差距，在国家标准的基础上，有必要结合本地实际制定地方标准。实践中，一些地方通过制定地方标准，积极推进无障碍环境建设。例如，深圳市《无障碍设计标准》（SJG 103—2021）、《福建省无障碍设施设计标准》（DBJ/T 13—423—2023）。立法调研过程中了解到，在无障碍环境建设做得好的地方，一些地方标准高于国家标准的要求。基于地方取得的成就经验，本条第二款在《标准化法》有关规定的基础上，进一步规定地方标准不得低于国家标准的相关技术要求，推动地方高标准开展无障碍环境建设。

根据《标准化法》的规定，国家标准分为强制性标准、推荐性标准，行业标准、地方标准是推荐性标准，地方标准的技术要求不得低于强制性国家标准的相关技术要求。本款在具体理解把握上，应当注意两个方面：第一，地方标准不得低于强制性国家标准的技术要求，这是对《标准化法》相关规定的再次强调。第二，地方标准也不应低于推荐性国家标准的要求。在都是推荐性标准的前提下，如果地方制定的标准低于国家标准，那么地方标准很难有实际作用和价值，地方直接按照推荐性国家标准执行即可。

第五十二条　制定或者修改涉及无障碍环境建设的标准，应当征求残疾人、老年人代表以及残疾人联合会、老龄协会等组织的意见。残疾人联合会、老龄协会等组织可以依法提出制定或者修改无障碍环境建设标准的建议。

◆ **释义**

本条是关于残疾人、老年人代表以及残疾人联合会、老龄协会等组织在制定标准方面重要作用的规定。

一、应当征求残疾人、老年人代表以及残疾人联合会、老龄协会等组织的意见

在无障碍环境建设过程中，残疾人、老年人不仅仅是最直接的受益者，更是最重要的推动者、参与者和建设者。标准在无障碍环境建设中具有重要作用，可以说无障碍环境建设相关法律法规的具体要求能否实现，残疾人、老年人权益能否得到切实保障，标准的制定和实施是关键。因此，本条明确残疾人、老年人以及残疾人联合会、老龄协会等组织在标准制定中的重要作用，这是尊重人民群众主体地位和首创精神的生动体现，是《无障碍环境建设法》重点保障残疾人、老年人的内在要求，是提升无障碍环境建设标准质量的有力保障。

根据本条规定，制定或者修改涉及无障碍环境建设的标准，应当征求残疾人、老年人代表以及残疾人联合会、老龄协会等组织的意见。制定标准应当在科学技术研究成果和社会实践经验的基础上，深入调查论证，广泛征求意见，保证标准的科学性、规范性、时效性，提高标准质量。征求意见是标准制定过程中的重要工作，也是较为常见的工作。制定或者修改涉及无障碍环境建设的标准时，应当尊重残疾人、老年人的主体地位，发挥他们的积极性、主动性、创造性。残疾人、老年人对无障碍环境需求最强烈，对无障碍环境建设质量感受最深，也具有参与制定标准或修订标准的能力和经验，最具有代表性和发言权。残疾人联合会、老龄协会等组织在反映真实需求、提供专业咨询、组织宣传培训、促进部门协同、开展社会监督等方面具有重要职责和作用，现有一些无障碍环境建设的专项标准，就是残疾人联合会、老龄协会等组织直接参与制定的，如《信息无障碍网站设计无障碍评级测试方法》（GB/Z 41284—2022）等。因此，在制定或者修改涉及无障碍环境建设的标准时，要注意通过各种方式做好征求意见工作，为科学制定、修改标准打好基础。

二、残疾人联合会、老龄协会等组织可以依法提出制定或者修改无障碍环境建设标准的建议

根据《标准化法》规定，国家鼓励企业、社会团体和教育、科研机构等开展或者参与标准化工作，社会团体、企业事业组织以及公民可以向国务院标准化行政主管部门提出强制性国家标准的立项建议，国务院标准化行政主管部门认为需要立项的，会同国务院有关行政主管部门决定。鉴于残疾人联合会、老龄协会等组织在残疾人、老年人权益保障以及无障碍环境建设工作中的重要作用，本条在《标准化法》相关规定的基础上，规定残疾人联合会、老龄协会等组织可以依法提出制定或者修改无障碍环境建设标准的建议。在具体理解把握上，要注意以下方面：一是依法提出，依据《标准化法》以及本法等法律法规，有序参与标准制定或者修改工作；二是建议内容包括制定标准或者修改标准；三是对于残疾人联合会、老龄协会等组织而言，这不仅是一项权利，也是一项职责，要根据残疾人、老年人特点和需求，积极履行提出建议的职责。

第五十三条　国家建立健全无障碍设计、设施、产品、服务的认证和无障碍信息的评测制度，并推动结果采信应用。

◆ **释义**

本条是关于国家建立健全无障碍环境认证制度和评测制度的规定。

一、国家建立健全无障碍认证制度，并推动结果采信应用

根据《认证认可条例》的规定，认证是指由认证机构证明产品、服务、管理体系符合相关技术规范、相关技术规范的强制性要求或者标准的合格评定活动。国家实行统一的认证认可监督管理制度。认证制度是市场经济条件下加强质量管理、提高市场效率的基础性制度。2017 年中共中央、国务院发布《关于开展质量提升行动的指导意见》，提出以质量提升减轻经济下行和安全监管压力，把增进民生福祉、满足人民群众质量需求作为提高供给质量的出发点和落脚点，促进质量发展成果全民共享。2018 年国务院印发《关于加强质量认证体系建设促进全面质量管理的意见》，提出发挥自愿性认证“拉高线”作用，增加优质产品及服务供给，打造质量标杆。在无障碍环境建设领域，建立健全有关认证制度，进一步发挥质量认证的作用，为政府监管无障碍环境提供科学机制和有效手段，有利于引导无障碍设施和产品整体质量提高，提升无障碍环境建设和服务水平，有助于满足无障碍环境建设日益增长的需求，健全老年人、残疾人关爱服务体系和设施。因此，本法将建立健全无障碍认证制度作为一项重要的保障措施，作出明确规定。在具体实践中，有关方面已经开始推进无障碍相关认证工作。

依据本条的规定，认证制度涵盖无障碍设计、无障碍设施、无障碍产品、无障碍服务四个方面。实践中，有关方面已经开始积极推进无障碍相关认证工作。《“十四五”残疾人保障和发展规划》提出，要“提高无障碍设施规划建设管理水平，推进无障碍设计设施认证工作”。2021 年，国家市场监管总局、中国残联联合发布《关于推进无障碍环境认证工作的指导意见》，以“体现社会关爱、增进民生福祉”为出发点和落脚点，以“政府引导，统筹推动，需求主导，稳步推进，以人为本，社会共治”为基本原则，从制度顶层设计、社会多元联动、强化监督检查等方面制定了八项主要任务和三条保障措施，聚焦残疾人、老年人、儿童、伤病人等社会成员出行、参与社会生活的需求，在城市道路、公共交通、公共服务设施等领域推进无障碍环境认证体系建设，构建政府、行业组织、认证机构、企业、消费者等多方共建共治共享的无障碍环境建设格局，提升无障碍环境建设质量和社会服务效能。2022 年，国家市场监管总局、中国残联联合印发《无障碍环境认证实施方案》，明确市场监管总局、中国残联牵头组建由政府部门、科研机构、认证机构、检测机构、标准化机构、专业社会组织及体验用户等相关方参与的无障碍环境认证技术委员会，为无障碍环境认证工作提供决策咨询和技术支持。明确无障碍环境认证工作的内容及资质要求、工作程序，规定无障碍环境实施分级认证，公布了认证标志；从事无障碍环境认证的认证机构应当依法设立，经批准方可从事无障碍环境认证；认证机构依据无障碍环境认证规则开展认证工作。

2023 年，国家市场监管总局、中国残联联合发布《无障碍环境认证目录（第一批）》《无障碍环境认证实施规则》和组建无障碍环境认证技术委员会的公告。认证目录第一批主要是福利及特殊服务建筑，体育建筑，交通建筑，办公、科研、司法建筑，文化建筑，商业服务建筑，医疗康复建筑，住宅类和非住宅类；其中民用机场航站楼、铁路客运站、汽车客运站、水运客运站、公共停车场和银行有专业要求，需待认证专项要求发布后才可开展认证。认证的依据包括《民用建筑无障碍设施建设评价标准》《无障碍环境管理要求》（见《无障碍环境认证实施规则》附件）和无障碍环境认证目录中特定范围专用标准。

认证制度最终要发挥实际作用，切实推进质量提升，就必须强调认证结果推广应用。因此，本条规定国家建立健全无障碍设计、设施、产品、服务的认证制度，同时要求推动认证结果采信运用。有关部门和单位要积极推动社会治理、行业管理、市场采购等领域广泛采信无障碍环境认证结果，推动将无障碍环境认证结果纳入各类公共建筑质量评奖、评价或考核。为保障认证质量，还要注意对无障碍环境认证及采信应用等活动与结果进行监督管理，对认证活动中出现的违法违规行为依法进行处罚。

二、国家建立健全无障碍信息的评测制度，并推动结果采信应用

随着信息技术快速发展，残疾人、老年人面临的“数字鸿沟”问题较为突出，需要积极推进信息无障碍，用信息技术手段去解决。联合国《残疾人权利公约》提出，要促进在早期阶段设计、开发、生产、推行无障碍信息和通信技术和系统，以便能以最低成本使这些技术和系统无障碍。近年来，我国积极推进信息无障碍，2020 年国务院办公厅印发《关于切实解决老年人运用智能技术困难实施方案的通知》，工业和信息化部与中国残疾人联合会联合印发《关于推进信息无障碍的指导意见》，工业和信息化部印发《互联网应用适老化及无障碍改造专项行动方案》，围绕老年人、残疾人

获取信息的需求，提出进一步完善提高信息无障碍产品和服务水平的政策措施，切实改善老年人、残疾人在使用互联网服务时的体验，确保他们更好地共享信息化发展成果。

推进信息无障碍，需要通过无障碍信息评测来检验相关设计、产品以及服务等是否符合信息无障碍标准规范和技术要求，是否能够有效满足残疾人、老年人的信息无障碍需求。工业和信息化部与中国残疾人联合会联合印发的《关于推进信息无障碍的指导意见》明确提出，建立信息无障碍评测机制，指导第三方机构按照无障碍规范与标准进行符合性测试，发布评测认证结果，激励相关行业规范与标准落地应用。2021 年，工业和信息化部办公厅《关于进一步抓好互联网应用适老化及无障碍改造专项行动实施工作的通知》，明确要求开展适老化及无障碍改造水平评测，授权中国信息通信研究院、中国互联网协会参照 2019 年国家市场监管总局和国家标准化管理委员会发布的《信息技术 互联网内容无障碍可访问性技术要求与测试方法》国家标准，新发布的《互联网网站适老化通用设计规范》《移动互联网应用（APP）适老化通用设计规范》相关技术要求进行适老化及无障碍改造，相关互联网网站、APP 完成适老化及无障碍改造后，可按照《互联网应用适老化及无障碍水平评测体系》分别向中国互联网协会、中国信息通信研究院申请评测。有关地方也对评测制度作出规定，例如《上海市无障碍环境建设条例》第九条第二款规定，本市建立无障碍信息的评测制度，推动评测结果采信应用，鼓励在市场采购、行业管理、社会治理等领域推广使用。

在已有实践和地方立法基础上，本法将评测制度作为一项重要保障措施，明确规定国家建立健全无障碍信息的评测制度，并推动结果采信应用。评测体系一般按照“用户体验与技术手段并重”的原则，结合相关国家标准、行业标准及适老化通用设计规范建立。由用户满意度评价、技术评价和自我评价三个测评指标构成，三个指标分别占不同权重。其中，用户满意度的评测方式是，组织老年人、残疾人，以问卷调查、上手体验、电话访谈等方式开展满意度调查，形成用户满意度评价报告；技术评价的评测方式是，网站和 APP 以相关标准通过自动化检测工具、人工监测等手段得出评测结果；自我评价的评测方式是，由参与改造的企业、单位根据专项行动要求进行自我评价，并提交评价报告。

评测依据的标准规范包括《互联网网站适老化通用设计规范》《移动互联网应用（APP）适老化通用设计规范》等。其中，《互联网网站适老化通用设计规范》适用于各种终端的适老化网站设计，也适用于网站的适老化改造与技术开发，就信息无障碍提出具体要求。例如：要求提供多种的操作方式，即计算机网站至少提供全程键盘和特大鼠标这两种操作方式，移动网站应增加快速定位、语音阅读等规范性的适老化智能手势；实现多样的推送形式，即在网页提供特大字体、背景色高对比、文字放大和语音阅读服务等辅助阅读的同时，应提供简约界面版本和信息影像化的人工智能推送形式，以支持老年人感知网页内容、获取服务等。《移动互联网应用（APP）适老化通用设计规范》规定，各企业在提供适老化服务时，可根据实际情况，将适老版界面内嵌在 APP 中或开发单独的适老版 APP，并保障服务的可持续运营。从可感知性、可操作性、可理解性、兼容性、安全性五个方面明确技术要求。

与认证制度相类似，评测制度是推动标准规范落实的一个环节，真正落实还需要推动评测结果采信运用。根据本条规定，不仅要求建立健全无障碍信息的评测制度，还要求推动结果采信运用。实践中，有关部门已经逐步推动结果采信运用。例如，工业和信息化部统一向社会公布评测结果。中国互联网协会、中国信息通信研究院向通过评测的相关互联网网站、APP 分别授予信息无障碍标识，有效期为两年。工业和信息化部将评测结果纳入“企业信用评价”，与各地通信管理局按照“谁发证、谁备案、谁记分”的原则，依企业申请，根据互联网网站、APP 的评测结果及标识授予情况，对在适老化及无障碍改造工作中表现突出的，在“企业信用评价”中予以信用加分，从而激发企业内生动力。目前与残疾人生活密切相关的 858 家网站和手机应用程序已完成适老化和信息无障碍改造并通过了评测。

2022 年工业和信息化部印发《关于组织开展互联网应用适老化及无障碍改造优秀案例征集活动的通知》，组织开展“互联网应用适老化及无障碍改造”优秀案例征集活动，经自愿申报、地方推荐、专家评审、老年人残疾人满意度评价及公示，确定 44 家网站和手机 APP 为首批互联网应用适老化及无障碍改造优秀案例，覆盖政务服务、生活购物、社交通信、交通出行、金融服务、医疗健康、新闻资讯等七大老年人、残疾人生活高频场景，聚焦线上平台和功能的适老化及无障碍改造、线下适老助残服务模式的升级优化，探索应用“挥一挥”验证码、无障碍数字影院、AI 数字营业员、空中柜台、人工客服助老“视频”专线等技术手段，从方法上启发思路，从模式上提供借鉴，从实践上引导创新，有力推动解决老年人、残疾人运用智能技术困难，使其更便利地享受智能化服务。

第五十四条　国家通过经费支持、政府采购、税收优惠等方式，促进新科技成果在无障碍环境建设中的运用，鼓励无障碍技术、产品和服务的研发、生产、应用和推广，支持无障碍设施、信息和服务的融合发展。

◆ **释义**

本条是关于国家对无障碍环境建设鼓励支持措施的规定。

一、国家鼓励支持的方式

我国的无障碍环境建设从 20 世纪 80 年代起步，为残疾人、老年人等群体参与和融入社会生活、共享改革发展成果发挥了重要作用。但总的来看，我国的无障碍环境建设整体水平还不高，还存在新的科技成果运用不充分，无障碍技术、产品和服务的市场有效供给不足，无障碍设施、信息和服务的融合发展质量不高等问题。2012 年，《无障碍环境建设条例》第六条对国家鼓励支持无障碍技术和产品的开发、应用和推广作了规定，但并未明确鼓励和支持的具体方式，导致一些政策措施没有法律的依据。为了进一步提高我国无障碍环境建设的水平，有必要在原有行政法规的基础上，明确国家鼓励和支持的具体方式，提升立法的针对性、可操作性，推动法律规定落实落地。

2021 年，《“十四五”残疾人保障和发展规划》要求，落实残疾人事业金融、税收等支持政策。中共中央、国务院《关于加强新时代老龄工作的意见》明确要求，各地要统筹老龄事业发展，加大财政投入力度，各相关部门要用好有关资金和资源，积极支持老龄工作。落实相关财税支持政策，鼓励各类公益性社会组织或慈善组织加大对老龄事业投入。2020 年，工业和信息化部、中国残疾人联合会发布的《关于推进信息无障碍的指导意见》提出，支持各级政府部门通过购买服务、无偿资助、后补助等方式，对重点受益群体进行资助和帮扶，支持无障碍关键技术研发及产业发展。相关行业主管部门对信息无障碍建设贡献突出的企业在企业评优、信用管理、社会责任考核等工作中给予倾斜。

在总结实践经验的基础上，本条规定国家的鼓励支持主要包括：

一是经费支持。主要包括，县级以上人民政府将无障碍环境建设所需经费纳入本级预算，建立稳定的经费保障机制，加大对无障碍科学技术领域的研发投入。对相关企业在启动资金和贷款上给予资助，提供政府财政补贴等。

二是政府采购。政府采购，是指各级国家机关、事业单位和团体组织，使用财政性资金采购依法制定的集中采购目录以内的或者采购限额标准以上的货物、工程和服务的行为。通过政府采购，向市场购买无障碍产品和服务，有利于提升市场活力，增强有效供给，促进无障碍建设相关产业的发展。

三是税收优惠。给予税收优惠是体现国家鼓励和支持无障碍环境建设的重要具体措施。本法草案一审稿并未对税收优惠作出规定，在全国人大常委会会议对草案进行审议过程中，有的常委委员提出，增加税收优惠的规定，对于企业而言更加可靠，也更有吸引力。全国人大宪法和法律委员会经研究，采纳了这一意见。对于符合条件的提供无障碍产品和服务的企业，应当依法给予税收优惠。例如，2021 年，财政部、税务总局、民政部出台《关于生产和装配伤残人员专门用品企业免征企业所得税的公告》规定，生产和装配伤残人员专门用品，且在民政部发布的《中国伤残人员专门用品目录》范围之内的居民企业，免征企业所得税。

二、促进新科技成果的运用

科技是推进无障碍环境建设的重要力量。我国与国际无障碍环境建设的经验均表明，无障碍环境建设的发展与突破主要在于充分利用当代科学技术成果，提升建设过程中所涉及的设施、工具、管理、产品的技术含量。

例如，无论是交通无障碍还是信息无障碍，其实现都依赖于以通信技术为核心的综合科技的应用。2021 年，国务院印发《“十四五”残疾人保障和发展规划》提出，加快科技创新和人才培养。将科技助残纳入科技强国行动纲要，促进生命健康、人工智能等领域科学技术在残疾人服务中示范应用，开展残疾预防、主动健康、康复等基础研究，扶持智能化康复辅助器具、康复设备、盲文数字出版、无障碍等领域关键技术研究和产品推广应用。利用现有资源研究设立康复国家重点实验室，鼓励企业、高校、科研院所等参与残疾人服务科技创新和应用。深化残疾人服务供给侧改革，强化残疾人事业人才培养、科技应用、信息化、智能化等基础保障条件，推动残疾人事业高质量发展，满足残疾人多层次、多样化的发展需要。支持新技术在信息无障碍领域的发展与应用。推进人工智能、5G、物联网、大数据、边缘计算、区块链等关键技术在信息无障碍领域的融合和科技成果转化。因此，在无障碍环境建设过程中，应当鼓励和支持新科技成果的应用，并着力提升科技成果的转化效能。

三、鼓励无障碍技术、产品和服务的研发、生产、应用和推广

无障碍环境的高质量建设离不开无障碍技术、产品和服务的有效供给。每一项技术、产品和服务的提供又包括研发、生产、应用和推广等多个阶段。当前，我国无障碍技术、产品和服务的研发、生产、应用还比较滞后，国家投入不足，缺乏优惠支持政策。我国高等院校、科研院所的研发能力有限。因此，需要进一步完善鼓励支持措施，鼓励无障碍技术、产品和服务的研发、生产、应用和推广。

在无障碍技术方面，要推进人工智能、5G、物联网、大数据、边缘计算、区块链等关键技术的发展，加强新兴技术的研发，支持其在导盲、声控、肢体控制、图文识别、语音识别、语音合成等方面的实际推广和应用。在无障碍产品方面，要鼓励企业和科研机构加大无障碍产品的研发制造力度，支持无障碍产品关键技术成果转化、服务创新，积极开发适合残疾人、老年人使用的智能化、辅助性以及康复治疗等方面的产品，满足残疾人、老年人提高生活品质的需求。在无障碍服务方面，在提供生活、健康、文化等无障碍基本公共服务的基础上，要进一步扩展无障碍服务的范围，健

全关爱服务体系，鼓励企业和社会组织等探索发展探视服务、照护服务、康复服务、家庭支持服务等多种形式的服务，为残疾人、老年人提供适合服务。

四、支持无障碍设施、信息和服务的融合发展

无障碍环境建设是一项系统工程，“系统连续”应当是无障碍环境建设需要重点关注的方面。随着无障碍环境内容的扩展，“系统连续”已不仅仅指传统意义上的无障碍设施必须连点成线、形成完整闭环，而是扩展到设施、信息和服务的互联互通。本法第二章、第三章、第四章分别对无障碍设施建设、无障碍信息交流、无障碍社会服务作了规定，但三者并不是完全独立的，而是有机结合、密不可分的一个整体。只有三者融合发展，才能互相促进，发挥无障碍环境的整体效能。例如，提供公共文化服务的图书馆、博物馆、文化馆等，需要配置必要的无障碍设施设备，才能为残疾人、老年人提供相应的信息交流服务。因此，国家应当坚持无障碍设施建设、无障碍信息交流、无障碍社会服务一体建设、协同推进，采取措施持续提高无障碍设施覆盖率，打造无障碍出行和服务环境，全面推进信息无障碍建设，为无障碍设施、信息和服务领域企业提供支持，推动无障碍设施、信息和服务的融合发展。

第五十五条 国家建立无障碍环境建设相关领域人才培养机制。

国家鼓励高等学校、中等职业学校等开设无障碍环境建设相关专业和课程，开展无障碍环境建设理论研究、国际交流和实践活动。

建筑、交通运输、计算机科学与技术等相关学科专业应当增加无障碍环境建设的教学和实践内容，相关领域职业资格、继续教育以及其他培训的考试内容应当包括无障碍环境建设知识。

◆ 释义

本条是关于加强无障碍环境建设人才培养和理论研究的规定。

无障碍环境建设发展离不开充足的人才资源，建设一支有力的人才队伍是无障碍环境建设的重要组织保障。当前，人才较为缺乏已经成为制约无障碍环境建设高质量发展的关键因素，这是国内外无障碍环境建设面临的共同挑战。一方面，高等学校、中等职业学校等作为人才培养的重要阵地，尚没有发挥作用，几乎没有无障碍环境建设相关专业和课程，无障碍环境建设专业人才还比较匮乏。另一方面，与无障碍环境建设密切相关的建筑、交通运输、计算机科学与技术等相关学科专业，很少开设无障碍环境建设的教学和实践内容，相关领域职业资格、继续教育以及其他培训的考试内容也鲜有涉及无障碍环境建设知识，培养的人才普遍缺乏无障碍环境理念和意识。随着人民群众无障碍环境需求的日益增长，人才培养滞后和理论供给不足的问题会愈加突出，加强无障碍环境建设领域人才培养迫在眉睫。只有建立健全人才培养机制，才能为无障碍环境建设高质量发展贡献源源不断的人才。根据无障碍环境建设发展需要，本条分三款对加强人才培养作出规定。

一、建立无障碍环境建设相关领域人才培养机制

本条第一款规定，国家建立无障碍环境建设相关领域人才培养机制。这是关于建立人才培养机制总的原则性规定。第二款、第三款分别从无障碍环境建设学科建设、增加教学实践内容和纳入考试内容等方面作出具体规定，这些具体规定是根据实践中有关经验做法总结提炼形成的。例如，《无障碍环境建设“十四五”实施方案》提出，相关高等院校、研究机构积极参与无障碍理论实践研究，为无障碍环境建设提供智力和人才支持。《工业和信息化部、中国残疾人联合会关于推进信息无障碍的指导意见》提出，鼓励高等学校增加信息无障碍相关课程，开展助残助老理论及技术研究，培养信息无障碍领域人才。应当注意的是，人才培养机制是不断发展变化的，随着实践发展，应当根据工作实际不断丰富人才培养模式、方法，为人才成长提供更加宽广的发展途径和成长空间，不断完善无障碍环境建设人才培养机制。

二、加强无障碍环境建设学科建设

本条第二款规定，国家鼓励高等学校、中等职业学校等开设无障碍环

境建设相关专业和课程，开展无障碍环境建设理论研究、国际交流和实践活动。加强无障碍环境建设人才培养是加快推进高等教育高质量发展、对接现实需求、解决现实问题的必然要求。高等学校、中等职业学校是人才培养主阵地和科技创新主力军，应主动适应经济社会发展需求，不断优化专业设置，加大课程建设力度，主动服务国家战略和民生急需。

人才培养、科学研究、社会服务、文化传承创新和国际交流合作是高校的五大职能。本条第二款明确规定了高等学校和中等职业学校的四大职责。一是开设无障碍环境建设相关专业和课程。这是解决无障碍环境建设专业人才缺乏的主要渠道。2023 年 4 月，教育部发布最新《普通高等学校本科专业目录》，南京特殊教育师范学院申报的目录外新专业“无障碍管理”正式进入目录。近年来，教育部增设了融合教育、人居环境科学与技术、城市设计等专业，作为特设专业列入《普通高等学校本科专业目录》，进一步加大了无障碍环境建设相关人才培养力度。在课程建设方面，目前已经有部分高校加大无障碍环境建设相关课程的开设力度，完善课程体系，让学生了解和掌握有关专业知识。二是开展理论研究。加强理论研究对无障碍环境建设工作长远发展具有重要意义。无障碍环境建设工作的健康发展离不开科学研究的支持。目前一些学术团体、高等学校、科研院所开始逐渐重视科学研究。中国建筑学会、中国民用机场协会成立了无障碍专业委员会，多家高等学校、科研院所成立了无障碍研究智库。在中国知网上，以“无障碍”为题名检索硕士、博士学位论文，发现专门研究无障碍的人才呈逐年增长态势。三是开展国际交流。加强无障碍环境建设是世界各国的共同趋势。联合国《残疾人权利公约》有利于支持、促进和加强国际合作和援助，交流和分享无障碍环境建设的有关知识和技术。四是开展实践活动，可以有效提升学生的实践能力、创新精神和社会责任感。

三、增加无障碍环境建设教学和实践内容，将无障碍环境建设知识纳入相关考试内容

本条第三款规定，建筑、交通运输、计算机科学与技术等相关学科专业应当增加无障碍环境建设的教学和实践内容，相关领域职业资格、继续教育以及其他培训的考试内容应当包括无障碍环境建设知识。在主流学科

专业中增加无障碍环境建设的知识和实践内容，是快速培养无障碍环境建设人才的重要途径。无障碍环境建设涉及建筑、交通运输、信息交流、社会服务等方方面面，对无障碍环境技术和人才的需求量大面广，仅培养专业人才难以满足实践需求。目前整个教育体系中还比较缺少无障碍环境的教学内容和实践活动，相关知识和理念普及也还不够。与培养无障碍环境建设专业人才相比，在建筑、交通运输、计算机科学与技术等相关学科专业中增加无障碍环境建设的教学和实践内容，应该是未来培养无障碍环境建设人才的主要模式，在专业程度和实践能力上具有显著优势。目前《通用无障碍设计》已纳入全国注册建筑师继续教育网络必修课程，可满足一级、二级注册建筑师继续教育必修课程学习要求。

除在建筑、交通运输、计算机科学与技术等相关学科专业中增加无障碍环境建设的教学和实践内容外，本条第三款还规定相关领域职业资格、继续教育以及其他培训的考试内容应当包括无障碍环境建设知识。在相关领域职业资格、继续教育以及其他培训的考试内容中增加无障碍环境建设知识，可以引导这些领域的更多人才在实践中关注并解决无障碍环境问题。需要注意的是，与“增加”教学和实践内容相比，考试内容的要求是“应当包括”，前者是在已经有相关内容的基础上进一步增加，后者是原来可能没有，按照法律要求应当纳入，也包括在原来有的基础上进一步增加。在实践中，应当根据考试内容与无障碍环境建设的关联度来具体把握。

第五十六条　国家鼓励机关、企业事业单位、社会团体以及其他社会组织，对工作人员进行无障碍服务知识与技能培训。

◆ **释义**

本条是关于鼓励机关、企业事业单位、社会团体、其他社会组织等对工作人员进行无障碍服务知识与技能培训的规定。

一、开展培训的主体与对象

根据本条规定，开展培训的主体是机关、企业事业单位、社会团体以及其他社会组织，培训的对象是上述单位的工作人员。法律将其作为一条重要的保障措施予以明确规定，有其深刻的原因和重大的现实意义。

总的来看，我国无障碍环境建设起步较晚，全体社会成员无障碍意识普遍不高，其中很重要的表现就是，有些部门和单位没有充分认识到无障碍环境建设工作的重要性和必要性，认为无障碍环境建设是可有可无的工作，在无障碍环境建设的相关工作实践中，没有给予相关人力和财力的投入，未尽到无障碍建设的职责；有的单位虽然配备了先进的无障碍设施设备，但由于工作人员缺乏必要的培训，不能正确、熟练地使用；有的单位的工作人员甚至以没有服务条件为由，拒绝为残疾人、老年人提供合理的服务。

无障碍环境建设是一个系统工程，渗透于社会生活的方方面面，涉及政府职责、市场行为、社会公益等众多层面。本法第三条也明确规定，无障碍环境建设应当发挥政府主导作用，调动市场主体积极性，引导社会组织和公众广泛参与，推动全社会共建共治共享。机关、企业事业单位、社会团体、其他社会组织及其工作人员，是无障碍环境的重要建设者和参与者。例如，无障碍设施建设涉及住房和城乡建设、民政、工业和信息化、交通运输、自然资源、文化和旅游、教育、卫生健康等众多政府部门职责，提供无障碍社会服务的主体既包括行政服务机构、社区服务机构以及供水、供电、供气、供热等公共服务机构，也包括文化、旅游、体育、金融、邮政、电信、交通、商业、餐饮、住宿、物业管理等服务场所。这些单位及其工作人员的无障碍意识高不高、无障碍服务技能强不强，直接影响能否为残疾人、老年人提供适当的服务，也是检验无障碍环境建设质量的重要指标。

中国残联等十三部门联合印发的《无障碍环境建设“十四五”实施方案》提出了“十四五”期间无障碍建设的任务目标：到 2025 年，无障碍环境建设法律保障机制更加健全，无障碍基本公共服务体系更加完备，信息无障碍服务深度应用，无障碍人文环境不断优化，城乡无障碍设施的系统性、完整性和包容性水平明显提升，加快形成设施齐备、功能完善、信息通畅、体验舒适的无障碍环境，方便残疾人、老年人生产生活，增强人民群众获得感、幸福感、安全感，为 2035 年实现安全便捷、健康舒适、多元包容的无障碍环境奠定基础。要实现这个目标，就需要提升全社会的无障碍意识，这就离不开机关、企业事业单位、社会团体、其他社会组织及其工作人员的共同参与和努力。

考虑到不是所有的机关、企业事业单位、社会团体以及其他社会组织都依法直接承担无障碍环境建设职责，强制要求所有单位对工作人员进行培训，既不符合实际情况，又可能导致适得其反的效果，因此法律只作鼓励性的规定，不作为强制性义务。

二、培训的内容

本条规定的培训内容主要是无障碍服务知识与技能。

无障碍意识真正建立的直接体现是能在日常的生活工作中时刻为有需求的人士提供最适当、最优质的服务。除了应当具有无障碍服务意识外，最主要的就是掌握无障碍服务的知识与技能。只有以一定的无障碍服务知识与技能作为基础，才能为残疾人、老年人提供优质、便利的服务，为他们更好地融入社会生活、共享改革发展成果提供支持和帮助。因此，机关、企业事业单位、社会团体以及其他社会组织，可以结合本单位实际，健全工作人员教育培训制度，定期组织职业培训和业务轮训，提高工作人员的无障碍意识和专业化水平。例如，无障碍设施设计单位、施工单位，可以加强无障碍技术规范、无障碍设施建设标准方面的培训；提供公共服务的单位，可以进行正确使用无障碍设施、工具以及手语的培训；医疗卫生机构、养老院等，可以加强康复护理、心理疏导、生活照料等方面的培训。2017 年，《国家邮政局、中国残疾人联合会关于进一步加强邮政行业无障碍环境建设等相关工作的通知》就要求，定期对员工开展手语、助残服务知识和技能的培训，提高为残疾人客户服务的能力和水平。有针对性的培训有助于提升工作人员的无障碍服务意识，使工作人员熟练掌握帮助残疾人、老年人的技术与方法，更好地为他们提供“无障碍”的服务。

第五十七条 文明城市、文明村镇、文明单位、文明社区、文明校园等创建活动，应当将无障碍环境建设情况作为重要内容。

◆ 释义

本条是关于将无障碍环境建设情况纳入各类群众性精神文明创建活动的规定。

一、群众性精神文明创建活动

社会主义精神文明建设是中国特色社会主义的重要特征，是实现“两个一百年”奋斗目标、建设社会主义现代化强国、实现中华民族伟大复兴中国梦的重要内容和重要保证。群众性精神文明创建活动是人民群众群策群力、共建共享、改造社会、建设美好生活的创举，是提升国民素质和社会文明程度的有效途径，是把社会主义精神文明建设的任务要求落实到城乡基层的重要载体和有力抓手。改革开放以来，特别是党的十八大以来，精神文明创建活动以社会主义核心价值观为引领，以培养担当民族复兴大任的时代新人、弘扬共筑美好生活梦想的时代新风为根本任务，以创建文明城市、文明村镇、文明单位、文明社区、文明校园为主要形式，以各类精神文明创建先进典型为示范，推动形成各地区各部门你争我赶共建精神文明、人民群众见贤思齐提升道德水准、全社会崇德向善提高文明程度的生动局面。

2017 年，《中央精神文明建设指导委员会关于深化群众性精神文明创建活动的指导意见》要求，深化文明城市、文明村镇、文明单位、文明家庭、文明校园等群众性精神文明创建活动，突出思想道德内涵，坚持创建为民惠民。例如，文明城市创建要贯彻落实以人为核心的新型城镇化战略，加强市民文明素质教育引导，着力提高城市规划建设管理水平，打造美丽整洁的生活环境、规范有序的社会秩序、便捷高效的公共服务，提升市民综合素质、城市文明程度和群众生活质量，推进建设宜居宜业、富有活力、各具特色、文明和谐的现代化城市。文明村镇创建要以美丽乡村建设为主题，突出抓好乡风民风、人居环境和文化生活建设。文明单位创建要着力提高员工素质，涵养职业操守，培育职业精神，完善规章制度，树立行业新风。重点推动与群众生活关系密切的窗口行业的文明创建工作，开展具有行业特色、职业特点、工作特性的创建活动，自觉承担社会责任，着力树立良好形象，确保提供文明优质服务。《中华人民共和国国民经济和社会发展第十四个五年规划和2035年远景目标纲要》也明确要求，实施文明创建工程，拓展新时代文明实践中心建设，科学规范做好文明城市、文明村镇、文明单位、文明校园、文明家庭评选表彰。

二、将无障碍环境建设情况作为创建活动的重要内容

无障碍环境建设是残疾人、老年人等群体权益保障的重要内容，是残疾人、老年人平等、充分、便捷地参与和融入社会生活，共享经济社会发展成果的必要条件，是社会主义核心价值观集中体现，更是一个国家和社会文明程度的重要标志。将无障碍环境建设作为创建活动的重要内容，完全符合精神文明创建活动的价值导向。

2003年，《中央精神文明建设指导委员会关于评选表彰全国文明城市、文明村镇、文明单位的暂行办法》明确将“无障碍设施建设达到国家标准”作为文明城市评选的重要指标。2016年，《无障碍环境建设“十三五”实施方案》提出，将无障碍环境建设融入文明城市、智慧城市创建内容，全面推进我国城市无障碍化建设。切实将无障碍环境建设纳入新农村建设、村庄环境整治内容，探索总结村镇无障碍环境建设工作经验，开展无障碍村镇创建工作，逐步推广农村地区无障碍环境建设。2021年，我国《“十四五”残疾人保障和发展规划》明确要求，将信息无障碍作为数字社会、数字政府、智慧城市建设的重要组成部分，纳入文明城市测评指标。

地方立法层面，《上海市无障碍环境建设条例》第十六条规定，本市将无障碍环境建设纳入文明城区、文明社区、文明村镇、文明单位、文明校园和文明行业等的创建、评定活动。《深圳经济特区无障碍城市建设条例》第五十一条第一款规定，市、区人民政府应当把无障碍城市建设纳入文明城市建设内容。

贯彻落实中央有关文件精神，在充分总结地方实践经验的基础上，法律规定将无障碍环境建设情况作为文明城市、文明村镇、文明单位、文明社区、文明校园等创建活动的重要内容，就是发挥无障碍环境建设对社会主义精神文明的促进作用，把群众性精神文明创建活动与无障碍环境建设活动结合起来，使各地方、各单位重视无障碍环境建设，认真抓好无障碍

环境建设工作，从而推动全社会形成重视无障碍环境建设、支持无障碍环境建设、参与无障碍环境建设的良好氛围，提升全社会成员的无障碍意识。

需要说明的是，本法草案一审稿只罗列了文明城市、文明村镇和文明单位。在草案审议过程中，有的全国人大常委会组成人员提出，创建文明社区和文明校园也应当将无障碍建设情况作为重要内容。全国人大宪法和法律委员会经研究，采纳了这一建议。

精神文明创建主管单位应当按照法律规定，将无障碍环境建设情况作为各项创建活动的一项重要内容，并结合各项创建活动实际，从无障碍设施建设、无障碍信息交流、无障碍社会服务等方面，细化完善相关考评标准，科学设置具体指标，推动法律落实落地。

第六章 监督管理

第五十八条 县级以上人民政府及其有关主管部门依法对无障碍环境建设进行监督检查，根据工作需要开展联合监督检查。

◆ **释义**

本条是关于政府对无障碍环境建设进行监督检查的规定。

一、县级以上人民政府及其有关主管部门对无障碍环境建设进行监督检查

总的来看，我国无障碍环境建设监督体系尚不完善，“重建设、轻监管”的问题还比较突出，实践中，常常出现盲道等一些无障碍设施被机动车、自行车、摊位或物品等占用的现象，商场内的无障碍厕所被上锁无法使用等情况。随着我国无障碍环境建设工作的推进，政府不仅要解决无障碍设施“有没有”的问题，更要努力解决“好不好”“管不管用”的问题。目前的工作实践中，无障碍监督检查一般是由各级残联组织推动并参与，省市两级检查督导频次和方法有限，县级评估验收水平由于人力和专业水平限制而参差不齐，监督检查很难发挥实效。

联合国《残疾人权利公约》要求缔约国应该建立完善有效的监督体系，督促无障碍环境建设得到有效执行。2021 年，我国《“十四五”残疾人保障和发展规划》明确要求“加强无障碍监督”。本法第七条第一款、第二款规定，县级以上人民政府应当统筹协调和督促指导有关部门在各自职责范围内做好无障碍环境建设工作。县级以上人民政府住房和城乡建设、民政、工业和信息化、交通运输、自然资源、文化和旅游、教育、卫生健康等部门应当在各自职责范围内，开展无障碍环境建设工作。因此，为了解决实

践中存在的问题，有力推动无障碍环境建设，提升监督检查的实效，根据政府部门在无障碍环境建设中的责任，要完善监督检查机制，明确县级以上人民政府及其有关主管部门的监督检查职责。县级以上人民政府及其有关主管部门应当制定并完善有关监督检查制度，从无障碍设施建设、无障碍信息交流及无障碍社会服务等方面，全面加强对无障碍环境建设情况的监督检查，发现问题及时督促整改，对违法行为依法予以处罚。

根据本条规定，履行监督检查职责的主体可以是县级以上人民政府，也可以是有关主管部门，可以是上级人民政府及其有关主管部门对下级的监督检查，也可以是本级人民政府及其有关主管部门对本辖区内的无障碍环境建设情况进行监督检查。

二、根据需要开展联合检查

从法律规定上看，各政府部门的职责划分是比较明确的。例如，住房和城乡建设部门主要负责公共建筑、居住建筑无障碍设施工程建设活动的监督管理工作；交通运输部门主要负责道路、交通运输设施无障碍设施工程建设活动和使用状况的监督管理工作；工信部门主要负责信息无障碍建设的指导、推进和监督管理工作；民政部门主要负责养老服务机构、儿童福利机构、残疾人养护机构等无障碍环境建设的指导、推进和监督管理工作；卫生健康部门主要负责医疗卫生机构等无障碍环境建设的指导、推进和监督管理工作。但是在实践中，无障碍环境建设是一个系统性工程，一项无障碍设施的建设或者改造工作往往涉及两个甚至多个部门的职责，仅规定由一个部门单独进行监督检查，难以取得预期的效果，而多个部门分别进行监督检查，又容易导致执法资源的浪费，同时给被检查单位造成负担。例如，一条老旧街道的无障碍改造，可能既涉及住房和城乡建设部门，又涉及交通运输部门，还可能涉及民政、文化和旅游等部门。实践中，开展联合监督检查也是政府部门加强行业监管、打击违法行为、提升监管实效的重要方式。例如，2020年，市场监管总局等十一部门印发《整治虚假违法广告部际联席会议2020年工作要点》和《整治虚假违法广告部际联席会议工作制度》规定，建立联合监督检查机制，牵头单位要会同有关行政主管部门，加大联合检查、联合督查、联合告诫、联合公告、联合办案力度。2022年，公安部、市场监管总局、生态环境部、交通运输部出台《关于深化机动车检验制度改革优化车检服务工作的意见》也规定，要加强部门联合监督检查。因此，为了符合实际工作需要，保障监督检查的效果，本条规定，根据工作需要可以开展联合监督检查。联合监督检查可以由县级以上人民政府牵头，也可以由某一个政府部门牵头。

第五十九条　国家实施无障碍环境建设目标责任制和考核评价制度。县级以上地方人民政府根据本地区实际，制定具体考核办法。

◆ **释义**

本条是关于建立无障碍环境建设目标责任制和考核评价制度的规定。

一、国家实施无障碍环境建设目标责任制和考核评价制度

通过法律规定建立目标责任制和考核评价制度，是保障和推动各项有效工作的重要手段。例如，《噪声污染防治法》第六条第二款规定，国家实行噪声污染防治目标责任制和考核评价制度，将噪声污染防治目标完成情况纳入考核评价内容。《海南自由贸易港法》第三十六条规定，海南自由贸易港实行环境保护目标责任制和考核评价制度。《乡村振兴促进法》第六十八条规定，国家实行乡村振兴战略实施目标责任制和考核评价制度。上级人民政府应当对下级人民政府实施乡村振兴战略的目标完成情况等进行考核，考核结果作为地方人民政府及其负责人综合考核评价的重要内容。

我国现有法律法规缺乏无障碍环境建设目标责任制和考核评价制度的规定，建立无障碍环境建设目标责任制和考核评价制度，将有利于推进无障碍环境建设各项工作。

（1）关于目标责任制。目标责任制是通过工作目标的设计，将总体目标逐级分解，转化为单位和个体目标。目标责任制是政府绩效评价的重要手段。中国残联等十三部门联合印发的《无障碍环境建设“十四五”实施方案》提出了“十四五”期间无障碍环境建设的主要指标，从城市道路无障碍设施建设率、公共建筑无障碍设施建设率、困难重度残疾人家庭无障碍改造、居家适老化改造、与民生密切相关的互联网网站无障碍改造、与民生密切相关的手机 APP 无障碍改造六个方面细化了具体指标，同时要求各地要推进将无障碍环境建设纳入国民经济和社会发展规划，城乡建设相关规划，残疾人保障和发展规划，老龄化、信息化规划等，制定本地无障碍环境建设“十四五”实施方案，明确任务目标和工作措施。县级以上地方人民政府应当根据方案要求制定具体实施方案，对照提出的工作目标，合理分解目标，细化任务分工，落实到相应层级或部门，强化组织保障、资金保障、技术支撑，确保高质量完成目标任务。

（2）关于考核评价制度。考核评价制度是调动各级人民政府及有关部门工作积极性、主动性的“指挥棒”。国家建立和实施无障碍环境建设考核评价制度，对于新时代推动无障碍环境建设工作、提高无障碍环境建设质量、提升无障碍社会服务水平，具有重要的保障作用。要贯彻落实党中央关于无障碍环境建设工作的新精神、新要求，以推动建设高质量的无障碍环境为目标，突出对党中央决策部署贯彻执行情况的考核，不断完善考核制度，努力构建科学合理、配套完善的考核工作体系。强化考核结果的分析运用，充分发挥考核结果对各级政府、相关部门、干部的激励鞭策作用，将其作为干部选拔任用、评先奖优、问责追责的重要依据。

二、县级以上地方人民政府根据本地区实际制定具体考核办法

根据本条规定，县级以上地方人民政府根据本地区实际情况，制定无障碍环境建设情况的具体考核办法。

（1）关于县级以上地方人民政府。包括省、市、县三级人民政府。

（2）关于根据本地区实际。总的来看，我国无障碍环境建设呈现不平衡的特征，东部地区由于经济发达、财力雄厚、投入较高，总体要比中西部地区发展得好，同理，城市无障碍环境建设整体水平也要比农村地区高。无障碍环境建设是一项需要投入大量人力、财力、物力的长期性、系统性工程。与经济社会发展水平相适应，是无障碍环境建设推得动、可持续的客观要求。本法第五条明确将“无障碍环境建设应当与经济社会发展水平相适应”作为一项基本法律原则。因此，制定整齐划一的考核标准，既不现实，也不利于无障碍环境建设的长远发展。县级以上地方人民政府应当

根据本地区财力状况、无障碍环境建设情况，坚持尽力而为、量力而行，合理确定考核指标，保障无障碍环境建设工作的持续有力开展，不断提升本地区无障碍环境建设水平。

（3）关于制定具体考核办法。2021年，中国残疾人联合会、国家发展和改革委员会、民政部、财政部、住房和城乡建设部、国家乡村振兴局《关于"十四五"推进困难重度残疾人家庭无障碍改造工作的指导意见》要求，加强工作考核。各地要切实制定并落实困难重度残疾人家庭无障碍改造实施方案和年度计划；将困难重度残疾人家庭无障碍改造工作纳入各职能部门工作绩效评价和考核体系，加大督促检查力度。总的来看，制定考核办法要把握好几项原则：一是，考核应当体现差异化要求，合理设置考核指标，对城市与农村、新建与改造、不同领域和场所等，作出适度区别的规定，不搞过高标准、齐步走、一刀切。二是，注重考核方式方法，增强考核的科学性、针对性、可操作性，保障考核结果能真实反映实际情况。三是，完善政绩考核，引导各地区、各层级、各部门干部牢固树立正确政绩观，防止不切实际定目标，搞面子工程、形象工程。四是，落实《无障碍环境建设"十四五"实施方案》要求，坚持全面考核与突出重点相结合，全面考核无障碍设施建设、无障碍信息交流、无障碍社会服务等方面内容，同时针对本地无障碍环境建设的突出问题和薄弱环节，进行重点考核和评价。五是，要注重考核结果的运用，充分发挥考核结果的激励约束作用。

第六十条 县级以上地方人民政府有关主管部门定期委托第三方机构开展无障碍环境建设评估，并将评估结果向社会公布，接受社会监督。

◆ 释义

本条是关于开展无障碍环境建设第三方评估的规定。

一、县级以上地方人民政府有关主管部门定期委托第三方机构开展无障碍环境建设评估

（1）县级以上地方人民政府有关主管部门。主要是指省、市、县三级人民政府有关主管部门，包括但不限于本法第七条第二款规定的住房和城乡建设、民政、工业和信息化、交通运输、自然资源、文化和旅游、教育、卫生健康等部门。

（2）关于“定期”。本法草案一审稿规定，应当至少每五年委托第三方机构开展一次无障碍环境建设评估。在草案审议过程中，有的全国人大常委会委员提出，一刀切地要求地方各级人民政府有关主管部门每五年开展一次评估，不符合实际情况，可能导致行政资源的浪费。全国人大宪法和法律委员会经研究，采纳了这一意见，将“每五年”修改为“定期”。各地可以根据本地区实际情况，合理确定评估周期。

（3）委托第三方机构开展无障碍环境建设评估。2020 年，国务院办公厅出台《关于切实解决老年人运用智能技术困难的实施方案》提出，要定期组织开展第三方评估，对各地区公共服务适老化程度进行评价，相关结果纳入积极应对人口老龄化综合评估。2021 年，中国残联等十三部门联合印发的《无障碍环境建设“十四五”实施方案》提出，探索组织全国无障碍环境建设专家委员会和残疾人组织及代表、高等院校、科研院所等进行第三方评估。地方立法层面，《深圳经济特区无障碍城市建设条例》第十条第一款规定，市、区人民政府应当定期组织开展无障碍城市建设专项规划和无障碍城市建设实施计划实施情况评估，并向社会公开评估结果。《上海市无障碍环境建设条例》第六十八条第一款规定，本市建立完善无障碍环境建设第三方评估机制，有关主管部门应当定期委托第三方机构开展评估，将评估结果作为开展无障碍环境建设工作的重要依据，并向社会公布。

贯彻落实中央有关政策文件精神，在总结地方立法实践经验的基础上，本法规定了第三方评估制度。第三方评估，是指由利益利害关系方以外的机构，运用科学、系统、规范的评估方法，对需要评估的事项进行专项研究和综合评估，并提交评估报告，为委托方提供参考的活动。委托第三方对无障碍环境建设进行专业评估，有利于全面总结无障碍环境建设状况，

深入分析存在的问题，并为进一步做好无障碍环境建设各项工作提供决策参考。县级以上地方人民政府有关主管部门应当建立健全第三方评估机制，根据委托事项的具体情况，可以选择高等院校、科研机构、专业智库等单位作为接受委托的第三方，对本地区无障碍环境建设状况进行全面评估，并做好评估结果的运用。第三方评估机构应当符合一定的条件，比如，在相关领域具有代表性和权威性，社会信誉良好；组织机构健全，内部管理规范；有具备相关专业知识和技能的研究力量，有较强的数据采集分析、决策咨询及政策评估经验和能力；在业务关系、机构隶属、资金来源等方面具有独立性，与有关争议方之间没有利益利害关系等。

二、将评估结果向社会公布，接受社会监督

（1）将评估结果向社会公布。评估结果是各地无障碍环境建设状况的反映，综合反映了当地无障碍环境建设取得的成绩和存在的主要问题。法律规定要将评估结果向社会公布，一方面，保障了社会公众的知情权；另一方面，也有助于推动全社会关注无障碍环境建设工作，促进提升全社会无障碍意识，推动形成全社会共建共治共享的良好局面。有关主管部门应当完善公布渠道，通过政府公报、政府网站或者其他互联网政务媒体、新闻发布会以及报刊、广播、电视等途径及时公布评估结果，让广大社会公众及时知悉。

（2）接受社会监督。十四届全国人大常委会第二次会议对本法草案进行审议过程中，有的全国人大常委会组成人员提出，仅规定向社会公布评估结果，不能完全体现评估的价值，督促政府有关部门更好地改进工作，建议增加“接受社会监督”的规定。全国人大宪法和法律委员会经研究，采纳了这一意见。根据这一规定，县级以上地方人民政府有关主管部门，不仅要向社会公布评估结果，还要接受社会的监督。社会公众可以结合第三方评估结果，对有关主管部门履行无障碍环境建设职责的情况进行监督。有关主管部门应当对社会公众提出的意见建议和反映的问题及时进行反馈。社会公众通过行使监督权，可以督促政府更好地履行无障碍环境建设职责。

第六十一条 县级以上人民政府建立无障碍环境建设信息公示制度，定期发布无障碍环境建设情况。

◆ 释义

本条是关于建立无障碍环境建设信息公示制度的规定。

一、县级以上人民政府建立无障碍环境建设信息公示制度

信息公示制度是督促有关主体履行信息公开义务，保障公众知情权，接受社会监督的重要制度设计。我国多部法律、法规、规章及其他规范性文件均对建立信息公示制度作了规定。例如，《民办教育促进法》第四十一条规定，教育行政部门及有关部门依法对民办学校实行督导，建立民办学校信息公示和信用档案制度，促进提高办学质量。《土壤污染防治法》第八十条规定，省级以上人民政府生态环境主管部门和其他负有土壤污染防治监督管理职责的部门应当将从事土壤污染状况调查和土壤污染风险评估、风险管控、修复、风险管控效果评估、修复效果评估、后期管理等活动的单位和个人的执业情况，纳入信用系统建立信用记录，将违法信息记入社会诚信档案，并纳入全国信用信息共享平台和国家企业信用信息公示系统向社会公布。2019 年，《住房城乡建设部关于完善质量保障体系提升建筑工程品质的指导意见》规定，建立工程质量信息公示制度，建设单位应主动公开工程竣工验收等信息，接受社会监督。《国务院办公厅关于加强旅游市场综合监管的通知》规定，加快建立旅游行业失信惩戒制度，建立旅游信用信息公示制度，将旅游经营服务不良信息记录与企业信用信息公示系统对接，将旅游行政主管部门对旅游企业作出的行政许可准予、变更、延续信息和行政处罚信息在企业信用信息公示系统上公示，定期公布违法违规旅游经营者和从业人员旅游经营服务不良信息记录。

联合国《残疾人权利公约》提出，要监测和公示无障碍标准规范的实施情况。现行的《无障碍环境建设条例》没有规定信息公示制度。为了保障社会公众了解无障碍环境建设情况，督促政府部门积极开展相关工作，有必要建立和完善信息公示制度。建立无障碍环境建设信息公示制度，应

当注意几个方面内容：一是县级以上人民政府包括国务院、省、市、县级人民政府；二是要明确无障碍环境建设信息的范围；三是公示应当真实、及时；四是明确具体负责推进信息公示制度的部门及各相关部门职责；五是规定信息公示的方式、方法和程序；六是规定违反信息公示制度的法律责任。同时，县级以上人民政府还应当建立健全信息发布机制，将主动公开的信息通过政府公报、政府网站或者其他互联网政务媒体、新闻发布会以及报刊、广播、电视等途径予以公示。

二、定期发布无障碍环境建设情况

（1）关于“定期”。在本法草案审议过程中，有的意见提出，应当强化县级以上人民政府的责任，将“定期”明确为每周、每月或者每季度。考虑到本条规定的主体是县级以上人民政府，包括国务院、省、市、县级人民政府，每个层级人民政府承担的无障碍环境建设职责不同，需要公示的信息数量、范围也有所区别，此外，经济发达地区、欠发达地区的情况也不一样，应当赋予一定的灵活性，避免一刀切的做法。全国人大宪法和法律委员会经研究，没有采纳这一意见，沿用了“定期”的规定。但是，县级以上人民政府在建立信息公示制度时，应当结合本地区无障碍环境建设实际情况，对“定期”予以明确，且不应周期过长，确保发布无障碍环境建设相关信息的及时性，保障法律规定的制度落到实处。

（2）发布无障碍环境建设情况。县级以上人民政府公开无障碍环境建设情况，应当坚持以公开为常态、不公开为例外的原则。除依法确定为国家秘密的政府信息，法律、行政法规禁止公开的政府信息，公开后可能危及国家安全、公共安全、经济安全、社会稳定的政府信息，涉及商业秘密、个人隐私等公开会对第三方合法权益造成损害的政府信息外，均应当公开。具体可以包括：公布无障碍环境建设的相关法律、法规、规章及其他规范性文件，无障碍环境建设规划、计划及实施情况，无障碍设施的建设、管理、维护情况，无障碍环境建设相关政策和标准体系，对无障碍环境建设的监督检查情况，对违反无障碍环境建设相关法律法规的处罚情况等。例如，《工业和信息化部、中国残疾人联合会关于推进信息无障碍的指导意见》要求，建立信息无障碍发展评估机制，评选一批信息无障碍优秀案例，发布信息无障碍发展指数，定期对网站及移动互联网应用等进行评级评价并向社会公开。工业和信息化部印发《互联网应用适老化及无障碍改造专项行动方案》要求，建立评测体系并组织评测，向社会公开发布评测结果，对适老化及无障碍建设、改造、优化要求落实不到位的企业，及时指导、督促其进行改进。

第六十二条 任何组织和个人有权向政府有关主管部门提出加强和改进无障碍环境建设的意见和建议，对违反本法规定的行为进行投诉、举报。县级以上人民政府有关主管部门接到涉及无障碍环境建设的投诉和举报，应当及时处理并予以答复。

残疾人联合会、老龄协会等组织根据需要，可以聘请残疾人、老年人代表以及具有相关专业知识的人员，对无障碍环境建设情况进行监督。

新闻媒体可以对无障碍环境建设情况开展舆论监督。

◆ **释义**

本条是关于加强无障碍环境建设社会监督的规定。

一、任何组织和个人有权向政府有关主管部门提出加强和改进无障碍环境建设的意见和建议，对违反本法规定的行为进行投诉、举报

（1）关于任何组织和个人。无障碍环境建设关系每一个人的切身利益，需要全体社会成员的共同参与。本法第三条也明确规定，引导社会组织和公众广泛参与，推动全社会共建共治共享。本条规定的任何组织和个人，既包括合法权益受到侵害的组织和个人，也包括没有受到侵害但是了解相关情况或者掌握相关线索的组织和个人。

（2）关于政府有关主管部门。本法第七条第一款、第二款明确规定，县级以上人民政府应当统筹协调和督促指导有关部门在各自职责范围内做好无障碍环境建设工作。县级以上人民政府住房和城乡建设、民政、工业和信息化、交通运输、自然资源、文化和旅游、教育、卫生健康等部门应当在各自职责范围内，开展无障碍环境建设工作。第七条列举的是与无障碍环境建设重点相关的部门，出于立法技术考虑，并未全部列举。因此，本条规定的政府有关主管部门，包括但不限于上述部门。

（3）提出加强和改进无障碍环境的意见建议。我国《宪法》第四十一条中规定，中华人民共和国公民对于任何国家机关和国家工作人员，有提出批评和建议的权利。本条规定的建议权，应当是提出关于加强和改进无障碍建设的意见和建议。例如，可以就无障碍设施的建设、无障碍信息交流、无障碍社会服务等方面情况，向有关主管部门提出意见和建议。这些意见和建议对于有关主管部门做好无障碍环境建设工作有着积极意义。有关主管部门应当建立畅通的意见表达渠道，采取适当的形式，常态化、便利化收集、征集社会公众的意见和建议，认真对待社会公众对加强和改进无障碍环境建设工作提出的意见和建议，对于不属于本部门业务范围的意见和建议，应当积极向其他主管部门转交。

（4）对违反本法规定的行为进行投诉、举报。投诉、举报是指组织、个人以口头或者书面形式向有关部门投诉、检举其所发现或了解到的有关违法行为并要求处理的制度。为保障无障碍环境建设质量，需要对其进行有效监督。本法规定的监督模式主要有主管部门监督和社会力量监督两种。前者主要指有关主管部门对无障碍环境建设活动的监督和管理，但是，仅依靠政府构建完善的无障碍环境监督体系，在全面性和及时性方面往往存在不足。无障碍环境建设是全社会的共同责任，任何组织和个人都应当爱护无障碍环境，有权对破坏无障碍环境的行为进行劝阻、投诉和举报。此外，加强社会监督也是立法的通常做法，例如，《农产品质量安全法》第五十六条中规定，任何单位和个人有权对违反本法的行为进行检举控告、投诉举报。因此，有必要将群团组织、公益机构、公民个人等社会力量纳入监督主体，扩大社会监督的主体范围，使全社会都参与到无障碍环境建设的监督中来，以保障《无障碍环境建设法》的实施效果。

二、县级以上人民政府有关主管部门接到涉及无障碍环境建设的投诉和举报，应当及时处理并予以答复

投诉、举报是我国赋予公民、组织的一项权利。及时处理、答复组织

和个人的投诉、举报，有利于国家机关加强同人民群众的联系，充分发挥人民群众对违法行为的监督作用，对主管部门及时掌握违法行为情况、线索，开展进一步调查处理有着积极作用。有关主管部门应当建立健全投诉举报机制，完善办理流程，接到投诉、举报后，应当按照规定的程序和权限受理并做好记录，属于本部门职责的，及时安排力量予以处置；属于其他职能部门职责的，要做好解释说明工作，第一时间移送相关部门予以处理。接到投诉、举报的部门都应当及时向举报人回复、反馈处理情况，保障投诉、举报制度的有效性。例如，2019 年，北京市建立起以“12345 市民服务热线”为主渠道的投诉即办机制，将无障碍环境建设纳入受理范围，取得了良好效果。2021 年，《北京市无障碍环境建设条例》通过立法保障了无障碍环境投诉处理机制规范化、法治化和常态化。

三、残疾人联合会、老龄协会等组织根据需要，可以聘请残疾人、老年人代表以及具有相关专业知识的人员，对无障碍环境建设情况进行监督

政府在无障碍环境建设中承担主导性和关键性作用，但是单纯依靠政府来构建一个全方位的无障碍环境建设和监管体系是远远不够的，需要发挥残疾人联合会、老龄协会等组织的作用，参与无障碍环境建设的监督，促进无障碍环境建设法律法规的落实。此外，广大残疾人、老年人是无障碍环境的最主要使用者，他们对于无障碍环境建设最有发言权，应当发挥残疾人、老年人等对无障碍环境建设的作用，邀请他们参与无障碍环境建设监督工作，并为其参与监督创造条件。基于此，我国在很早以前就已经探索开展这项工作，早在 2007 年，《建设部、民政部、中国残疾人联合会、全国老龄工作委员会办公室关于开展创建全国无障碍建设城市工作的通知》就提出，建立有效社会监督机制，如新闻媒体、人大代表、政协委员、残疾人、老年人监督员队伍等，对无障碍建设和管理进行监督。2021 年，我国《无障碍环境建设“十四五”实施方案》规定，建立残疾人督导员督导工作机制，动员、培训、组织残疾人参与、体验、促进无障碍环境建设工作，为体验促进队伍开展工作创造条件。

此外，地方立法也为这一制度提供了具体的实践经验。例如，《江苏省无障碍环境建设实施办法》第四十三条第一款规定，残疾人联合会、老龄工作机构等可以邀请人大代表、政协委员、专家学者、新闻媒体工作者、残疾人和老年人代表等担任督导员，监督无障碍环境的建设和使用情况，开展无障碍体验活动。督导员发现不符合无障碍环境建设和使用要求的问题，可以提出改进建议，由残疾人联合会、老龄工作机构转送相关部门，相关部门应当及时反馈建议采纳或者处理情况。《深圳经济特区无障碍城市建设条例》第五十九条规定：“建立无障碍城市建设社会监督员制度。残疾人联合会、妇女联合会、共青团等群团组织可以聘请专业人员、有需要者代表等作为社会监督员，对无障碍设施设备建设、改造、维护和使用等无障碍建设情况进行监督，相关单位和个人应当予以配合……残疾人联合会、妇女联合会、共青团等群团组织可以将社会监督员发现的问题向相关部门书面提出意见，相关部门应当依法及时处理，并反馈处理情况。”《北京市无障碍环境建设条例》第六条第三款规定，残疾人联合会、老年人组织、妇女联合会等有关组织可以邀请人大代表、政协委员、专家学者、市民代表等担任监督员，对无障碍环境建设和管理进行监督，向有关部门提出意见和建议；有关部门应当为监督工作提供便利，对意见和建议及时办理并答复。

无障碍环境建设法草案一审稿并未对这一制度作出规定，十四届全国人大常委会第三次会议对草案进行审议期间，有的常委委员提出，为进一步加强无障碍环境建设监督的针对性和有效性，建议借鉴一些地方的做法，增加聘请相关人员开展监督的规定。全国人大宪法和法律委员会经研究，增加了本条第二款规定。

残疾人联合会、老龄协会应当落实法律规定，根据实际工作需要开展此项工作，聘请残疾人、老年人代表以及其他具有相关专业知识的人员，对无障碍环境建设情况进行监督。需要注意的是，具有相关专业知识的人员，应当是具有与无障碍环境建设有关的专业知识的人员。

四、新闻媒体可以对无障碍环境建设情况开展舆论监督

舆论监督是社会监督的一种重要形式。通过新闻媒体的舆论监督，进一步加大社会监督的力度，从而推动和改进某项工作，是法律普遍采用的

一项制度。例如，《黄河保护法》第十八条第二款规定，新闻媒体应当采取多种形式开展黄河流域生态保护和高质量发展的宣传报道，并依法对违法行为进行舆论监督。《法律援助法》第十条第二款规定，新闻媒体应当积极开展法律援助公益宣传，并加强舆论监督。《湿地保护法》第七条第三款规定，新闻媒体应当开展湿地保护法律法规和湿地保护知识的公益宣传，对破坏湿地的行为进行舆论监督。2015年，《住房和城乡建设部、民政部、中国残联、全国老龄办关于加强村镇无障碍环境建设的指导意见》也提出，发挥残疾人、老年人等社会群体和新闻媒体的监督作用，提高无障碍环境建设意识，形成关心、参与无障碍环境建设的社会氛围。

报刊、广播、电视、网络等新闻媒体应当利用各自优势，加强对有关主管部门、企业事业单位、社会团体以及其他社会组织和公民个人等执行无障碍环境建设法律法规和政策，以及履行相关职责情况的舆论监督。对违反无障碍环境建设法律法规的行为给予曝光，予以揭露和批评。通过新闻媒体的舆论监督，引起社会各界对无障碍环境建设的高度关注，促进无障碍问题的整改，督促社会各单位认真贯彻落实无障碍环境建设相关法律法规和政策，增强责任主体意识，自觉做好本单位的无障碍环境建设工作，从而使《无障碍环境建设法》真正为社会知晓，得到正确有效实施。同时，新闻媒体也要树立强烈的社会责任感，注重舆论监督的社会效果，对报道的内容认真核实，做到真实、准确、可靠。

第六十三条　对违反本法规定损害社会公共利益的行为，人民检察院可以提出检察建议或者提起公益诉讼。

◆ 释义

本条是关于检察建议和公益诉讼的规定。

一、检察机关提出检察建议

检察建议是人民检察院依法履行法律监督职责，参与社会治理，维护司法公正，促进依法行政，预防和减少违法犯罪，保护国家利益和社会公共利益，维护个人和组织合法权益，保障法律统一、正确实施的重要方式。人民检察院可以直接向本院所办理案件的涉案单位、本级有关主管机关以及其他有关单位提出检察建议。根据 2019 年《人民检察院检察建议工作规定》，检察建议主要包括以下类型：（1）再审检察建议；（2）纠正违法检察建议；（3）公益诉讼检察建议；（4）社会治理检察建议；（5）其他检察建议。人民检察院在履行对诉讼活动的法律监督职责中发现有关执法、司法机关具有下列情形之一的，可以向有关执法、司法机关提出纠正违法检察建议：（1）人民法院审判人员在民事、行政审判活动中存在违法行为的；（2）人民法院在执行生效民事、行政判决、裁定、决定或者调解书、支付令、仲裁裁决书、公证债权文书等法律文书过程中存在违法执行、不执行、怠于执行等行为，或者有其他重大隐患的；（3）人民检察院办理行政诉讼监督案件或者执行监督案件，发现行政机关有违反法律规定、可能影响人民法院公正审理和执行的行为的；（4）公安机关、人民法院、监狱、社区矫正机构、强制医疗执行机构等在刑事诉讼活动中或者执行人民法院生效刑事判决、裁定、决定等法律文书过程中存在普遍性、倾向性违法问题，或者有其他重大隐患，需要引起重视予以解决的；（5）诉讼活动中其他需要以检察建议形式纠正违法的情形。人民检察院在履行职责中发现生态环境和资源保护、食品药品安全、国有财产保护、国有土地使用权出让等领域负有监督管理职责的行政机关违法行使职权或者不作为，致使国家利益或者社会公共利益受到侵害，符合法律规定的公益诉讼条件的，应当按照公益诉讼案件办理程序向行政机关提出督促依法履职的检察建议。人民检察院在办理案件中发现社会治理工作存在下列情形之一的，可以向有关单位和部门提出改进工作、完善治理的检察建议：（1）涉案单位在预防违法犯罪方面制度不健全、不落实，管理不完善，存在违法犯罪隐患，需要及时消除的；（2）一定时期某类违法犯罪案件多发、频发，或者已发生的案件暴露出明显的管理监督漏洞，需要督促行业主管部门加强和改进管理监督工作的；（3）涉及一定群体的民间纠纷问题突出，可能导致发生群体性事件或者恶性案件，需要督促相关部门完善风险预警防范措施，加强调解疏导工作的；（4）相关单位或者部门不依法及时履行职责，致使个人或者组织合法权益受到损害或者存在损害危险，需要及时整改消除的；（5）需要给予有关涉案人员、责任人员或者组织行政处罚、政务处分、行业惩戒，或者需要追究有关责任人员的司法责任的；（6）其他需要提出检察建议的情形。

现实中，违反无障碍环境建设法导致公共利益受损的情形是多样的，既可能是一些企业的主动侵害，也有可能是某些行政主管机关的不作为。人民检察院可以根据实际情况，依据相关规定，向有关单位发出检察建议，督促其限期整改。

二、检察机关提起公益诉讼

检察机关是保护社会公共利益的重要力量。建立检察机关提起公益诉讼制度，是党中央推进全面依法治国的一项重大改革举措，是完善行政监督体系、加强司法监督的重要制度设计，是检察机关行使法律监督权的制度保障。党的十九届四中全会决定将“拓展公益诉讼案件范围”作为“加强对法律实施的监督”的重大改革举措，旨在通过监督保障相关法律的统一正确实施，最大限度维护国家利益和社会公共利益。

从2020年起，最高人民检察院将无障碍环境建设纳入检察公益诉讼新领域重点推进，推动解决无障碍环境建设中存在的突出问题，公益诉讼案件范围也从出行无障碍到信息无障碍，再到无障碍环境建设不断拓展。各地检察机关充分发挥公益诉讼检察制度优势，围绕保护人文遗迹、风景名胜区、城市和乡村等环境中的无障碍环境，守护无障碍环境规划设计、建设改造、管理维护涉及的国有财产，维护与出行、信息、服务等无障碍相关的公共安全，依法在生态环境和资源保护、国有财产保护、安全生产等法定领域开展监督办案，取得实实在在的成效。

2021年5月，最高人民检察院和中国残联发布无障碍环境建设检察公益诉讼典型案例。7月，最高人民检察院第八检察厅在第十六届中国信息无障碍论坛上发布了《检察机关无障碍公益诉讼成果展示》，在出行无障碍、信息无障碍、服务无障碍、大型赛事无障碍等领域，展示了北京、山西、辽宁、吉林、黑龙江、上海、江苏、浙江、福建、湖南、广东、四川、云南、甘肃、青海等地检察机关从保障出行安全到完善专门服务、消除数字鸿沟等方面，办理的30件无障碍环境建设检察公益诉讼典型案例。例如，湖南省检察院、省残疾人联合会、省住房和城乡建设厅联合印发《湖南省无障碍环境建设公益诉讼专项监督行动方案》，要求对照相关法律法规规章规定，摸清全省公共服务场所、公共交通、官方网站等无障碍环境建设的底数，重点检查低位服务台设置，人行天桥和人行地下通道无障碍设施，无障碍停车位设置和保障，机场、火车站、汽车客运站、客运码头、景区等购票取票设施、等候专座和绿色通道，无障碍卫生间、无障碍坡道、扶手等设施，高速公路服务区无障碍服务设施，官方网站无障碍浏览服务，电视新闻栏目配播手语，公共图书馆阅读设备，应急、消防通道无障碍设施，人行道路面平整、窨井盖与地面距离标准、共享单车、电动车、汽车与盲道的合理距离，缘石坡道建设及日常维护和养护，人行道交通信号设施配备过街语音提示装置，无障碍标志设置，占用无障碍设施或者改变用途，残疾人参与必需社会活动的无障碍环境，门票减免制度、无障碍主题公园建设、非特殊岗位就业保障等 17 类无障碍环境建设内容是否存在违法问题，并附《办理无障碍环境建设公益诉讼案件规范指引》。

2021 年，全国检察机关全面推开无障碍环境建设公益诉讼，全年立案办理 3272 件，是 2020 年的 6.2 倍。经过几年的实践探索，2022 年起，最高人民检察院将无障碍环境建设单独作为一个重点新领域进行专门部署，加强综合保护、系统治理，为将无障碍环境建设纳入公益诉讼法定领域积累了丰富的实践经验。

地方立法层面，2021 年《江苏省无障碍环境建设实施办法》第四十四条规定，县级以上地方人民政府及其有关部门应当积极配合无障碍环境建设领域检察公益诉讼工作，依法落实无障碍环境建设的检察建议。《深圳经济特区无障碍城市建设条例》第六十一条第三款规定，人民检察院在履行职责中发现无障碍城市建设领域负有监督管理职责的行政机关违法行使职权或者不作为，致使国家利益或者社会公共利益受到侵害的，应当向行政机关提出检察建议；行政机关不依法履行职责的，人民检察院可以向人民法院提起行政公益诉讼。

贯彻落实中央文件精神，总结司法实践和地方立法经验，本条明确赋予人民检察院就违反《无障碍环境建设法》的行为提起公益诉讼的权力，为检察机关依法行使职权提供了明确的法律依据和有力的法治保障。

第七章 法律责任

第六十四条 工程建设、设计、施工、监理单位未按照本法规定进行建设、设计、施工、监理的，由住房和城乡建设、民政、交通运输等相关主管部门责令限期改正；逾期未改正的，依照相关法律法规的规定进行处罚。

◆ **释义**

本条是关于工程建设、设计、施工、监理单位法律责任的规定。

本法第二章规定了工程建设、设计、施工、监理单位在无障碍设施建设中的义务，本条规定了相应的法律责任。《无障碍环境建设法（草案）》第六十条和第六十一条对工程建设、设计、施工、监理单位的法律责任分别作了详细规定。审议时有意见指出，工程建设、设计、施工、监理单位的法律责任，其他法律作了详细规定，本法没有必要重复其他法律的规定，建议简化相关内容。根据上述意见，将草案第六十条和第六十一条合并为一条。

一、责令限期改正

工程建设、设计、施工、监理单位未按照本法规定进行建设、设计、施工、监理的，由住房和城乡建设、民政、交通运输等相关主管部门责令限期改正。

《建筑法》《建设工程质量管理条例》对工程建设、设计、施工、监理单位的法律责任作了规定，其中包括“责令改正”，该责任也适用于无障碍设施建设中的违法行为。

根据本条规定，责令改正的决定由住房和城乡建设、民政、交通运输等相关主管部门作出。无障碍设施建设存在于房屋建设、养老设施建设、交通运输设施建设等领域，各领域的无障碍设施建设由相关主管部门对违法行为人作出责令改正的决定。

二、依照相关法律法规的规定进行处罚

工程建设、设计、施工、监理单位存在违法行为，被相关主管部门责令限期改正，逾期未改正的，依照相关法律法规的规定进行处罚。

《建筑法》第六十九条第一款规定，工程监理单位与建设单位或者建筑施工企业串通，弄虚作假、降低工程质量的，责令改正，处以罚款，降低资质等级或者吊销资质证书；有违法所得的，予以没收。第七十二条规定，建设单位违反本法规定，要求建筑设计单位或者建筑施工企业违反建筑工程质量、安全标准，降低工程质量的，责令改正，可以处以罚款。第七十三条规定，建筑设计单位不按照建筑工程质量、安全标准进行设计的，责令改正，处以罚款；造成工程质量事故的，责令停业整顿，降低资质等级或者吊销资质证书，没收违法所得，并处罚款。第七十四条规定，建筑施工企业在施工中偷工减料的，使用不合格的建筑材料、建筑构配件和设备的，或者有其他不按照工程设计图纸或者施工技术标准施工的行为的，责令改正，处以罚款；情节严重的，责令停业整顿，降低资质等级或者吊销资质证书；造成建筑工程质量不符合规定的质量标准的，负责返工、修理，并赔偿因此造成的损失。第七十六条第一款规定，本法规定的责令停业整顿、降低资质等级和吊销资质证书的行政处罚，由颁发资质证书的机关决定；其他行政处罚，由建设行政主管部门或者有关部门依照法律和国务院规定的职权范围决定。此外，《建设工程质量管理条例》还进一步规定了建设、设计、施工、监理单位的法律责任。

《房屋建筑和市政基础设施工程竣工验收备案管理办法》规定，建设单位在工程竣工验收合格之日起十五日内未办理工程竣工验收备案的，备案机关责令限期改正，处二十万元以上五十万元以下罚款。建设单位将备案机关决定重新组织竣工验收的工程，在重新组织竣工验收前，擅自使用的，备案机关责令停止使用，处工程合同价款2%以上4%以下罚款。

第六十五条 违反本法规定，有下列情形之一的，由住房和城乡建设、民政、交通运输等相关主管部门责令限期改正；逾期未改正的，对单位处一万元以上三万元以下罚款，对个人处一百元以上五百元以下罚款：

（一）无障碍设施责任人不履行维护和管理职责，无法保障无障碍设施功能正常和使用安全；

（二）设置临时无障碍设施不符合相关规定；

（三）擅自改变无障碍设施的用途或者非法占用、损坏无障碍设施。

◆ 释义

本条是关于不履行无障碍设施维护和管理职责，设置临时无障碍设施不符合相关规定，以及擅自改变无障碍设施的用途或者非法占用、损坏无障碍设施的法律责任的规定。

近年来，无障碍设施被滥用、占用、损坏的问题较为突出，造成部分无障碍设施形同虚设，严重侵害了残疾人、老年人等群体的合法权益。这一方面反映出无障碍环境意识尚未真正深入人心，另一方面也反映出维护和管理的缺失，“重建设轻管理”“重建设轻维护”观念仍未改变。对此，本法第二十六条对无障碍设施维护和管理的责任主体、维护和管理的总体要求以及具体的维护和管理职责作了明确规定；第二十八条第一款对擅自改变无障碍设施的用途或者非法占用、损坏无障碍设施的行为作出禁止性规定。此外，我国对临时无障碍设施缺少相应的规范要求，造成临时无障碍设施的质量参差不齐，可能会对残疾人、老年人等群体造成安全隐患，有必要对其作出规范，对此，本法第二十七条对设置临时无障碍设施的要求作了规定。为保证上述规定的严格落实，本条对违反上述规定的法律责任作出明确规定。

一、关于违法情形

本条规定了三类违法情形：一是无障碍设施责任人不履行维护和管理

职责，无法保障无障碍设施功能正常和使用安全。本法第二十六条第一款规定，无障碍设施责任人应当对无障碍设施履行以下维护和管理责任，保障无障碍设施功能正常和使用安全：（1）对损坏的无障碍设施和标识进行维修或者替换；（2）对需改造的无障碍设施进行改造；（3）纠正占用无障碍设施的行为；（4）进行其他必要的维护和保养。二是设置临时无障碍设施不符合相关规定。本法第二十七条规定，因特殊情况设置的临时无障碍设施，应当符合无障碍设施工程建设标准。三是擅自改变无障碍设施的用途或者非法占用、损坏无障碍设施。本法第二十八条第一款规定，任何单位和个人不得擅自改变无障碍设施的用途或者非法占用、损坏无障碍设施。

二、关于处罚部门

本条规定由住房和城乡建设、民政、交通运输等相关主管部门进行处罚。根据部门职责分工，无障碍设施的建设和改造主要由上述主管部门负责，其中，住房和城乡建设部门主要负责居住建筑、居住区、公共建筑、公共场所等的无障碍设施建设和改造；民政部门主要负责养老服务机构的无障碍设施建设和改造以及老年人家庭适老化改造；交通运输部门主要负责城乡道路、交通运输设施等的无障碍设施建设和改造。

三、关于法律责任

本条规定了两类法律责任：一是责令限期改正。纠正违法行为是规定法律责任的重要目的，行政主管部门通过行政命令的方式责令违法主体改正或者限期改正，是纠正违法行为的主要方式之一。对此，《行政处罚法》第二十八条第一款规定，行政机关实施行政处罚时，应当责令当事人改正或者限期改正违法行为。考虑到本条规定的违法行为的改正需要一定期限，因此，此处规定的是“责令限期改正”。二是罚款。罚款作为财产罚的类型之一，是指行政机关对实施行政违法行为的当事人进行的一种经济性制裁，通过使当事人财产受到损失的方法起到惩戒的目的。本条规定的罚款适用的情形是，有本条规定的违法行为被责令限期改正但逾期未改正的，也就是说上述主管部门对违法行为主体，不能直接进行罚款，只有在其逾期仍不改正违法行为的情况下，才能使用罚款的行政处罚措施。此外，根据违法主体的不同，本条还对罚款数额作了区分：违法主体是单位，有本条规定的违法行为且逾期不改正的，处一万元以上三万元以下罚款；违法主体是个人，有本条规定的违法行为且逾期不改正的，处一百元以上五百元以下罚款。需要说明的是，本条仅对行政责任作了规定，并未规定民事责任，对有本条规定的违法行为，造成他人人身损害、财产损失的，应当依照本法第七十一条的规定，依法承担民事责任。

第六十六条　违反本法规定，不依法履行无障碍信息交流义务的，由网信、工业和信息化、电信、广播电视、新闻出版等相关主管部门责令限期改正；逾期未改正的，予以通报批评。

◆ **释义**

本条是关于不依法履行无障碍信息交流义务的法律责任的规定。

近年来，互联网等信息技术快速发展，智能化服务得到广泛应用，残疾人、老年人成为主要的信息障碍群体，如果不能大力推动无障碍信息交流建设，残疾人、老年人群体就会在信息社会中被边缘化，甚至被抛弃。只有不断提升全社会无障碍信息交流建设意识，利用信息技术突破信息壁垒，才有可能缩小“数字鸿沟”，才能让残疾人、老年人群体共享信息化发展的数字红利，平等参与和融入社会活动中。因此，本法“无障碍信息交流”一章对不同主体的无障碍信息交流义务作出规定，为保证上述主体能够切实履行无障碍信息交流义务，本条对不履行无障碍信息交流义务的法律责任作出明确规定。

一、关于违法情形

本条规定的违法情形是“违反本法规定，不履行无障碍信息交流义务的”。本法第三章“无障碍信息交流”中有关的义务性规定，主要包括：第二十九条规定，各级人民政府及其有关部门应当为残疾人、老年人获取公共信息提供便利；发布涉及自然灾害、事故灾难、公共卫生事件、社会安全事件等突发事件信息时，条件具备的同步采取语音、大字、盲文、手语等无障碍信息交流方式。第三十条第一款规定，利用财政资金设立的电视台应当在播出电视节目时配备同步字幕，条件具备的每天至少播放一次配播手语的新闻节目，并逐步扩大配播手语的节目范围。第三十二条第一款规定，利用财政资金建立的互联网网站、服务平台、移动互联网应用程序，应当逐步符合无障碍网站设计标准和国家信息无障碍标准。第三十三条规定，音视频以及多媒体设备、移动智能终端设备、电信终端设备制造者提供的产品，应当逐步具备语音、大字等无障碍功能。银行、医院、城市轨道交通车站、民用运输机场航站区、客运站、客运码头、大型景区等的自助公共服务终端设备，应当具备语音、大字、盲文等无障碍功能。第三十五条规定，政务服务便民热线和报警求助、消防应急、交通事故、医疗急救等紧急呼叫系统，应当逐步具备语音、大字、盲文、一键呼叫等无障碍功能。第三十六条规定，提供公共文化服务的图书馆、博物馆、文化馆、科技馆等应当考虑残疾人、老年人的特点，积极创造条件，提供适合其需要的文献信息、无障碍设施设备和服务等。

二、关于处罚部门

本条规定由网信、工业和信息化、电信、广播电视、新闻出版等相关主管部门进行处罚，具体由上述主管部门根据部门职责分工，对照前述违法情形，对相应的违法主体进行处罚。

三、关于法律责任

本条规定了两类法律责任：一是责令限期改正。二是通报批评。通报批评属于名誉罚，一般是指行政机关对违法行为人在一定范围内通过书面批评加以谴责和告诫，指出其违法行为，避免其再犯。2021 年 1 月修订后的《行政处罚法》将通报批评增列为行政处罚的种类。本条规定的通报批评适用的情形是，不依法履行无障碍信息交流义务被责令限期改正但逾期未改正的，也就是说上述主管部门对不依法履行无障碍信息交流义务的行为主体，不能直接进行通报批评，只有在其逾期仍不履行无障碍信息交流义务的情况下，才能使用通报批评的行政处罚措施。

第六十七条 电信业务经营者不依法提供无障碍信息服务的，由电信主管部门责令限期改正；逾期未改正的，处一万元以上十万元以下罚款。

◆ **释义**

本条是关于电信业务经营者不依法提供无障碍信息服务的法律责任的规定。

一、本条规定的违法行为

本条规定的违法行为是指电信业务经营者不依法提供无障碍信息服务的行为。本法第三十四条规定，电信业务经营者提供基础电信服务时，应当为残疾人、老年人提供必要的语音、大字信息服务或者人工服务。电信业务经营者违反该条规定，在提供基础电信服务时，不为残疾人、老年人提供必要的语音、大字信息服务或者人工服务，应当承担相应的法律责任。

二、法律责任

一是责令限期改正。责令限期改正的主体是电信主管部门，即由电信主管部门责令有违法行为的电信业务经营者在规定的期限内，对相应的违法行为进行整改。责令改正的目的是纠正违法行为，使其达到或恢复合法状态。责令改正不具有行政惩戒性，不属于行政处罚，而是实施行政处罚过程中的一个重要环节。《行政处罚法》第二十八条第一款规定，行政机关实施行政处罚时，应当责令当事人改正或者限期改正违法行为。对于电信业务经营者提供基础电信服务时，不为残疾人、老年人提供必要的语音、大字信息服务或者人工服务的违法行为，由电信主管部门对其实施批评教育，责令限期改正。电信主管部门主要是指国家工信部及地方主管电信的部门。

二是罚款。罚款是指行政机关依法强制违反法律法规的行为人在一定期限内缴纳一定数量货币的行政处罚。本条规定，对于逾期未改正的，可以处以一定幅度的罚款。实践中，行政机关可以综合考虑电信业务经营者违法行为的目的、主观过错的性质、危害结果的程度等因素，在本条规定的罚款幅度一万元以上十万元以下范围内确定罚款数额。

《电信条例》第四十条第三项规定了电信业务经营者在电信服务中，不得无正当理由拒绝、拖延或者中止对电信用户的电信服务。第七十四条规定，违反该条例第四十条的规定，由省、自治区、直辖市电信管理机构责令改正，并向电信用户赔礼道歉，赔偿电信用户损失；拒不改正并赔礼道歉、赔偿损失的，处以警告，并处一万元以上十万元以下的罚款；情节严重的，责令停业整顿。本法规定的处罚数额为一万元以上十万元以下，与《电信条例》保持一致。

第六十八条 负有公共服务职责的部门和单位未依法提供无障碍社会服务的，由本级人民政府或者上级主管部门责令限期改正；逾期未改正的，对直接负责的主管人员和其他直接责任人员依法给予处分。

◆ **释义**

本条是关于负有公共服务职责的部门和单位未依法提供无障碍社会服务的法律责任的规定。

一、本条规定的违法行为

本法“无障碍社会服务”一章，对一些负有公共服务职责的部门和单位应当提供的无障碍社会服务作了强制性规定，本条则对上述负有公共服务职责的部门和单位未依法提供无障碍社会服务的违法行为的法律责任作了统一规定。

依据本法第四章规定，“负有公共服务职责的部门和单位未依法提供无障碍社会服务的”情形主要包括：（1）违反本法第三十九条第一款规定，公共服务场所未配备必要的无障碍设备和辅助器具，未标注指引无障碍设施的；（2）违反本法第三十九条第二款规定，公共服务场所涉及医疗健康、社会保障、金融业务、生活缴费等服务事项的，未保留现场指导、人工办理等传统服务方式的；（3）违反本法第四十条规定，行政服务机构、社区服务机构以及供水、供电、供气、供热等公共服务机构，未设置低位服务台或者无障碍服务窗口，未配备电子信息显示屏、手写板、语音提示等设备的；（4）违反本法第四十一条第一款规定，司法机关、仲裁机构、法律援助机构未依法为残疾人、老年人参加诉讼、仲裁活动和获得法律援助提供无障碍服务的；（5）违反本法第四十二条规定，交通运输设施和公共交通运输工具的运营单位未根据各类运输方式的服务特点，结合设施设备条件和所提供的服务内容，为残疾人、老年人设置无障碍服务窗口、专用等候区域、绿色通道和优先坐席，提供辅助器具、咨询引导、字幕报站、语音提示、预约定制等无障碍服务的；（6）违反本法第四十三条第一款规定，教育行政部门和教育机构未加强教育场所的无障碍环境建设，为有残疾的师生、员工提供无障碍服务的；（7）违反本法第四十四条第一款规定，医疗卫生机构未结合所提供的服务内容，为残疾人、老年人就医提供便利的；（8）违反本法第四十四条第二款规定，与残疾人、老年人相关的服务机构未配备无障碍设备，在生活照料、康复护理等方面提供无障碍服务的；（9）违反本法第四十六条第一款规定，公共场所经营管理单位、交通运输设施和公共交通运输工具的运营单位未为残疾人携带导盲犬、导听犬、辅助犬等服务犬提供便利的；（10）违反本法第四十七条规定，应急避难场所的管理人在制定以及实施工作预案时，未考虑残疾人、老年人的无障碍需求，未设置语音、大字、闪光等提示装置的；（11）违反本法第四十八条规定，组织选举的部门和单位未采取措施，为残疾人、老年人选民参加投票提供便利和必要协助的。本条规定的法律责任不适用于本法第四十一条第二款、第四十五条、第四十九条规定的鼓励有关部门和单位提供无障碍社会服务的情形。

二、法律责任

根据本条规定，负有公共服务职责的部门和单位未依法提供无障碍社会服务的，由本级人民政府或者上级主管部门责令限期改正；逾期未改正的，对直接负责的主管人员和其他直接责任人员依法给予处分。

一是责令限期改正。责令限期改正的主体是本级人民政府或者上级主管部门，即由本级人民政府或者上级主管部门责令有违法行为的负有公共服务职责的部门和单位，在规定的期限内，对相应的违法行为进行整改。责令改正的目的是纠正违法行为，使其达到或者恢复合法状态。责令改正不具有惩戒性，不属于行政处罚，而是实施行政监督管理的一项重要措施。

二是对直接负责的主管人员和其他直接责任人员依法给予处分。根据《监察法》《公职人员政务处分法》《公务员法》《事业单位人事管理条例》，实施处分的主体包括该主管人员或者直接责任人员的任免机关、所在单位或者有关监察机关。根据《公职人员政务处分法》第二条的规定，监察机关对违法的公职人员给予政务处分的活动适用该法；公职人员任免机关、单位对违法的公职人员给予处分适用该法第二章、第三章关于“政务处分的种类和适用”和“违法行为及其适用的政务处分”的规定；处分的程序、申诉等适用其他法律、行政法规、国务院部门规章和国家有关规定。

负有公共服务职责的部门和单位未依法提供无障碍社会服务，经由本级人民政府或者上级主管部门责令限期改正而逾期未改正，造成不良后果或者影响，损害国家和人民利益的，任免机关、所在单位或者有关监察机关可以根据情节轻重对直接负责的主管人员和其他直接责任人员依法给予相应处分。依据《公务员法》《公职人员政务处分法》，处分的种类有六种，从轻到重依次为警告、记过、记大过、降级、撤职、开除；处分的期间为：警告，六个月；记过，十二个月；记大过，十八个月；降级、撤职，二十四个月。（1）警告，有提醒注意、不致再犯的意思，属于申诫处分。它可以是口头的，也可以是书面的，由处分机关或者单位选择适用。警告一般适用于轻微的政务违法行为，是处分中最轻的一种。（2）记过、记大过。这是两种程度有所区别的处分。一般来说，记过、记大过适用于公职人员的行为违反了法律法规的规定，给国家利益和人民利益造成了一定的损失，给予警告处分过轻，给予降级处分过重的情况。（3）降级。作为一种处分，降级的含义是降低公职人员的职务级别。根据《公务员法》的规定，国家实行公务员职务与职级并行制度，根据公务员职位类别和职责设置公务员领导职务、职级序列。领导职务层次分为：国家级正职、国家级副职、省部级正职、省部级副职、厅局级正职、厅局级副职、县处级正职、县处级副职、乡科级正职、乡科级副职。综合管理类公务员职级序列分为：一级巡视员、二级巡视员、一级调研员、二级调研员、三级调研员、四级调研员、一级主任科员、二级主任科员、三级主任科员、四级主任科员、一级科员、二级科员。给予降级的处分就是由原来的职务级别往下降，如由厅局级降为四级调研员。（4）撤职。公职人员的违法行为，给国家和人民利益造成重大损失，不适合继续担任原职务的，可以给予撤职处分。（5）开除。开除是指受处分人不适合继续在公职机关、单位工作，取消其公职人员资格令其离开的处分形式。开除是最严厉的一种处分，一经开除，即解除其与所在机关、单位的人事关系或者劳动关系。适用于公职人员犯有违法行为，给国家利益和人民利益造成了极其严重的损失，丧失公职人员的资格的情况。开除的处分不能解除。公职人员受到开除以外的处分，在处分期内有悔改表现，并且没有再发生应当给予处分的违法行为的，处分期满后自动解除，晋升职务、职级、衔级、级别、岗位和职员等级、职称、薪酬待遇不再受原处分影响；但是，解除降级、撤职的，不当然恢复原职务、职级、衔级、级别、岗位和职员等级、职称、薪酬待遇。公务员以及参照《公务员法》管理的人员在政务处分期内，不得晋升职务、职级、衔级和级别；其中，被记过、记大过、降级、撤职的，不得晋升工资档次。被撤职的，按照规定降低职务、职级、衔级和级别，同时降低工资和待遇。法律、法规授权或者受国家机关依法委托管理公共事务的组织中从事公务的人员，以及公办的教育、科研、文化、医疗卫生、体育等单位中从事管理的人员，在政务处分期内，不得晋升职务、岗位和职员等级、职称；其中，被记过、记大过、降级、撤职的，不得晋升薪酬待遇等级；被撤职的，降低职务、岗位或者职员等级，同时降低薪酬待遇。国有企业管理人员在政务处分期内，不得晋升职务、岗位等级和职称；其中，被记过、记大过、降级、撤职的，不得晋升薪酬待遇等级；被撤职的，降低职务或者岗位等级，同时降低薪酬待遇。根据《公务员法》第六十一条的规定，公务员因违纪违法应当承担纪律责任的，依照该法给予处分或者由监察机关依法给予政务处分；违纪违法行为情节轻微，经批评教育后改正的，可以免予处分；对同一违纪违法行为，监察机关已经作出政务处分决定的，公务员所在机关不再给予处分。

第六十九条 考试举办者、组织者未依法向有残疾的考生提供便利服务的，由本级人民政府或者上级主管部门予以批评并责令改正；拒不改正的，对直接负责的主管人员和其他直接责任人员依法给予处分。

◆ **释义**

本条是关于考试举办者、组织者未依法向有残疾的考生提供便利服务法律责任的规定。

一、本条规定的违法行为

根据本法第四十三条第二款的规定，国家举办的教育考试、职业资格考试、技术技能考试、招录招聘考试以及各类学校组织的统一考试，应当为有残疾的考生提供便利服务。国家举办的考试是国家选拔和培养人才的重要形式，关系人才强国战略的实施，确保考试的公平、公正，关系广大考生的根本利益。残疾人因为身体功能存在缺陷，在学习、工作、生活中面临许多常人难以想象的困难，难以与普通考生一样参加考试，需要考试的举办者、组织者根据其残疾情形为其提供各种合理便利措施，以帮助其享有参加考试选拔的机会。这一群体参加升学、职业资格、任职等考试，是他们拥有的一项公民权利，保障残疾人的公民权利是政府不可推卸的责任，国家有关部门应当采取辅助方法和支持措施，对残疾人给予特别扶助，减轻或者消除残疾影响和外界障碍，保障残疾人权利的实现。同时，我国《残疾人保障法》第五十四条第四款规定，国家举办的各类升学考试、职业资格考试和任职考试，有盲人参加的，应当为盲人提供盲文试卷、电子试卷或者由专门的工作人员予以协助。《残疾人教育条例》第五十二条规定，残疾人参加国家教育考试，需要提供必要支持条件和合理便利的，可以提出申请。教育考试机构、学校应当按照国家有关规定予以提供。因此本条在上述法律法规规定的基础上进一步明确了此类考试举办者、组织者未依法向有残疾的考生提供便利服务的违法行为的法律责任。

所谓为有残疾的考生提供便利服务，即由各级各类考试举办者和各级各类考试机构等考试组织者，依据本法和《残疾人教育条例》以及各专门考试的组织规则，为残疾人参加统一考试提供必要支持条件和合理便利。如2017年，教育部、中国残联印发《残疾人参加普通高等学校招生全国统一考试管理规定》，具体列举了教育考试机构应当根据残疾考生的残疾情况和需要以及各地实际提供的各种必要条件和合理便利，规定残疾人参加其他国家教育考试需要提供合理便利的，也参照该规定执行。不仅是国家教育考试，国家举办的其他重要考试，也应当为有无障碍需求的考生提供便利，考试的举办者、组织者应在保证考试安全和考场秩序的前提下，根据残疾考生的残疾情况和需要，结合各地实际，提供一种或几种必要条件和合理便利，尽可能为残疾考生提供参加考试的平等机会。

根据本法第四十三条的规定，本条适用的考试范围包括国家举办的教育考试、职业资格考试、技术技能考试、招录招聘考试以及各类学校组织的统一考试，如普通高等学校招生全国统一考试、国家统一法律职业资格考试、会计专业技术资格考试、国家公务员考试等。因为国家举办的考试一般指由国家有关主管部门确定实施，由经批准或者备案的考试或者考核鉴定专门机构负责承办，面向社会公开、统一举行，其结果作为招收学历教育学生或者取得国家承认学历学位证书、获得特定职业（工种）从业资格、具备一定职业技术能力等级证明、招录招聘工作人员依据的测试活动。因此考试的举办者和组织者一般为各级人民政府的有关主管部门和经批准或者备案的负责承办考试或者考核鉴定工作的专门机构，如教育部门和各级教育考试机构、司法部和国家司法考试中心、人力资源社会保障部门和各级职业能力鉴定机构、各级公务员管理部门、各类学校等。

二、法律责任

根据本条的规定，考试举办者、组织者未依法向有残疾的考生提供便利服务的，由本级人民政府或者上级主管部门予以批评并责令改正；拒不改正的，对直接负责的主管人员和其他直接责任人员依法给予处分。

一是予以批评并责令改正。予以批评并责令改正的主体是本级人民政府或者上级主管部门，即由本级人民政府或者上级主管部门对有违法行为的考试举办者、组织者给予批评，并责令其立即或者在规定的期限内，对相应的违法行为进行整改。

二是对直接负责的主管人员和其他直接责任人员依法给予处分。根据《监察法》《公职人员政务处分法》《公务员法》《事业单位人事管理条例》，实施处分的主体包括该主管人员或者直接责任人员的任免机关、所在单位或者有关监察机关。根据《公职人员政务处分法》第二条的规定，监察机关对违法的公职人员给予政务处分的活动适用该法；公职人员任免机关、单位对违法的公职人员给予处分适用该法第二章、第三章关于“政务处分的种类和适用”和“违法行为及其适用的政务处分”的规定；处分的程序、申诉等适用其他法律、行政法规、国务院部门规章和国家有关规定。考试举办者、组织者未依法向有残疾的考生提供便利服务，经由本级人民政府或者上级主管部门责令限期改正而逾期未改正，造成不良后果或者影响，损害国家和人民利益的，任免机关、所在单位或者有关监察机关可以根据情节轻重对直接负责的主管人员和其他直接责任人员依法给予相应处分。依据《公务员法》《公职人员政务处分法》，处分的种类有六种，从轻到重依次为警告、记过、记大过、降级、撤职、开除；处分的期间为：警告，六个月；记过，十二个月；记大过，十八个月；降级、撤职，二十四个月。根据《公职人员政务处分法》的规定，公务员以及参照《公务员法》管理的人员在政务处分期内，不得晋升职务、职级、衔级和级别；其中，被记过、记大过、降级、撤职的，不得晋升工资档次。被撤职的，按照规定降低职务、职级、衔级和级别，同时降低工资和待遇。法律、法规授权或者受国家机关依法委托管理公共事务的组织中从事公务的人员，以及公办的教育、科研、文化、医疗卫生、体育等单位中从事管理的人员，在政务处分期内，不得晋升职务、岗位和职员等级、职称；其中，被记过、记大过、降级、撤职的，不得晋升薪酬待遇等级；被撤职的，降低职务、岗位或者职员等级，同时降低薪酬待遇。国有企业管理人员在政务处分期内，不得晋升职务、岗位等级和职称；其中，被记过、记大过、降级、撤职的，不得晋升薪酬待遇等级；被撤职的，降低职务或者岗位等级，同时降低薪酬待遇。根据《公务员法》第六十一条的规定，公务员因违纪违法应当承担纪律责任的，依照该法给予处分或者由监察机关依法给予政务处分；违纪违法行为情节轻微，经批评教育后改正的，可以免予处分；对同一违纪违法行为，监察机关已经作出政务处分决定的，公务员所在机关不再给予处分。

在组织残疾人参加考试过程中对违规行为的认定与处理，按照《国家教育考试违规处理办法》及相关的法律法规执行。

第七十条 无障碍环境建设相关主管部门、有关组织的工作人员滥用职权、玩忽职守、徇私舞弊的，依法给予处分。

◆ **释义**

本条规定了无障碍环境建设相关主管部门、有关组织的工作人员滥用职权、玩忽职守、徇私舞弊的法律责任。

一、本条规定的违法行为

在无障碍环境建设过程中，无障碍环境建设相关主管部门、有关组织需要承担大量的责任，履行相应的职责，根据法律规定，不同部门又有着相应的分工，一方面需要在许多方面鼓励、倡导、支持无障碍建设，另一方面又需要对无障碍建设的各个环节进行监督。无障碍环境建设相关主管部门、有关组织不履行职责或滥用职权会导致无障碍环境建设在实践中难以落实，最终会损害整个社会的利益。根据行政机关权责统一的原则，在赋予行政机关及其工作人员一定的行政监督管理及执法职权的同时，为了保证行政机关及其工作人员恰当地行使职权，防止行政机关及其工作人员不履行或者不依法履行职责，必须规定行政机关及其工作人员相应的法律责任。

本法和有关法律、行政法规赋予了有关部门、有关组织开展无障碍环境建设工作的职责。例如，本法第七条规定，县级以上人民政府应当统筹协调和督促指导有关部门在各自职责范围内做好无障碍环境建设工作。县级以上人民政府住房和城乡建设、民政、工业和信息化、交通运输、自然资源、文化和旅游、教育、卫生健康等部门应当在各自职责范围内，开展无障碍环境建设工作。乡镇人民政府、街道办事处应当协助有关部门做好无障碍环境建设工作。再如，本法第八条规定，残疾人联合会、老龄协会等组织依照法律、法规以及各自章程，协助各级人民政府及其有关部门做好无障碍环境建设工作。

本法规定的违法情形，是指无障碍环境建设相关主管部门、有关组织的工作人员滥用职权、玩忽职守、徇私舞弊。具体来说，“滥用职权”是指超越职权，违法决定、处理其无权决定、处理的事项，或者违反规定处理公务的行为。“玩忽职守”是指不负责任，不履行或者不认真履行职责的行为。“徇私舞弊”是指为徇个人私情、私利，不秉公执法，置国家和人民利益于不顾的行为。滥用职权、玩忽职守、徇私舞弊，三者只要满足其中之一即可。本条规定的违法行为的主体是无障碍环境建设相关主管部门、有关组织的工作人员。无障碍环境建设相关主管部门是指住房和城乡建设、民政、工业和信息化、交通运输、自然资源、文化和旅游、教育、卫生健康等负有无障碍环境建设工作职责的部门。无障碍环境建设有关组织是指残疾人联合会、老龄协会等组织。

二、法律责任

对无障碍环境建设相关主管部门、有关组织的工作人员进行处分的法律依据主要是《公务员法》《监察法》《公职人员政务处分法》等相关规定。根据相关情节的严重程度，可以分别给予警告、记过、记大过、降级、撤职、开除处分。政务处分的期间为：警告，六个月；记过，十二个月；记大过，十八个月；降级、撤职，二十四个月。（1）警告，有提醒注意、不致再犯的意思，属于申诫处分。它可以是口头的，也可以是书面的，由处分机关选择适用。警告一般适用于轻微的政务违法行为，是政务处分中最轻的一种。（2）记过、记大过。这是两种程度有所区别的政务处分。一般来说，记过、记大过适用于公职人员的行为违反了法律法规的规定，给国家利益和人民利益造成了一定的损失，给予警告处分过轻，给予降级处分过重的情况。（3）降级。作为一种政务处分，降级的含义是降低公职人员的职务级别。根据《公务员法》的规定，国家实行公务员职务与职级并行制度，根据公务员职位类别和职责设置公务员领导职务、职级序列。领导职务层次分为：国家级正职、国家级副职、省部级正职、省部级副职、厅局级正职、厅局级副职、县处级正职、县处级副职、乡科级正职、乡科级副职。综合管理类公务员职级序列分为：一级巡视员、二级巡视员、一级调研员、二级调研员、三级调研员、四级调研员、一级主任科员、二级主任科员、三级主任科员、四级主任科员、一级科员、二级科员。给予降级的政务处分就是由原来的职务级别往下降，如由厅局级降为县处级，由县处级降为乡科级等；同时，对公职人员工资中的级别工资也要予以相应地降低。（4）撤职。公职人员的政务违法行为，给国家和人民利益造成重大损失，不适合继续担任原职务的，可以给予撤职处分。受撤职处分的，同时降低级别和职务工资。（5）开除。开除是指受处分人不适合继续在公职机关、单位工作，取消其公职人员资格令其离开的处分形式。开除是最严厉的一种处分，一经开除，即解除其与所在机关、单位的人事关系或者劳动关系。适用于公职人员犯有违法行为，给国家利益和人民利益造成了极其严重的损失，丧失了公职人员的资格的情况。开除的政务处分不能解除。公职人员受到开除以外的政务处分，在政务处分期内有悔改表现，并且没有再发生应当给予政务处分的违法行为的，政务处分期满后自动解除，晋升职务、职级、衔级、级别、岗位和职员等级、职称、薪酬待遇不再受原政务处分影响。但是，解除降级、撤职的，不恢复原职务、职级、衔级、级别、岗位和职员等级、职称、薪酬待遇。公务员以及参照《公务员法》管理的人员在政务处分期内，不得晋升职务、职级、衔级和级别；其中，被记过、记大过、降级、撤职的，不得晋升工资档次。被撤职的，按照规定降低职务、职级、衔级和级别，同时降低工资和待遇。法律、法规授权或者受国家机关依法委托管理公共事务的组织中从事公务的人员，以及公办的教育、科研、文化、医疗卫生、体育等单位中从事管理的人员，在政务处分期内，不得晋升职务、岗位和职员等级、职称；其中，被记过、记大过、降级、撤职的，不得晋升薪酬待遇等级。被撤职的，降低职务、岗位或者职员等级，同时降低薪酬待遇。国有企业管理人员在政务处分期内，不得晋升职务、岗位等级和职称；其中，被记过、记大过、降级、撤职的，不得晋升薪酬待遇等级。被撤职的，降低职务或者岗位等级，同时降低薪酬待遇。

处分与行政处罚虽然同属行政责任的一种，但二者是不同的：第一，适用对象不同。处分只适用于国家公职人员，不适用于社会上的一般公民；而行政处罚则适用于所有的公民、法人或其他组织。第二，适用的违法行为不同。处分与行政处罚都适用于行政违法行为，但处分适用于一般的违法失职行为，而行政处罚则适用于违反某种特定的，设定有行政处罚的法律、法规、规章的违法行为。第三，实施处罚的主体不同。依据《公务员法》《监察法》《公职人员政务处分法》《事业单位人事管理条例》，实施处分的主体是任免机关、所在单位或者监察机关，实施行政处罚的机关则是国家法律规定的具有行政处罚权的行政机关，法律法规授权的具有管理公共事务职能的组织，以及行政机关依照法律、法规、规章的规定，在其法定权限内委托的组织。第四，救济渠道不同。处分的救济渠道是申诉、控告，复审、复核，行政处罚的救济渠道为行政复议和行政诉讼。

此外，如果无障碍环境建设相关主管部门、有关组织的工作人员滥用职权、玩忽职守、徇私舞弊，情节严重构成犯罪的，还应依据《刑法》第三百九十七条的规定追究刑事责任。

第七十一条 违反本法规定，造成人身损害、财产损失的，依法承担民事责任；构成犯罪的，依法追究刑事责任。

◆ 释义

本条是关于法律责任的兜底性和衔接性规定。

一、造成人身损害、财产损失的民事责任

民事责任是指民事主体在违反自己的民事义务或者侵犯他人的民事权利时所应当承担的法律后果。构成民事责任的条件包括：损害事实、违法行为、因果关系、主观过错。承担民事责任的方式，根据《民法典》第一百七十九条的规定，包括：（1）停止侵害；（2）排除妨碍；（3）消除危险；（4）返还财产；（5）恢复原状；（6）修理、重作、更换；（7）继续履行；（8）赔偿损失；（9）支付违约金；（10）消除影响、恢复名誉；（11）赔礼道歉。

根据本法规定追究违法行为的民事责任需要同时具备两个条件：（1）相关行为违反了本法规定。这种规定应当是强制的、具体的，而非鼓励的、抽象的。例如，本法第十二条中规定，新建、改建、扩建的居住建筑、居住区、公共建筑、公共场所、交通运输设施、城乡道路等，应当符合无障碍设施工程建设标准。再如，本法第二十一条规定，新建、改建、扩建公共建筑、公共场所、交通运输设施以及居住区的公共服务设施，应当按照无障碍设施工程建设标准，配套建设无障碍设施；既有的上述建筑、场所和设施不符合无障碍设施工程建设标准的，应当进行必要的改造。这些条款就是关于无障碍设施建设的强制性规定，相关单位应当遵守，否则可能承担相应的民事责任。（2）造成人身损害、财产损失。这里规定的损害后果包括人身损害和财产损失两种，具备其中之一即可能承担相应的民事责任。对于这些违法行为除追究本法规定的法律责任外，还可以依法追究相关的民事责任。

二、构成犯罪依法追究的刑事责任

刑事责任，是依据国家刑事法律规定，对实施犯罪行为的行为人给予的处罚。所谓犯罪，是指一切危害国家主权、领土完整和安全，分裂国家、颠覆人民民主专政的政权和推翻社会主义制度，破坏社会秩序和经济秩序，侵犯国有财产或者劳动群众集体所有的财产，侵犯公民私人所有的财产，侵犯公民的人身权利、民主权利和其他权利，以及其他危害社会的依照法律应当受刑罚处罚的行为。例如，本法第七十条规定，无障碍环境建设相关主管部门、有关组织的工作人员滥用职权、玩忽职守、徇私舞弊的，依法给予处分。如果无障碍环境建设相关主管部门、有关组织的工作人员滥用职权、玩忽职守、徇私舞弊，情节严重构成犯罪的，还应追究刑事责任。《刑法》第三百九十七条规定："国家机关工作人员滥用职权或者玩忽职守，致使公共财产、国家和人民利益遭受重大损失的，处三年以下有期徒刑或者拘役；情节特别严重的，处三年以上七年以下有期徒刑。本法另有规定的，依照规定。国家机关工作人员徇私舞弊，犯前款罪的，处五年以下有期徒刑或者拘役；情节特别严重的，处五年以上十年以下有期徒刑。本法另有规定的，依照规定。"

第八章　附　　则

第七十二条　本法自2023年9月1日起施行。

◆ **释义**

本条是关于施行日期的规定。

法律通过以后，必然面临从什么时候起开始生效、在什么地域范围内生效、对什么人有效的问题，它关系到公民、法人和其他组织从何时起开始依法享有权利，并履行法律规定的义务。这就是法律的效力范围，包括时间效力、空间效力和对人的效力。其中时间效力，是指法律何时生效、何时终止，以及法律对其生效以前的事件和行为有无溯及力。

法律的施行日期，是指法律开始施行并发生法律效力的日期。法律的施行时间主要有三种：一是自法律公布之日起生效施行，在法律条文中没有直接规定具体的生效日期，而只是规定"本法自公布之日起施行"；二是法律自身规定具体施行的时间，例如"本法自×年×月×日起施行"；三是规定法律公布后，符合一定条件时生效，例如，规定一部法律的生效日期取决于另一部法律的生效日期。

需要注意的是，法律的公布和法律的施行是不同的概念。法律公布是立法的最后程序，是由国家主席签署主席令将全国人民代表大会及其常务委员会全体会议表决通过的法律向全社会予以公布。而法律的施行日期，是法律正式生效的日期，因此法律的施行日期是每部法律的必要组成部分，一般都规定在法律的最后一条。《立法法》第六十一条规定，法律应当明确规定施行日期。第六十二条第一款规定，签署公布法律的主席令载明该法律的制定机关、通过和施行日期。

法律从何时开始生效施行，一般需要根据法律的性质和立法的形式来综合判断。本法的公布日与生效日间隔一段时间，主要是为本法能够顺利实施做好衔接准备工作。一方面，需要等待国务院及有关部门制定相配套的行政法规、部门规章等，使相关条款的有关规定得以明确。另一方面，需要对现行相关的法律法规等规范性文件进行清理，根据法的效力位阶，与本法不一致的下位法和其他规范性文件，应当及时加以修改或者废止。根据本条规定，本法的施行日期是 2023 年 9 月 1 日，而非本法公布之日。

附 录

中华人民共和国主席令

第六号

《中华人民共和国无障碍环境建设法》已由中华人民共和国第十四届全国人民代表大会常务委员会第三次会议于 2023 年 6 月 28 日通过，现予公布，自 2023 年 9 月 1 日起施行。

中华人民共和国主席　习近平

2023 年 6 月 28 日

中华人民共和国无障碍环境建设法

（2023 年 6 月 28 日第十四届全国人民代表大会
常务委员会第三次会议通过）

目　　录

第一章　总　　则

第一条　为了加强无障碍环境建设，保障残疾人、老年人平等、充分、便捷地参与和融入社会生活，促进社会全体人员共享经济社会发展成果，弘扬社会主义核心价值观，根据宪法和有关法律，制定本法。

第二条　国家采取措施推进无障碍环境建设，为残疾人、老年人自主安全地通行道路、出入建筑物以及使用其附属设施、搭乘公共交通运输工具，获取、使用和交流信息，获得社会服务等提供便利。

残疾人、老年人之外的其他人有无障碍需求的，可以享受无障碍环境便利。

第三条　无障碍环境建设应当坚持中国共产党的领导，发挥政府主导作用，调动市场主体积极性，引导社会组织和公众广泛参与，推动全社会共建共治共享。

第四条　无障碍环境建设应当与适老化改造相结合，遵循安全便利、实用易行、广泛受益的原则。

第五条　无障碍环境建设应当与经济社会发展水平相适应，统筹城镇和农村发展，逐步缩小城乡无障碍环境建设的差距。

第六条　县级以上人民政府应当将无障碍环境建设纳入国民经济和社会发展规划，将所需经费纳入本级预算，建立稳定的经费保障机制。

第七条　县级以上人民政府应当统筹协调和督促指导有关部门在各自职责范围内做好无障碍环境建设工作。

县级以上人民政府住房和城乡建设、民政、工业和信息化、交通运输、自然资源、文化和旅游、教育、卫生健康等部门应当在各自职责范围内，开展无障碍环境建设工作。

乡镇人民政府、街道办事处应当协助有关部门做好无障碍环境建设工作。

第八条　残疾人联合会、老龄协会等组织依照法律、法规以及各自章程，协助各级人民政府及其有关部门做好无障碍环境建设工作。

第九条　制定或者修改涉及无障碍环境建设的法律、法规、规章、规划和其他规范性文件，应当征求残疾人、老年人代表以及残疾人联合会、老龄协会等组织的意见。

第十条　国家鼓励和支持企业事业单位、社会组织、个人等社会力量，通过捐赠、志愿服务等方式参与无障碍环境建设。

国家支持开展无障碍环境建设工作的国际交流与合作。

第十一条　对在无障碍环境建设工作中做出显著成绩的单位和个人，按照国家有关规定给予表彰和奖励。

第二章　无障碍设施建设

第十二条　新建、改建、扩建的居住建筑、居住区、公共建筑、公共场所、交通运输设施、城乡道路等，应当符合无障碍设施工程建设标准。

无障碍设施应当与主体工程同步规划、同步设计、同步施工、同步验收、同步交付使用，并与周边的无障碍设施有效衔接、实现贯通。

无障碍设施应当设置符合标准的无障碍标识，并纳入周边环境或者建筑物内部的引导标识系统。

第十三条 国家鼓励工程建设、设计、施工等单位采用先进的理念和技术，建设人性化、系统化、智能化并与周边环境相协调的无障碍设施。

第十四条 工程建设单位应当将无障碍设施建设经费纳入工程建设项目概预算。

工程建设单位不得明示或者暗示设计、施工单位违反无障碍设施工程建设标准；不得擅自将未经验收或者验收不合格的无障碍设施交付使用。

第十五条 工程设计单位应当按照无障碍设施工程建设标准进行设计。

依法需要进行施工图设计文件审查的，施工图审查机构应当按照法律、法规和无障碍设施工程建设标准，对无障碍设施设计内容进行审查；不符合有关规定的，不予审查通过。

第十六条 工程施工、监理单位应当按照施工图设计文件以及相关标准进行无障碍设施施工和监理。

住房和城乡建设等主管部门对未按照法律、法规和无障碍设施工程建设标准开展无障碍设施验收或者验收不合格的，不予办理竣工验收备案手续。

第十七条 国家鼓励工程建设单位在新建、改建、扩建建设项目的规划、设计和竣工验收等环节，邀请残疾人、老年人代表以及残疾人联合会、老龄协会等组织，参加意见征询和体验试用等活动。

第十八条 对既有的不符合无障碍设施工程建设标准的居住建筑、居住区、公共建筑、公共场所、交通运输设施、城乡道路等，县级以上人民政府应当根据实际情况，制定有针对性的无障碍设施改造计划并组织实施。

无障碍设施改造由所有权人或者管理人负责。所有权人、管理人和使用人之间约定改造责任的，由约定的责任人负责。

不具备无障碍设施改造条件的，责任人应当采取必要的替代性措施。

第十九条 县级以上人民政府应当支持、指导家庭无障碍设施改造。对符合条件的残疾人、老年人家庭应当给予适当补贴。

居民委员会、村民委员会、居住区管理服务单位以及业主委员会应当支持并配合家庭无障碍设施改造。

第二十条　残疾人集中就业单位应当按照有关标准和要求，建设和改造无障碍设施。

国家鼓励和支持用人单位开展就业场所无障碍设施建设和改造，为残疾人职工提供必要的劳动条件和便利。

第二十一条　新建、改建、扩建公共建筑、公共场所、交通运输设施以及居住区的公共服务设施，应当按照无障碍设施工程建设标准，配套建设无障碍设施；既有的上述建筑、场所和设施不符合无障碍设施工程建设标准的，应当进行必要的改造。

第二十二条　国家支持城镇老旧小区既有多层住宅加装电梯或者其他无障碍设施，为残疾人、老年人提供便利。

县级以上人民政府及其有关部门应当采取措施、创造条件，并发挥社区基层组织作用，推动既有多层住宅加装电梯或者其他无障碍设施。

房屋所有权人应当弘扬中华民族与邻为善、守望相助等传统美德，加强沟通协商，依法配合既有多层住宅加装电梯或者其他无障碍设施。

第二十三条　新建、改建、扩建和具备改造条件的城市主干路、主要商业区和大型居住区的人行天桥和人行地下通道，应当按照无障碍设施工程建设标准，建设或者改造无障碍设施。

城市主干路、主要商业区等无障碍需求比较集中的区域的人行道，应当按照标准设置盲道；城市中心区、残疾人集中就业单位和集中就读学校周边的人行横道的交通信号设施，应当按照标准安装过街音响提示装置。

第二十四条　停车场应当按照无障碍设施工程建设标准，设置无障碍停车位，并设置显著标志标识。

无障碍停车位优先供肢体残疾人驾驶或者乘坐的机动车使用。优先使用无障碍停车位的，应当在显著位置放置残疾人车辆专用标志或者提供残疾人证。

在无障碍停车位充足的情况下，其他行动不便的残疾人、老年人、孕妇、婴幼儿等驾驶或者乘坐的机动车也可以使用。

第二十五条　新投入运营的民用航空器、客运列车、客运船舶、公共汽电车、城市轨道交通车辆等公共交通运输工具，应当确保一定比例符合无障碍标准。

既有公共交通运输工具具备改造条件的，应当进行无障碍改造，逐步符合无障碍标准的要求；不具备改造条件的，公共交通运输工具的运营单位应当采取必要的替代性措施。

县级以上地方人民政府根据当地情况，逐步建立城市无障碍公交导乘系统，规划配置适量的无障碍出租汽车。

第二十六条 无障碍设施所有权人或者管理人应当对无障碍设施履行以下维护和管理责任，保障无障碍设施功能正常和使用安全：

（一）对损坏的无障碍设施和标识进行维修或者替换；

（二）对需改造的无障碍设施进行改造；

（三）纠正占用无障碍设施的行为；

（四）进行其他必要的维护和保养。

所有权人、管理人和使用人之间有约定的，由约定的责任人负责维护和管理。

第二十七条 因特殊情况设置的临时无障碍设施，应当符合无障碍设施工程建设标准。

第二十八条 任何单位和个人不得擅自改变无障碍设施的用途或者非法占用、损坏无障碍设施。

因特殊情况临时占用无障碍设施的，应当公告并设置护栏、警示标志或者信号设施，同时采取必要的替代性措施。临时占用期满，应当及时恢复原状。

第三章 无障碍信息交流

第二十九条 各级人民政府及其有关部门应当为残疾人、老年人获取公共信息提供便利；发布涉及自然灾害、事故灾难、公共卫生事件、社会安全事件等突发事件信息时，条件具备的同步采取语音、大字、盲文、手语等无障碍信息交流方式。

第三十条 利用财政资金设立的电视台应当在播出电视节目时配备同

步字幕，条件具备的每天至少播放一次配播手语的新闻节目，并逐步扩大配播手语的节目范围。

国家鼓励公开出版发行的影视类录像制品、网络视频节目加配字幕、手语或者口述音轨。

第三十一条 国家鼓励公开出版发行的图书、报刊配备有声、大字、盲文、电子等无障碍格式版本，方便残疾人、老年人阅读。

国家鼓励教材编写、出版单位根据不同教育阶段实际，编写、出版盲文版、低视力版教学用书，满足盲人和其他有视力障碍的学生的学习需求。

第三十二条 利用财政资金建立的互联网网站、服务平台、移动互联网应用程序，应当逐步符合无障碍网站设计标准和国家信息无障碍标准。

国家鼓励新闻资讯、社交通讯、生活购物、医疗健康、金融服务、学习教育、交通出行等领域的互联网网站、移动互联网应用程序，逐步符合无障碍网站设计标准和国家信息无障碍标准。

国家鼓励地图导航定位产品逐步完善无障碍设施的标识和无障碍出行路线导航功能。

第三十三条 音视频以及多媒体设备、移动智能终端设备、电信终端设备制造者提供的产品，应当逐步具备语音、大字等无障碍功能。

银行、医院、城市轨道交通车站、民用运输机场航站区、客运站、客运码头、大型景区等的自助公共服务终端设备，应当具备语音、大字、盲文等无障碍功能。

第三十四条 电信业务经营者提供基础电信服务时，应当为残疾人、老年人提供必要的语音、大字信息服务或者人工服务。

第三十五条 政务服务便民热线和报警求助、消防应急、交通事故、医疗急救等紧急呼叫系统，应当逐步具备语音、大字、盲文、一键呼叫等无障碍功能。

第三十六条 提供公共文化服务的图书馆、博物馆、文化馆、科技馆等应当考虑残疾人、老年人的特点，积极创造条件，提供适合其需要的文献信息、无障碍设施设备和服务等。

第三十七条 国务院有关部门应当完善药品标签、说明书的管理规范，要求药品生产经营者提供语音、大字、盲文、电子等无障碍格式版本的标签、说明书。

国家鼓励其他商品的生产经营者提供语音、大字、盲文、电子等无障碍格式版本的标签、说明书，方便残疾人、老年人识别和使用。

第三十八条 国家推广和使用国家通用手语、国家通用盲文。

基本公共服务使用手语、盲文以及各类学校开展手语、盲文教育教学时，应当采用国家通用手语、国家通用盲文。

第四章 无障碍社会服务

第三十九条 公共服务场所应当配备必要的无障碍设备和辅助器具，标注指引无障碍设施，为残疾人、老年人提供无障碍服务。

公共服务场所涉及医疗健康、社会保障、金融业务、生活缴费等服务事项的，应当保留现场指导、人工办理等传统服务方式。

第四十条 行政服务机构、社区服务机构以及供水、供电、供气、供热等公共服务机构，应当设置低位服务台或者无障碍服务窗口，配备电子信息显示屏、手写板、语音提示等设备，为残疾人、老年人提供无障碍服务。

第四十一条 司法机关、仲裁机构、法律援助机构应当依法为残疾人、老年人参加诉讼、仲裁活动和获得法律援助提供无障碍服务。

国家鼓励律师事务所、公证机构、司法鉴定机构、基层法律服务所等法律服务机构，结合所提供的服务内容提供无障碍服务。

第四十二条 交通运输设施和公共交通运输工具的运营单位应当根据各类运输方式的服务特点，结合设施设备条件和所提供的服务内容，为残疾人、老年人设置无障碍服务窗口、专用等候区域、绿色通道和优先坐席，提供辅助器具、咨询引导、字幕报站、语音提示、预约定制等无障碍服务。

第四十三条 教育行政部门和教育机构应当加强教育场所的无障碍环境建设，为有残疾的师生、员工提供无障碍服务。

国家举办的教育考试、职业资格考试、技术技能考试、招录招聘考试以及各类学校组织的统一考试，应当为有残疾的考生提供便利服务。

第四十四条 医疗卫生机构应当结合所提供的服务内容，为残疾人、老年人就医提供便利。

与残疾人、老年人相关的服务机构应当配备无障碍设备，在生活照料、康复护理等方面提供无障碍服务。

第四十五条 国家鼓励文化、旅游、体育、金融、邮政、电信、交通、商业、餐饮、住宿、物业管理等服务场所结合所提供的服务内容，为残疾人、老年人提供辅助器具、咨询引导等无障碍服务。

国家鼓励邮政、快递企业为行动不便的残疾人、老年人提供上门收寄服务。

第四十六条 公共场所经营管理单位、交通运输设施和公共交通运输工具的运营单位应当为残疾人携带导盲犬、导听犬、辅助犬等服务犬提供便利。

残疾人携带服务犬出入公共场所、使用交通运输设施和公共交通运输工具的，应当遵守国家有关规定，为服务犬佩戴明显识别装备，并采取必要的防护措施。

第四十七条 应急避难场所的管理人在制定以及实施工作预案时，应当考虑残疾人、老年人的无障碍需求，视情况设置语音、大字、闪光等提示装置，完善无障碍服务功能。

第四十八条 组织选举的部门和单位应当采取措施，为残疾人、老年人选民参加投票提供便利和必要协助。

第四十九条 国家鼓励和支持无障碍信息服务平台建设，为残疾人、老年人提供远程实时无障碍信息服务。

第五章 保障措施

第五十条 国家开展无障碍环境理念的宣传教育，普及无障碍环境知识，传播无障碍环境文化，提升全社会的无障碍环境意识。

新闻媒体应当积极开展无障碍环境建设方面的公益宣传。

第五十一条 国家推广通用设计理念，建立健全国家标准、行业标准、地方标准，鼓励发展具有引领性的团体标准、企业标准，加强标准之间的衔接配合，构建无障碍环境建设标准体系。

地方结合本地实际制定的地方标准不得低于国家标准的相关技术要求。

第五十二条 制定或者修改涉及无障碍环境建设的标准，应当征求残疾人、老年人代表以及残疾人联合会、老龄协会等组织的意见。残疾人联合会、老龄协会等组织可以依法提出制定或者修改无障碍环境建设标准的建议。

第五十三条 国家建立健全无障碍设计、设施、产品、服务的认证和无障碍信息的评测制度，并推动结果采信应用。

第五十四条 国家通过经费支持、政府采购、税收优惠等方式，促进新科技成果在无障碍环境建设中的运用，鼓励无障碍技术、产品和服务的研发、生产、应用和推广，支持无障碍设施、信息和服务的融合发展。

第五十五条 国家建立无障碍环境建设相关领域人才培养机制。

国家鼓励高等学校、中等职业学校等开设无障碍环境建设相关专业和课程，开展无障碍环境建设理论研究、国际交流和实践活动。

建筑、交通运输、计算机科学与技术等相关学科专业应当增加无障碍环境建设的教学和实践内容，相关领域职业资格、继续教育以及其他培训的考试内容应当包括无障碍环境建设知识。

第五十六条 国家鼓励机关、企业事业单位、社会团体以及其他社会组织，对工作人员进行无障碍服务知识与技能培训。

第五十七条 文明城市、文明村镇、文明单位、文明社区、文明校园等创建活动，应当将无障碍环境建设情况作为重要内容。

第六章 监督管理

第五十八条 县级以上人民政府及其有关主管部门依法对无障碍环境建设进行监督检查，根据工作需要开展联合监督检查。

第五十九条 国家实施无障碍环境建设目标责任制和考核评价制度。县级以上地方人民政府根据本地区实际，制定具体考核办法。

第六十条 县级以上地方人民政府有关主管部门定期委托第三方机构开展无障碍环境建设评估，并将评估结果向社会公布，接受社会监督。

第六十一条 县级以上人民政府建立无障碍环境建设信息公示制度，

定期发布无障碍环境建设情况。

第六十二条　任何组织和个人有权向政府有关主管部门提出加强和改进无障碍环境建设的意见和建议，对违反本法规定的行为进行投诉、举报。县级以上人民政府有关主管部门接到涉及无障碍环境建设的投诉和举报，应当及时处理并予以答复。

残疾人联合会、老龄协会等组织根据需要，可以聘请残疾人、老年人代表以及具有相关专业知识的人员，对无障碍环境建设情况进行监督。

新闻媒体可以对无障碍环境建设情况开展舆论监督。

第六十三条　对违反本法规定损害社会公共利益的行为，人民检察院可以提出检察建议或者提起公益诉讼。

第七章　法 律 责 任

第六十四条　工程建设、设计、施工、监理单位未按照本法规定进行建设、设计、施工、监理的，由住房和城乡建设、民政、交通运输等相关主管部门责令限期改正；逾期未改正的，依照相关法律法规的规定进行处罚。

第六十五条　违反本法规定，有下列情形之一的，由住房和城乡建设、民政、交通运输等相关主管部门责令限期改正；逾期未改正的，对单位处一万元以上三万元以下罚款，对个人处一百元以上五百元以下罚款：

（一）无障碍设施责任人不履行维护和管理职责，无法保障无障碍设施功能正常和使用安全；

（二）设置临时无障碍设施不符合相关规定；

（三）擅自改变无障碍设施的用途或者非法占用、损坏无障碍设施。

第六十六条　违反本法规定，不依法履行无障碍信息交流义务的，由网信、工业和信息化、电信、广播电视、新闻出版等相关主管部门责令限期改正；逾期未改正的，予以通报批评。

第六十七条　电信业务经营者不依法提供无障碍信息服务的，由电信主管部门责令限期改正；逾期未改正的，处一万元以上十万元以下罚款。

第六十八条　负有公共服务职责的部门和单位未依法提供无障碍社会服务的，由本级人民政府或者上级主管部门责令限期改正；逾期未改正的，对直接负责的主管人员和其他直接责任人员依法给予处分。

第六十九条　考试举办者、组织者未依法向有残疾的考生提供便利服务的，由本级人民政府或者上级主管部门予以批评并责令改正；拒不改正的，对直接负责的主管人员和其他直接责任人员依法给予处分。

第七十条　无障碍环境建设相关主管部门、有关组织的工作人员滥用职权、玩忽职守、徇私舞弊的，依法给予处分。

第七十一条　违反本法规定，造成人身损害、财产损失的，依法承担民事责任；构成犯罪的，依法追究刑事责任。

第八章　附　　则

第七十二条　本法自 2023 年 9 月 1 日起施行。

关于《中华人民共和国无障碍环境建设法（草案）》的说明

——2022 年 10 月 27 日在第十三届全国人民代表大会常务委员会第三十七次会议上

全国人大社会建设委员会主任委员　何毅亭

全国人民代表大会常务委员会：

我受全国人大社会建设委员会委托，作关于《中华人民共和国无障碍环境建设法（草案）》的说明。

一、立法的必要性和重大意义

无障碍环境建设是残疾人、老年人等群体权益保障的重要内容，对于促进社会融合和人的全面发展具有重要价值，党和国家一直高度重视。党的十八大以来，以习近平同志为核心的党中央就推动我国人权事业发展、加强残疾人和老年人等群体的权益保障、推进无障碍环境建设，作出一系列决策部署。习近平总书记明确指出：“无障碍设施建设问题是一个国家和社会文明的标志，我们要高度重视”，将无障碍环境建设的重要性提升到新的高度，为我们做好无障碍环境建设工作、开展相应立法指明了方向、提供了遵循。

我国的无障碍环境建设从上世纪 80 年代起步，2012 年《无障碍环境建设条例》（以下简称《条例》）颁布实施后快速发展，为包括残疾人、老年人在内的全体社会成员参与融入社会生活、共享改革发展成果发挥了重要作用，展示了我国经济社会发展和人权保障的成就。但总的来看，我国的无障碍环境建设整体水平与经济社会发展成就尚不匹配，存在许多问题、面临亟待解决的困难：无障碍设施建设需求量大而迫切，不平衡不充分不系统特征明显；无障碍信息交流和无障碍社会服务远远不能满足当前人民群众的实际需要，“数字鸿沟”和“服务赤字”客观存在，与此同时，无障碍理念尚未深入人心、人才培养严重不足、建设资金来源渠道狭窄、管理体制不够完善，都在一定程度上制约着无障碍环境建设的健康发展。新时代人民群众对美好生活的向往和我国人口老龄化的加速发展，对无障碍环境建设提出了新的更高的要求。面对无障碍环境建设需求多样、基数庞大、主体多元的现实，民法典、残疾人保障法、老年人权益保障法等法律中对无障碍的相关规定失于零散、缺乏衔接，有的内容交叉重叠；城乡规划法、建筑法、民用航空法、铁路法等与无障碍环境建设密切相关的法律中则没有直接涉及；现行《条例》位阶不高、规定较为原则、监管力度不足、约束力不强，已不适应形势发展的需要。迫切需要制定一部专门的法律，对无障碍环境建设进行集中规范。

这是坚持以人为本、尊重和保障人权的重要体现。我国现有残疾人约8500万，截至2021年底60岁及以上的老年人已有2.67亿，加上有无障碍需求的孕妇、儿童、伤病人员等，人数合计数亿人。加强无障碍环境建设，消除公共设施、交通出行、信息交流、社会服务等领域的障碍，使这些人平等参与到社会生活中，保障其生活尊严，提升其生活品质，是坚持以人民为中心的发展思想、落实宪法法律要求和党中央有关决策部署、推动我国人权事业进步的内在要求，也是我国履行联合国《残疾人权利公约》等国际公约义务的重要内容，体现了国家的责任和社会的温情。

这是实施积极应对人口老龄化国家战略的必然要求。人口老龄化是未来很长一段时期内我国的基本国情，对经济社会发展的影响广泛而深远，劳动力减少、消费需求降低、创新动力不足可能是其中比较突出的方面。目前我国的残疾人中5900多万属于轻中度残疾，低龄老年人口中仅60—65岁年龄段的人数就有6700多万。加强无障碍环境建设，弥补残疾人、老年人等因身体机能部分缺失或退化产生的差异，可以便利大量轻中度残疾人和低龄老年人走出家庭、进入就业市场，从而极大地释放社会劳动潜力、提升社会消费能力。同时，面对未来三成左右国民的社会生活需求，围绕无障碍的设施设备、信息技术等的研发、应用，将有力促进国家科技化、信息化水平的提升，推动经济高质量发展。

这是切实提高无障碍环境建设质量的有力保障。无障碍环境特别是无障碍设施只有做到系统、连续、规范、安全才更有意义，孤立的、不规范的、损毁的设施，不仅会造成大量资源浪费，还会带来生活的不便，甚至形成严重的安全隐患。新时代的无障碍环境建设在继续解决“有没有”的同时，更要努力解决“好不好”“管不管用”的问题。加强无障碍环境建设，拓展无障碍的内涵，普及正确理念，强化源头治理，压实各方责任，扩大社会参与，提升技术水平，将会有力推动无障碍环境建设更加科学、节约、创新、融合。

全国人大常委会贯彻落实党中央决策部署，积极回应社会关切，将无障碍环境建设立法列入常委会2022年度立法工作计划。社会委在中国残联提供的建议稿基础上，结合几年来办理代表议案建议和相关调研掌握的情况，并认真听取国务院相关部门的意见建议，形成了草案征求意见稿。其后征求了31个省级人大社会委的意见，召开了专家座谈会，委托中国残联收集了广大残疾人、老年人代表的意见和建议，并征求了“一府两院”的意见。在认真研究讨论、充分吸纳各方意见的基础上，形成了《中华人民共和国无障碍环境建设法（草案）》(以下简称《草案》)。

二、立法的指导思想和总体思路

指导思想是：以习近平新时代中国特色社会主义思想为指导，贯彻落实习近平总书记有关重要指示批示精神和党中央决策部署，坚持以人民为中心，践行全过程人民民主，以推动建设惠及全体社会成员的无障碍环境为目标，建立健全我国无障碍环境建设法律制度，为无障碍环境建设提供法治保障。

总体思路是：

（一）面向全体成员，突出重点人群。无障碍环境建设事关每一个人，特别是残疾人、老年人、孕妇、幼儿、伤病者、负重者等。《草案》强调通用设计、广泛受益，同时基于数量庞大的残疾人和老年人群体对无障碍环境需求更大、倚赖更深的实际情况，充分考虑残疾人部分功能丧失、老年人功能衰退而产生的无障碍需求，对部分无障碍设施和信息交流作出适残、适老的特别规定，在无障碍社会服务中明确要求为有无障碍需求的社会成员提供便利，以最大限度满足残疾人和老年人的特定需要。

（二）坚持政府主导，推动共建共享。无障碍环境建设长期被人们视为残疾人的“特惠”、与自身关系不大，甚至是浪费社会资源，因此社会认知度不高、参与不足，资金投入主要依靠政府。《草案》坚持政府在无障碍环境建设中的主导地位，同时重视发挥市场在资源配置中的作用，通过财政补贴、经费支持、政府采购等方式，充分调动市场主体的积极性，促进相关产业发展；通过加强理论研究、宣传教育、奖励激励，鼓励全社会积极参与，实现无障碍环境共建共享。

（三）立足国情实际，实行适度前瞻。与经济社会发展水平相适应，是无障碍环境建设推得动、可持续的客观要求。《草案》在无障碍实现程度上，把建设目标建立在财力可持续和社会可承受的基础之上，坚持尽力而为、量力而行，合理安排无障碍环境建设达标时序，对新建与改造、不同领域和场所等，作出适度区别的规定，不搞过高标准、齐步走、“一刀切”；在实现形式上，实行因地制宜，既高度重视技术标准，也鼓励配套服务，同时充分考虑科技赋能因素，对于未来可能通过高科技实现无障碍的领域不做过细的规范，为科技发展留下充足空间。

（四）坚持系统思维，实现统筹推进。无障碍环境建设是一个系统工程，渗透于社会生活的方方面面，涉及政府职责、市场行为、社会公益等不同层面，公众对无障碍的认知也直接或间接地影响其发展。《草案》试图通过有效的制度设计，推动政府、市场、社会共同发力，法律、法规、标准、政策协同配合，实现无障碍物理环境、信息环境、人文环境一体推进，在经济社会全面发展的过程中，促进高质量无障碍环境建设。

三、《草案》的结构和主要内容

《草案》是对《条例》的丰富和发展，将《条例》中经实践证明行之有效的规定上升为法律并予以充实，同时对《条例》欠缺的内容作了补充。目前的《草案》包括总则、无障碍设施建设、无障碍信息交流、无障碍社会服务、监督保障、法律责任、附则，共 7 章 72 条。主要内容如下：

（一）扩展了受益人群。将受益人群从以残疾人为主扩大为全体社会成员，同时为避免以往无障碍受益人群多采用列举方式导致的界限不清问题，从身体功能受限的角度，创设“有无障碍需求的社会成员”概念，并在附则中单设一条予以明确。

（二）完善了相关体制机制。一是确立了经费保障机制；二是规定了县级以上人民政府无障碍环境建设协调机制；三是增加了政府及其有关部门的监督检查、考核评价、信息公示、投诉处理等相关工作机制；四是充实了包括体验试用、社会监督、检察公益诉讼等在内的监督机制。

（三）对设施建设和改造提出更高要求。一是从城乡一体化发展考虑，不再对城市和农村的无障碍设施建设分别表述；二是明确工程建设、设计、施工、监理、审查、验收备案各单位的相应职责；三是要求地方政府制定对不符合强制性标准的既有设施进行无障碍改造的计划并组织实施，对家庭、居住区、就业场所、道路、公共交通运输工具等的无障碍以及无障碍卫生间和停车位，提出明确要求；四是对无障碍设施维护和管理等作出细化规定。

（四）丰富了信息交流内容。一是要求政府及其有关部门在提供公共信息、发布突发事件信息时应采取无障碍方式；二是强化影视节目、图书报刊、网络应用、硬件终端、电信业务、公共图书馆等提供无障碍信息的要求；三是鼓励食品药品等商品外部包装配置无障碍说明书的要求；四是对国家通用手语和通用盲文的推广使用作出要求。

（五）扩展了社会服务范围。一是规定国家机关和法律法规授权具有管理公共事务职能的组织的公共服务场所提供无障碍服务的基本要求；二是细化与社会生活密切相关的选举、公共服务、司法诉讼以及公共交通、教育考试、医疗卫生、文旅体育等方面的无障碍社会服务；三是要求政府热线和报警求助、消防应急、交通事故、医疗急救等紧急呼叫系统逐步具备无障碍功能；四是要求根据残疾人、老年人的特点，保留现场人工办理等传统服务方式。

（六）强化了法律责任。参考刑法、民法典、行政处罚法、《建设工程质量管理条例》等相关法律法规的规定，对无障碍环境建设相关法律责任进行了强化。

《中华人民共和国无障碍环境建设法（草案）》和以上说明是否妥当，请审议。

全国人民代表大会宪法和法律委员会关于《中华人民共和国无障碍环境建设法（草案）》修改情况的汇报

全国人民代表大会常务委员会：

无障碍环境建设是保障残疾人、老年人等群体平等充分参与社会生活的一项重要工作，是国家和社会文明的标志。制定无障碍环境建设法，提升无障碍环境建设质量，对于加强残疾人、老年人等群体权益保障，增进民生福祉，提高人民生活品质具有重要意义。根据全国人大常委会 2022 年度立法工作计划，草案由社会建设委员会牵头组织起草。草案包括总则、无障碍设施建设、无障碍信息交流、无障碍社会服务、监督保障、法律责任、附则，共 7 章 72 条。2022 年 10 月，十三届全国人大常委会第三十七次会议对无障碍环境建设法草案进行了初次审议。

会后，法制工作委员会将草案印发有关部门、地方和单位征求意见；在中国人大网公布草案全文，征求社会公众意见；赴重庆、广东、天津、上海、山东开展调研，广泛听取有关部门、残联、高校、基层立法联系点以及全国人大代表、残疾人代表等的意见建议；张庆伟副委员长到北京市、中国残联进行调研，听取有关方面的意见。宪法和法律委员会于 4 月 13 日召开会议，根据常委会组成人员审议意见和各方面意见，对草案进行了逐条审议。全国人大社会建设委员会、中国残疾人联合会有关负责同志列席了会议。4 月 17 日，宪法和法律委员会召开会议，再次进行了审议。现将无障碍环境建设法草案主要问题修改情况汇报如下：

一、有的常委委员、地方提出，应当进一步加大对无障碍环境建设的保障力度，建议增加相关保障措施。宪法和法律委员会经研究，建议增加“保障措施”一章，从强化无障碍环境宣传教育、完善标准体系建设、加强人才培养和文明创建活动等方面充实相关规定；并将草案第五章章名由

“监督保障”修改为“监督管理”，作为草案第六章。

二、无障碍环境建设是为残疾人、老年人等群体提供服务便利。草案第一条在立法目的中，将无障碍环境建设的保障对象扩大为全体社会成员。有的常委委员、专委会组成人员、基层立法联系点和社会公众提出，无障碍环境建设应当突出基本定位，重点保障残疾人、老年人，同时惠及其他人。宪法和法律委员会经研究，建议修改有关规定，明确本法的立法目的：“为了加强无障碍环境建设，保障残疾人、老年人等平等、充分、便捷地参与和融入社会生活，弘扬社会主义核心价值观，促进社会全体人员共享经济社会发展成果，根据宪法，制定本法。”同时明确规定：“残疾人、老年人之外的其他人有无障碍需求的，可以享受无障碍环境提供的便利。”

三、有的常委委员、部门和地方提出，应当进一步明确参与无障碍环境建设工作的有关单位及其职能。宪法和法律委员会经研究，建议作以下修改：一是删除草案第五条第二款有关政府部门应当制定无障碍环境建设专项规划和计划并组织实施的规定。二是增加规定：“乡镇人民政府、街道办事处协助有关部门依法履行职责，做好无障碍环境建设工作。”

四、草案第六条第一款规定，县级以上人民政府应当建立无障碍环境建设协调机制，协调机制具体工作由县级以上人民政府住房和城乡建设部门承担。有的部门和地方提出，关于建立协调机制，党中央有严格要求，无障碍环境建设协调机制目前仅在个别地方探索，尚不成熟，建议按照党中央有关从严控制议事协调机构设立的精神，删除协调机制有关规定。宪法和法律委员会经研究，建议采纳这一意见。

五、草案多处规定有“依法设立的老年人组织”。有的常委委员、地方和社会公众提出，这一概念不够准确，也不能全覆盖，实践中老年人组织多种多样，有经批准设立的，也有依法登记成立的，建议按照党和国家机构改革方案有关完善老龄工作体制的要求，将“依法设立的老年人组织”修改为“老龄协会”。宪法和法律委员会经研究，建议采纳这一意见。

六、有的常委委员、部门和地方建议，完善有关规定推动解决城镇老旧小区无障碍设施和适老化改造中加装电梯问题。宪法和法律委员会经研究，建议将草案第二十二条第二款单独作为一条，修改为：“国家支持既有住宅加装电梯或者其他无障碍设施，为残疾人、老年人等提供便利。”“县级以上人民政府及其有关部门应当采取措施创造条件，推动既有住宅加装电梯或者其他无障碍设施。”“房屋所有权人应当弘扬中华民族与邻为善、守望相助等传统美德，积极配合既有住宅加装电梯或者其他无障碍设施。”

七、有的常委委员提出，草案一些规定与其他法律规定不一致，也不符合实践中的实际做法。宪法和法律委员会经研究，建议作以下修改：一是与公共图书馆法衔接，将草案第三十六条修改为：“公共图书馆应当考虑残疾人、老年人等的特点，积极创造条件，提供适合其需要的文献信息、无障碍设施设备和服务等。”二是与选举法等规定一致，将草案第四十条修改为：“组织选举的部门和单位应当采取措施，为残疾人、老年人等选民参加投票提供便利和必要协助。”

八、有的常委委员、单位和地方提出，应当支持无障碍环境建设工作的交流与合作，并加大对无障碍环境建设的宣传力度。宪法和法律委员会经研究，建议增加规定：“国家支持开展无障碍环境建设工作的国际交流与合作。”“新闻媒体应当积极开展无障碍环境建设方面的公益宣传。”

九、有的常委委员、部门和地方提出，草案有关法律责任的规定，有的其他法律、行政法规已经明确，不必重复；有的涉及的问题比较复杂，不宜硬性要求；有的行为主体不同，应当适当区分。宪法和法律委员会经研究，建议对草案第六十条、第六十一条作合并修改，并对法律责任其他有关规定进行修改完善。

此外，还对草案作了一些文字修改。

草案二次审议稿已按上述意见作了修改，宪法和法律委员会建议提请本次常委会会议继续审议。

草案二次审议稿和以上汇报是否妥当，请审议。

全国人民代表大会宪法和法律委员会

2023 年 4 月 24 日

全国人民代表大会宪法和法律委员会关于《中华人民共和国无障碍环境建设法（草案）》审议结果的报告

全国人民代表大会常务委员会：

常委会第二次会议对无障碍环境建设法草案进行了二次审议。会后，法制工作委员会在中国人大网公布草案二次审议稿全文，向社会公开征求意见；召开四个基层立法联系点视频座谈会，专门听取基层立法联系点有关单位、社区工作人员、居民代表等的意见建议。宪法和法律委员会、法制工作委员会赴福建、河北开展调研，广泛听取有关部门、残联、高校以及全国人大代表、残疾人代表等的意见建议。宪法和法律委员会于6月1日召开会议，根据常委会组成人员审议意见和各方面的意见，对草案进行了逐条审议。全国人大社会建设委员会、中国残疾人联合会有关负责同志列席了会议。6月19日，宪法和法律委员会召开会议，再次进行了审议。宪法和法律委员会认为，草案经过两次审议修改，已经比较成熟。同时，提出以下主要修改意见：

一、有的常委委员提出，统筹推进无障碍环境建设与适老化改造，是应对人口老龄化和加强新时代老龄工作的重要举措，本法应该有所体现。宪法和法律委员会经研究，建议增加规定，明确无障碍环境建设应当与适老化改造相结合。

二、有的常委会组成人员提出，实践中无障碍设施改造工作涉及的范围广泛、情况较为复杂，为确保改造取得实效，政府制定的改造计划应当具有针对性。宪法和法律委员会经研究，建议明确县级以上人民政府应当制定“有针对性的”无障碍设施改造计划并组织实施。

三、草案二次审议稿第二十二条从国家支持、政府推动、居民配合三个方面，对加装电梯等无障碍设施作出规定。有些常委委员、基层立法联系点和社会公众提出，社会广泛关注加装电梯等无障碍设施的问题，应当进一步明确加装范围，发挥社区基层组织作用，并充分考虑居民的不同利益诉求。宪法和法律委员会经研究，建议作如下修改：一是将加装电梯等无障碍设施的住宅范围明确为“城镇老旧小区既有多层住宅”；二是增加“发挥社区基层组织作用”以及房屋所有权人“加强沟通协商”的规定。

四、有的常委委员、全国人大代表和单位提出，应当鼓励编写、出版盲文版、低视力版教材，满足有视力障碍学生的学习需求。宪法和法律委员会经研究，建议增加规定：“国家鼓励教材编写、出版单位根据不同教育阶段实际，编写、出版盲文版、低视力版教学用书，满足盲人和其他有视力障碍的学生的学习需求。”

五、草案二次审议稿第三十六条按照公共图书馆法的规定作了修改。有的常委委员和社会公众提出，草案也应当与公共文化服务保障法相衔接，进一步扩大提供无障碍信息服务的主体范围。宪法和法律委员会经研究，建议增加“博物馆、文化馆、科技馆”等为残疾人、老年人提供无障碍设施设备和服务的规定。

六、草案二次审议稿第三十七条规定，国家鼓励食品、药品等商品生产经营者在商品外部包装配置盲文、大字、语音说明书。有的常委委员和社会公众提出，商品尤其是药品的说明书字体小、阅读不方便的问题较为突出，建议进一步完善相关规定。宪法和法律委员会经研究，建议修改为：“国家鼓励食品、药品以及其他商品的生产经营者提供语音、大字、盲文等无障碍格式版本的标签、说明书，方便残疾人、老年人识别和使用。”

七、有的常委委员提出，全国各地经济社会发展水平不同，应当推动有条件的地方高标准建设无障碍环境。宪法和法律委员会经研究，建议增加规定：“地方结合本地实际制定的地方标准不得低于国家标准的相关技术要求。”

八、有的常委会组成人员提出，无障碍环境建设应当采取适当的税收优惠鼓励措施，并支持新技术成果的运用。宪法和法律委员会经研究，建议在鼓励支持措施中增加“税收优惠”，并增加“促进新科技成果在无障碍环境建设中的运用”的规定。

此外，还对草案二次审议稿作了一些文字修改。

6 月 13 日，法制工作委员会召开会议，邀请基层有关政府部门、残联、残疾人代表和专家学者等就草案主要制度规范的可行性、出台时机、实施的社会效果和可能出现的问题等进行评估。与会人员一致认为，草案坚持以人民为中心，从设施建设、信息交流、社会服务等方面对无障碍环境建设作出全面规定，着力解决人民群众的“急难愁盼”问题，积极回应社会关切，内容全面、结构合理，主要制度规范是可行的；草案充分吸收了各方面意见，已经比较成熟，建议尽快出台。与会人员还提出了一些具体修改意见，有的意见已经采纳。

草案三次审议稿已按上述意见作了修改，宪法和法律委员会建议提请本次常委会会议审议通过。

草案三次审议稿和以上报告是否妥当，请审议。

全国人民代表大会宪法和法律委员会

2023 年 6 月 26 日

全国人民代表大会宪法和法律委员会关于《中华人民共和国无障碍环境建设法（草案三次审议稿）》修改意见的报告

全国人民代表大会常务委员会：

本次常委会会议于6月26日下午对无障碍环境建设法草案三次审议稿进行了分组审议。普遍认为，草案已经比较成熟，赞成进一步修改后，提请本次常委会会议表决通过。同时，有些常委会组成人员和列席人员还提出了一些修改意见。宪法和法律委员会于6月26日晚召开会议，逐条研究了常委会组成人员和列席人员的审议意见，对草案进行了审议。全国人大社会建设委员会、中国残疾人联合会有关负责同志列席了会议。宪法和法律委员会认为，草案是可行的，同时，提出以下修改意见：

一、草案三次审议稿第二十三条第二款规定，城市中心区的人行横道的交通信号设施应当安装过街音响提示装置。有的常委委员提出，从有关地方的实践看，在残疾人较为集中的区域安装过街音响提示装置，对于保障残疾人出行安全很有助益，建议进一步扩大安装范围。宪法和法律委员会经研究，建议将安装范围规定为“城市中心区、残疾人集中就业单位和集中就读学校周边的人行横道”。

二、有些常委委员提出，药品直接涉及人民群众生命健康，有必要对药品无障碍格式版本的标签、说明书提出更为明确的要求。宪法和法律委员会经研究，建议修改有关规定，明确：“国务院有关部门应当完善药品标签、说明书的管理规范，要求药品生产经营者提供语音、大字、盲文、电子等无障碍格式版本的标签、说明书。”

三、有的常委委员提出，为进一步加强无障碍环境建设监督的针对性和有效性，建议借鉴一些地方的做法，增加聘请相关人员开展监督的规定。

宪法和法律委员会经研究，建议增加规定："残疾人联合会、老龄协会等组织根据需要，可以聘请残疾人、老年人代表以及具有相关专业知识的人员，对无障碍环境建设情况进行监督。"

常委会组成人员还提出了一些修改意见。宪法和法律委员会研究认为，有的在制定过程中已经反复研究，有的宜在实践中具体把握，有的需要有关部门和地方在配套规定中予以细化，草案可不再作进一步修改。

经与有关方面研究，建议将本法的施行时间确定为 2023 年 9 月 1 日。

此外，根据常委会组成人员的审议意见，还对草案三次审议稿作了个别文字修改。

草案修改稿已按上述意见作了修改，宪法和法律委员会建议本次常委会会议审议通过。

草案修改稿和以上报告是否妥当，请审议。

全国人民代表大会宪法和法律委员会

2023 年 6 月 28 日

图书在版编目（CIP）数据

中华人民共和国无障碍环境建设法释义 / 张勇，程凯主编．—北京：中国法制出版社，2023. 8

ISBN 978-7-5216-3806-6

Ⅰ．①中…　Ⅱ．①张…　②程…　Ⅲ．①无障碍环境建设法-法律解释-中国　Ⅳ．①D922. 182. 305

中国国家版本馆 CIP 数据核字（2023）第 146832 号

策划编辑：袁笋冰　　责任编辑：李璞娜　　封面设计：蒋　怡

中华人民共和国无障碍环境建设法释义

ZHONGHUA RENMIN GONGHEGUO WUZHANG'AI HUANJING JIANSHEFA SHIYI

主编/张勇，程凯

经销/新华书店

印刷/三河市紫恒印装有限公司

开本/710 毫米×1000 毫米　16 开　　印张/ 15. 75　字数/ 202 千

版次/2023 年 8 月第 1 版　　2023 年 8 月第 1 次印刷

中国法制出版社出版

书号 ISBN 978-7-5216-3806-6　　定价：58. 00 元

北京市西城区西便门西里甲 16 号西便门办公区

邮政编码：100053　　传真：010-63141600

网址：http：//www. zgfzs. com　　**编辑部电话：010-63141670**

市场营销部电话：010-63141612　　**印务部电话：010-63141606**

（如有印装质量问题，请与本社印务部联系。）